国家社科基金项目

“阳明心学美学与禅宗美学思想的比较研究”（15XZX021）

阳明心学与禅宗美学思想

刘继平 著

中华书局

图书在版编目(CIP)数据

阳明心学与禅宗美学思想/刘继平著. —北京:中华书局,2024.9. —ISBN 978-7-101-16746-7

Ⅰ. B248.25;B946.5

中国国家版本馆 CIP 数据核字第 2024T5D188 号

书　　名	阳明心学与禅宗美学思想
著　　者	刘继平
责任编辑	高　天
装帧设计	刘　丽
责任印制	陈丽娜
出版发行	中华书局
	(北京市丰台区太平桥西里 38 号　100073)
	http://www.zhbc.com.cn
	E-mail:zhbc@zhbc.com.cn
印　　刷	三河市中晟雅豪印务有限公司
版　　次	2024 年 9 月第 1 版
	2024 年 9 月第 1 次印刷
规　　格	开本/920×1250 毫米　1/32
	印张 10⅜　插页 2　字数 268 千字
国际书号	ISBN 978-7-101-16746-7
定　　价	78.00 元

目　录

绪　论

一、研究对象与价值

（一）研究对象

新儒学在其漫长发展过程中的主要环节方面，都受到禅学的影响，王阳明的心学思想尤为突出。本书以王阳明的心学思想与禅宗思想为基础，在强调阳明心学借鉴禅学的前提之下，梳理出二者的美学思想。从美学的角度，以阳明心学美学与禅宗美学思想的比较作为具体案例，阐明二者在美学思想上的异同，既突出心学美学思想对禅宗美学的借鉴，也强调二者是两种不同的美学体系，以便读者能更深刻、多角度地了解阳明心学思想的深刻内蕴。具体从以下几个方面进行论述：

1. 阐述王阳明哲学思想与禅宗思想的联系，突出心学思想对禅宗思想的改造与吸收。王阳明具有深厚的禅学修养，禅学对他思想的形成产生了重大的影响，其心性本体论、“知行合一”与“致良知”等基本观点都对禅学进行了改造与吸收。当然，二者毕竟是两种不同的思想体系，心学对禅学的借鉴主要表现在方法论上，二者在具体内容方面是完全不同的。

2. 总结梳理二者蕴含的美学思想。阳明心学与禅宗思想从内涵方面都非常关注人生的价值与意义，都强调对生命的体验；从思维方法上都注重以“顿悟”为主的直觉思维；从二者追求的境界而言，都主张一种"天人合一"的境界。这些都与审美体验息息相关,可以说,心学与禅学中蕴含着丰富的美学思想。

3. 比较二者在美学思想上的异同。这是本书研究的重点。一方面强调心学美学与禅宗美学思想的类似之处,以突出心学美学对禅宗美学思想的借鉴与吸收;另一方面,通过对比,指出二者是两种不同的美学体系,它们在审美主客体的内涵、价值取向及社会影响等方面都是不一样的。

(二)研究价值

1. 学术价值

首先,探寻王阳明心学美学与禅宗美学在中华审美文化史上的地位与价值。王阳明的美学思想与禅宗的美学思想都属于中华审美文化中的一环,于传统的美学思想有所突破,与玄学美学与理学美学都有不同,形成了以主体性为主的体验美学。

其次,发掘阳明美学与禅宗美学对于人生终极关怀的意义。王阳明的美学思想无论就其本体还是功夫以及境界而言,都与积极的人生意义密切相关;禅宗属于佛教中国化的产物,关注的本身就是人生的终极意义。但二者在这方面是不同的,前者是儒家的现实关怀,后者侧重于对人心灵与精神的关怀。

最后,对王阳明心学美学与禅宗美学思想进行比较,突出阳明心学美学思想对禅宗美学思想的改造与吸收,厘清二者的内在联系与区别,为对王阳明美学思想的再认识提供可资吸取的思想资源,以便更好地继承与发扬中华优秀传统文化,做好文化传承与转化工作。

2. 应用价值

(1)整理心学美学与禅宗美学资料,使阳明心学美学思想成为形成现时代思想文化的有益资源,给其他学者研究王阳明思想提供参考。

(2)通过比较阳明美学思想与禅宗美学思想的异同,扩大王阳明美学思想的影响,提升人们的审美欣赏水平与道德水准。

二、研究现状

王守仁(1472—1529),汉族,字伯安,号阳明,是明代著名的哲学家、教育家、文学家、书法家与军事家。王阳明在前人的基础上建立了庞大的心学体系。他的心学体系是在明代儒释道大融合的时代背景下产生的,其心学思想借鉴了佛道的相关理论与方法,对禅宗理论更是进行了糅合与改造。阳明心学与禅学均蕴涵了深厚的美学思想,且二者关联紧密。因此,对二者的美学思想进行比较,从美学的角度探讨唐宋以后三教合流、儒道互补的中国哲学的思想学术发展,扩大阳明思想的影响,是值得深入研究的一个课题。

(一)心学美学研究现状

国外对王阳明的研究主要集中在其哲学思想方面,颇有成果的研究者主要集中在日本、朝鲜、韩国和美国等。在日本,研究王阳明起步较早,著作丰富,形成了一定的学派。《王文成公全书》在16世纪初就流入日本,给日本思想界带来巨大影响,至16世纪中期,有着"日本阳明学鼻祖"之称的中江藤树就开始接受阳明思想,并在当地传播,形成了体系,创立了"藤树学派"。中江藤树继承和发展阳明的太虚思想,将万物分为太虚、天地、人物三类,并以太虚为本体,充拓周流。其后,三轮执斋、吉田松阴、左藤一斋、熊泽蕃山等都对王阳明哲学思想进行了研究。

日本的阳明学研究不仅形成了一定的学派与体系,还成立了阳明研究中心,出版了《阳明学刊》,许多大学都有专门从事阳明学研究的教授。总之,阳明学研究在日本一直是一个热点问题。到1971年,是王阳明诞生500周年,日本学者为了纪念王阳明出版了《阳明学大系》12卷,同时设立了阳明文库。其后日本学者于2000年2月专门成立了阳明学研究会,并且创办了会报,取名《姚江》。时至今日,日本关于王阳明研究的专著达上百种之多。

阳明学在朝鲜半岛的传播主要是在李退溪等人对王阳明学说的辩斥下扩大的，这主要体现在同情阳明的学者以“阳朱阴王”的方式接受甚至传播阳明学。其中具有代表性的主要是被誉为“阳明学的集大成者”“至尊阳明学者”的郑齐斗开创的江华学派。韩国于1995年4月成立了阳明学研究会，1997年11月创办了《阳明学》会刊，出版了多部专著。韩国的知名学者甚多，主要有金吉洛、宋河璟、郑仁在、金世贞、郑德熙、崔在穆等。

美国关于阳明学的研究于20世纪后期就形成了气候，许多大学都设置了阳明学专门的研究机构，并且聘请中国与日本的相关专家进行指导，美国的阳明学研究以华裔学者居多；英国的阳明学研究从1913年就已经开始，1916年出版了最早的英文译本《王阳明哲学》；法国出版最早的王阳明专著为1936年的《王阳明道德哲学》。

其他许多国家都有学者从事王阳明思想的研究活动。并且，随着改革开放的进一步加强，阳明学的影响逐步走向世界，诸多国家或多或少受到了阳明心学思想的影响，在世界范围内形成了浓厚的阳明学学术氛围。

国内对王阳明思想仍以哲学研究为主，研究者众多，成果丰硕。民国时代关于王阳明思想的研究已经达到一个小高峰期，此时期出版了诸多专著，主要有谢无量的《阳明学派》、贾丰臻的《阳明学》、胡哲敷的《陆王哲学辨微》、梁启超的《王阳明知行合一之教》、嵇文甫的《左派王学》以及钱穆的《王阳明》等。这些专著依据《明儒学案》，在中西方学术背景下阐明阳明学之内涵。

1949年10月1日后至改革开放前，国内对王阳明的研究论著重视政治和经济背景，对王阳明哲学思想的普遍性发掘不够，倒是港台地区取得了较好的成绩，如牟宗三的《王阳明致良知教》、张君劢《王阳明》、蔡仁厚《王阳明哲学》等，注意吸收西方哲学对王阳明的心性论思想进行阐释。

20 世纪 80 年代之后,出现了一大批研究王阳明思想的著作,侯外庐、邱汉生、张岂之主编的《宋明理学史》(下)分阶段阐述了王阳明的思想,特别注意到了王阳明思想的禅学渊源。其后诸多学者从不同角度阐述了王阳明思想的内涵。在资料整理方面,有陈荣捷的《王阳明传习录详注集评》与邓艾民的《传习录注疏》,汇聚多家注解,在考证上做了大量细致的工作。

与此同时,部分学者不再仅从内部研究阳明心学,而开始关注心学与佛道关系,注重从影响与比较的角度进行探究;张世英、王志成、方国根等开始从比较深入的中西比较的角度研究王阳明思想。

21 世纪开始,学者开始对王阳明思想的个别命题进行研究。比如黄信二的《王阳明"致良知"方法论研究》主要研究王阳明"致良知"的具体方法;胡永中的《致良知论——王阳明去恶思想研究》则注重研究王阳明良知与恶的关系,以及如何才能去恶为善;陈立胜的《王阳明万物一体论》则从天人合一与万物一体的角度阐述了王阳明人与世界的关系问题。这些方面的文章为王阳明思想研究提供了新的视角。

近十年来,具有代表性的著作有浙江国际阳明学研究中心主持(编)的两套丛书:《阳明后学文献丛书》和《阳明学研究丛书》。目前,台湾地区研究王学的学者主要集中在台湾"中央研究院"和部分高校,香港地区研究王学的亦不少。自 2008 年以来,贵州学者对王学的研究取得了较大的进展,出版了《阳明学研究丛书》,主编了《阳明集刊》《王学研究》等刊物,同时,贵州学者主持了一系列阳明学方面的国家社科基金项目。

国内从美学角度对王阳明思想进行研究的不是太多。这主要是因为王阳明本人没有写过专门的美学著作,但他的许多哲学思想本身就是美学思想,其注重内心感受的生活本身就是充满诗意与快乐的。因此,王阳明的哲学思想中有着非常丰富的美学内涵。这方面也越来越引起学者的关注,自20世纪90年代以来,学者们从不同的角度进行了探讨。在专著方面,有赵士林的《心学与美学》,剖析了阳明心学美学及阳明后学对市民文艺的影响;陈望衡的《中国古典美学史》中有“明代心学与美学”一节,侧重于研究心学中有无美学材料及观念;左东岭的《王学与中晚明士人心态》中有“王阳明的求乐自适意识及其审美情趣”一节,侧重于对王阳明艺术情趣的探讨;王振复于2002年出版的《中国美学的文脉历程》辟章节阐述了宋明理学的审美,最终在“幸福感”上找到了道德与审美的统一;潘立勇2010年出版的《一体万化——阳明心学的美学智慧》纯粹从美学的角度对王阳明的思想进行了论述,阐述了阳明美学的多种形态,认为阳明美学在本体论、境界论、认识论及知行观上对朱子学带来了美学上的突破与革新;2013年龚妮丽教授在《中国音乐美学史》中以专节“王阳明的音乐美学思想”从“顺乎天性的乐教思想”“移风易俗的乐教作用”“依于仁德的乐教原则”等三个方面论述了王阳明的音乐美学思想;2014年,敏泽先生所著的《中国美学思想史》,以“异端美学思想的兴趣”为题专章论述明代以心学为内涵的美学思想。同年,肖鹰在《中国美学通史》(明代卷)中辟专章从“知行合一的王阳明”“体用一源的圣人之境”“与天地为一的审美精神”“在历史中阐释王阳明美学”四个方面论述了王阳明的美学思想。陆永胜2016年出版的《王阳明美学思想研究》亦是一本专门从美学的角度对王阳明思想进行研究的专著,全书从良知品格与美学意蕴、道德与审美的圆融、人格美的追求、人从存在中走出、仁与诚之乐记及阳明美学的当代价值等几个方面论述了王阳明的美学思想,以王阳明心学的核心范畴“良知”为基石作为解读阳明美学思想的出发点和逻辑点,分析了作为本体的良知所具有的普遍性(天理),以及个体性品格的二重性,揭示出普遍性良知的范导作用和个体性良知自我呈现所体现的理性与感性、道德与情感在自由、美、和谐层面的统一。此外,陈来与张世英先生的美学与哲学著作中亦包含王阳明的美学思想。

论文方面则有武汉大学王进的博士学位论文《良知 光明美——王阳明良知“日喻”的哲学美学意蕴》，该文以人的存在为出发点和基础，围绕良知之光明的喻义，探讨王阳明致良知思想的美学意蕴和价值，有一定创新性；清华大学的肖鹰于《意统情志的王阳明美学》一文中分别从文道关系、志意情关系及阳明对中国传统美学的继承和发展对阳明美学的特点进行了深刻的阐释；安民的《王阳明的心学与美学合论》一文，对阳明美学做出了整体概括；邹其昌在《良知与审美——王阳明美学思想核心问题研究》一文中将阳明美学定位为体验美学。另有一些硕士论文，如复旦大学杨庆杰的《心体之美——王阳明良知本体论美学研究》、山东大学刘志的《论王阳明美学思想》、新疆大学秦爽的《王守仁的心学美学思想研究》、贵州大学陆永胜的《道德与审美的圆融境界——王阳明心学美学思想研究》及一些研究王阳明音乐美学思想的论文，都对阳明的心学美学思想从不同方面进行了不同程度的阐述。

期刊论文方面，针对王阳明美学思想的主要有以下几个方面：(1)探讨心学如何转换为美学思想；(2)阳明心学美学的主要观点；(3)王阳明美学与其他美学关系；等等。

（二）禅宗美学研究现状

禅宗是佛教在中国的变种，禅宗思想同样蕴含着丰富的生命美学、人生美学意蕴：禅宗所主张“不立文字，直指人心”的“妙悟”与人们在审美时的思维方式有着惊人的相似；其随缘任运的修行方法及“天人合一”的禅境，也都与审美体验一致。

1. 禅宗思想研究现状

国内学者针对禅宗思想的研究主要体现在以下几个方面：

首先，对文本的整理、汇编及校注。禅宗思想历史悠久，其传教方式尽管主张“不立文字，直指人心”，但依然留下了大量的资料，随着后世对禅宗文献的发掘，引起国内研究者对其进行整理、汇编与校注，其代表作主要有郭朋的《〈坛经〉对勘》和杨曾文的《神会和尚禅话录》等。

其次，对禅宗思想发展的纵向探讨。专门研究禅宗纵向发展的学者比较多，成果丰富，其中最有代表性的主要有潘桂明的《中国禅宗思想历程》一书，阐述了禅宗发展的总体趋势及各个历史阶段的特征；洪修平的《中国禅学思想史》论述了禅宗在不同时期与中国本土文化相互结合的特征；杨曾文的《唐五代禅宗史》与《宋元禅宗史》从断代的角度对禅宗思想进行研究，论述了唐五代与宋元时期禅宗发展的具体情况。

最后，对禅宗思想的专门化研究。这类学者颇多，无法一一列举，姑且举一二典型以证之：吴言生的《禅宗思想渊源》与《禅宗哲学象征》分别从大乘佛教对禅宗之影响与禅宗思想的哲学内涵两个方面做了诠释；季羡林的《禅和文化与文学》从比较学的角度，就禅宗思想与文学的异同进行了对比。

2. 禅宗美学研究现状

20 世纪 80 年代中期，学者们开始自觉地对禅宗美学进行研究，成果十分丰硕，研究领域也逐步向纵深发展。至今已出版相关专著上百来种，研究内容全面丰富：既有对禅宗美学史的整体研究，也有对禅宗美学关于细节方面的探讨，同时还有对禅宗美学思想影响的研究。20 世纪末至今，由于受西方文化的影响，出现了借鉴外国文化研究禅宗美学的现象。关于禅宗思想本身的美学研究成果也不少：比如皮朝纲的《禅宗美学史稿》从纵向历史化的角度入手，对禅宗美学进行了整理，其《禅宗美学思想的嬗变轨迹》对“禅宗美学的逻辑起点、研究对象和理论范式进行了阐述，考察了不同时期禅宗美学思想的发展”；杨煦生的《逃向世界——道与禅思想的精神史探索》与李天道的《禅：生命之境和最高审美之境》从横向的角度对禅宗美学思想进行了阐述;崔元和的《禅宗美学的基本特征》则对禅宗美学思想的基本特征进行了诠释。可以说,这些专著和论文从不同侧面阐述了禅宗的美学思想及其价值。

综上所述,不少学者对王阳明的美学思想进行了研究,亦对禅宗的美学思想进行了详细的论述。事实上,心学与禅宗在哲学与美学思想上存在诸多关联,比如都是以人的"本心"为主,强调主体的审美体验等。因此,除了单独研究二者的哲学与美学思想之外,我们也应对其进行比较研究,阐述其内涵之异同。但从目前收集到的资料来看,虽有部分学者对心学与禅学的关系进行了研究,如西安邮电学院赵旗的专著与博士论文《心学与禅学》、复旦大学哲学学院博士后流动站陈利权的《学理的整合与精神的融会——王阳明心学与禅学关系的两个层面》等从哲学思想的相关方面对二者进行了比较,鲜有学者对二者的美学思想进行比较研究。因此,此间仍然存在较大的诠释空间,仍有必要对这一领域进行深入研究。本书拟在前人研究的基础上,比较王阳明的心学美学与禅宗美学的异同,以进一步扩大阳明学术思想的影响。

三、研究思路、研究方法与创新之处

(一)研究思路

本书的研究目的是比较阳明心学美学与禅宗美学思想,具体从以下几个部分进行:首先,阐述心学与禅学在哲学上的关联,主要突出心学在形成过程中对禅学的吸收与改造;其次,整理阳明心学与禅学的美学思想,重点梳理二者在审美过程中的体验性与主体性;最后,比较阳明心学美学与禅宗美学思想,从美学的角度厘清二者的联系与区别。

(二)研究方法

本书具体采用了以下研究方法:

1. 分析与归纳相结合的方法

以理论问题、思想流派和具体人物的分析为出发点展现思想演化的过程，通过查阅文献、收集资料，归纳总结出王阳明哲学与禅宗思想及心学美学思想与禅宗美学思想。

2. 比较研究方法

将学术史的研究与学术思潮的考察结合起来，注重实证考察与哲学分析的统一，通过比较王阳明心学美学思想与禅宗美学思想，突出阳明心学对禅学的吸收与改造，扩大王阳明心学思想的影响。

（三）创新之处

本书抛开以往主要从伦理道德研究王阳明心学思想的思维习惯，把阳明心学美学与禅宗美学思想结合起来进行比较研究，揭示出二者在哲学与美学思想方面的异同，拓展王阳明思想的研究范围和视野。

第一章　阳明心学与禅学的关系

禅学是佛学中国化的成熟形态，是中国独创的一个佛教流派；心学是在宋明理学的基础上形成，是儒学发展的成熟形态。禅学反对佛教的义学，将重心由对教义的钻研转为具体的修养实践，注重主体内在的精神活动；同样地，心学将理学对义理的追求转为对内心良知的反观内省。可见，二者的思想体系与发展历史存在一致性，这种一致性是心学对禅学吸收与改造的结果。宋明理学曾对社会影响巨大，但随着社会的发展，其弊端亦显示出来。王阳明有感于明代社会儒学思想的不振，欲以心学思想改造理学。当时佛学非常流行，并形成了适合中国的禅宗。王阳明于禅学方面具备很深的造诣，在改造理学之时，发现禅学解决问题的原则与方法同样可以用于心学对理学的深化与应用。于是，他借鉴禅宗思想成功地解决了理学所无法解决的一系列理论问题，建立了心学体系，从而将儒学发展到了一个新的阶段。因此，我们研究心学思想时，不可避免会涉及与禅学的关系。具体而言，阳明心学思想对禅学思想的吸收与改造主要体现在以下几个方面。

第一节　阳明心性论与禅宗本体论

一、禅学心性本体论

禅宗的心性论思想经历了一个长期的演变过程。禅宗各派的心性论思想各有不同，这里就最有代表性的几家略做阐述。

（一）禅宗心性论思想的酝酿时期：禅宗五祖与法融的心性思想。

五祖指的是达摩、慧可、僧璨、道信、弘忍。达摩主张心性清净，要求通过“壁观”去除内心之尘垢，以达到去妄还真之境界。此处之心性观主要指心无旁骛。慧可继承达摩之衣钵，其禅法已有直指人心之含义；同时，慧可认为众生心中本有“摩尼宝珠”，只是由于被遮蔽而没有发现而已，一旦豁然自觉，即可与佛同。可见，慧可已经触及“顿悟”的禅悟方法。禅宗传至僧璨，明确提出要想获得“至道”必须通过悟，以排除分别心，达到万法齐观，归复自然的境界。到了四祖道信，于其代表作《入道安心要方便法门》中提出“诸佛心第一”的观点。在具体的修行过程中，他提出了“安心”的修行法门，主张佛在自己心中，修行时首先必须静坐，去除外在干扰，进而破除对外物之执着，这样才能达到觉悟与解脱。五祖弘忍提出了“守心”之法，指出修道之本体，须识自心本来清净，此心不生不灭，无分别。守住这自性圆满清净之心，胜念十万诸佛。可见，修道者首先了解自心，在此基础上坚持磨炼，即能自见佛性。

道信之后，其弟子法融坚持心寂的般若学思想，主张“无心”。他提出“无心”“无情”的观点，这与后来禅宗的无念为宗相符。

可以说，五祖的心性论思想虽说只触及了心本体，还有待完善，但已为后来心性论思想的形成与发展提供了前提与基础。

（二）慧能的心性本静与顿悟成佛

弘忍之后，禅宗分为北宗禅与南宗禅，北宗禅以神秀为代表，于中国北方传教，南宗禅则以慧能为首，于南方弘法。心性论思想经过神秀的“净心”与“染心”之后至慧能发展为心性本净。慧能确立了直觉顿悟的心性本体论的禅学体系，他的心性论思想主要体现于《坛经》之中。《坛经》指出：“若无世人，一切万法，本元不有。故知万法，本因人兴；一切经书，因人说有。”①确实，世间万物因人之存在而有意义，所有一切价值或审美都是针对人而言，没有人之存在，世间所有皆无生气可言。《坛经》将心作为本体，是通过对心的特有规定来实现的。

1. 有关“心”“性”之界定

慧能心本体之“心”，并不是独立于世界之外主宰世界的形而上之心，而是指现实生活中具体的个人的心灵活动，这种个体之心有其独特性。慧能强调这种个体的自由之心与修行者作为主体的能动性，认为主体只要保持本心清净，回归没有受到污染之前的本心，即能获得解脱，证悟佛果。慧能认为人的自心具备“菩提般若之知”，这是成佛的基础，普通人不能证悟并非因不具备“般若之知”，而是没有遇见能够帮助其开启智慧之大师。“菩提般若之知，世人本自有之，即缘心迷，不能自悟，须求大善知识示道见性。”②同时，慧能指出，心除了清净之外，还具备“虚空”的本质，因为虚空，故能纳万物。“心量广大，犹如虚空，若空心坐，即落无记空。虚空能含日月星辰，大地山河，一切草木、恶人善人、恶法善法、天堂地狱，尽在空中。”③慧能之“心”的本体论述是从自我本心为根本，一切以自心为依据，一方面自心是空寂的，一方面自心又是清净至善的。

同时在慧能这里，自心的作用并不是只存在于本心的思想活动之中，它还必须是外在的现实活动中之“心”，于是就有了善心与恶心之分。慧能指出，世人本心是清净的，只是现实生活中有善有恶。涉及修行者个体的思想时，如果修行者脑海中思考的是丑恶之事，那么他的行动就会显示出丑恶；反之，如果修行者一心为善，那么体现于

①［唐］慧能著，郭朋校释：《坛经校释》，中华书局2012年版，第71页。
②［唐］慧能著，郭朋校释：《坛经校释》，中华书局2012年版，第28页。
③［唐］慧能著，郭朋校释：《坛经校释》，中华书局2012年版，第59页。

行动中,就会努力去做善事。这就涉及体用的问题,慧能心性论思想,其体用是一体的,人的本心即清净之心为体,现实生活中之心为用。因此,在现实社会中,由于众生之心体现为善恶,故要求我们能够时时保持清净自心,以防止进入歧途。在此基础上慧能提出“直心”的观点:“但行直心,于一切法,无有执著。”①这里的“直心”,并非通常意义上的所谓“正直之心”,而是指“真心”,即真如、佛性,指的是对待一切都以平等的态度,不产生任何分别与执着之心。对于净心与染心,慧能并没有刻意去区分,认为净心与染心本为一体,净心就在染心之中,平时我们只要去除染心之污染即可还原净心,故慧能并不主张一味地去追求净心,而是要在妄中求真。

除了对“心”做了说明之外,慧能还对“性”进行了阐述。在慧能看来,“性”与“心”一样,有本性与自性之分,本性是人内在固有之德性,是纯善无恶的,也是自由无碍的。本性不受任何外在事物的羁绊,不执着于任何对象,人们一旦证见自我本性,便可解脱成佛。从本体论的角度来阐述“性”,慧能认为除了本性之外,还有法性,本性相关于个体而言,而法性指的是众生之本性。

自性与自心一样,具备清净与空寂之特征。但于现实中,人心受各种外在欲望的诱惑,会蒙上各种世俗之尘埃,正如“日月常明,只为云覆盖,上明下暗,不能了见日月星辰”②一般。因此,对于自性必须像自心一样,运用自性智慧进行般若观照,消除妄念。体现在现实中,修行者必须“自化”,所谓“自化”,在慧能那里即是思量之意,就是要求修行者进行为善去恶的意识活动。他说:“不思量,性即空寂;思量即是自化。思量恶法,化为地狱;思量善法,化为天堂。”③自性

①[唐]慧能著,郭朋校释:《坛经校释》,中华书局2012年版,第33页。
②[唐]慧能著,郭朋校释:《坛经校释》,中华书局2012年版,第47页。
③[唐]慧能著,郭朋校释:《坛经校释》,中华书局2012年版,第48页。

不运作时表现为空寂,运作时就会产生善恶两种结果。自性空寂的特征,主要是指自性本来是虚空的,由于空寂故能含万法,万法皆可于自性中显现。“性含万法是大,万法尽是自性。见一切人及非人,恶之与善,恶法善法,尽皆不舍,不可染著,由如虚空,名之为大。”①可见,在慧能这里,心与性即是统摄的关系,同时更是相互依存,甚至是同一的关系。

2. 佛在心中与顿悟成佛

慧能指出众生皆有佛性,这种佛性指的是具体现实中每个人的自性,亦即人性。“世人性本自净,万法在自性。”②在慧能看来,不仅众人皆有佛性,并且对所有人而言,佛性是平等的。正如《坛经》所言:“人即有南北,佛性即无南北;獦獠身与和尚不同,佛性有何差别!”③慧能的心性论思想真正做到了“佛在心中”,无须外求。“我心自有佛,自佛是真佛;自若无佛心,向何处求佛。”④慧能非常明确地指出,只要消除杂念保持内心清净即可证悟成佛。正是由于慧能对佛教的各种改造,使得高高在上之佛教转向普通的日常生活之中,由彼岸世界转向此岸世界,并且提出了众生皆有佛性、佛性面前人人平等的思想,使得禅宗思想获得了空前的繁荣,真正实现了禅宗的大众化。

与神秀要求渐修不一样的是,慧能主张顿悟成佛。他反对一切修行的繁文缛节,比如不主张坐禅、诵经,而主张刹那间的顿悟,认为这种顿悟无须过多的准备工作,只要破除了心中妄念,回归本心,不再执着于外界事物之法相,即可开悟。慧能认为,禅宗修行者一旦开

---

①［唐］慧能著,郭朋校释:《坛经校释》,中华书局2012年版,第61页。
②［唐］慧能著,郭朋校释:《坛经校释》,中华书局2012年版,第47页。
③［唐］慧能著,郭朋校释:《坛经校释》,中华书局2012年版,第9页。
④［唐］慧能著,郭朋校释:《坛经校释》,中华书局2012年版,第129页。

悟后即可获得永恒之佛性。

慧能既然认为众生本有佛性,人们就无须向外寻求,只要通过顿悟达到明心见性的效果即可。他指出,在现实生活中,人的本心或佛性不是彰显的,因为受到妄念的干扰与遮蔽,要想去除这种遮蔽,修行者必须起般若观照,激发出人们心中的智慧之念,从而开悟。“当起般若观照,刹那间,妄念俱灭,即是自真正善知识,一悟即知佛也。”①

与此同时,慧能尽管指出众生皆有佛性,但并不否认在悟道过程中的个体差异,他指出:“一念愚即般若绝,一念智即般若生。”②可知是否能够开悟必须根据个体的智慧差异与对外界的执着程度来区分,有些修行者可能一辈子也无法顿悟,而那些有慧根者则刹那间即可开悟,比如“世尊拈花,迦叶微笑”,慧能的“菩提本无树,明镜亦非台,本来无一物,何处染尘埃”等。

(三)马祖道一的“平常心是道”

禅宗心性论思想到慧能这里基本上已经形成,其后慧能之弟子神会创立了“荷泽禅”,在心性论思想方面,他继承了慧能之心性论思想,并提出了“寂知指体”的说法,即是说空寂之知是心之本体。慧能之后,真正对心性论思想做出较大贡献的是马祖道一的“平常心是道”。

于《坛经》中,心作为本体是其念念不断的活动,心本体与现象合一,认识与存在合一。但在《坛经》中,本体之心只是理论上的念念不断之心,还不具备具体的内涵。直到南岳系禅师马祖道一和其弟子大珠慧海才赋予念念不断之心以人心的内容,从而使禅学得以在世俗之中流传。

---

①[唐]慧能著,郭朋校释:《坛经校释》,中华书局 2012 年版,第 73 页。

②[唐]慧能著,郭朋校释:《坛经校释》,中华书局 2012 年版,第 62 页。

马祖道一乃洪州宗的实际建立者，他通过对慧能“即心即佛”观点的继承与发扬，提出了“平常心是道”的观点。这种观点真正使得禅宗落实到现实生活之中。道一把平常生活中的每一件事都看作是佛性的体现，所以人们修行用不着去参禅打坐、念经，只要关注日常生活中的每一件事，即可获得当下解脱。道一指出在日常生活中，只要是出自真心，不矫揉造作的一切都是佛性。进而马祖道一揭示了“平常心是道”的含义：首先，他指出了“心为万法之本”，一切佛法都是从心而起，故需要“识心达本源”；其次，他认为“一切法皆是佛法”，这里的一切法就是指一切事物，要求我们达到“无心于伏物，而物无不伏”“内无身心，外无世界”的境界。此处的“平常心”是无造作、无是非、无取舍的心行，它恢复了心的本来面目，是禅修者开悟后的一种境界，是见到自性后的一种本然情况。以此心来行道，故日常的行住坐卧、应机接物等都是道。

另外，马祖道一“平常心是道”中的“心”，体用是一体的，既是不生不灭之本体，又是有生有灭的现象，是心性自然之体现。马祖道一突出了人的主体性与个体性，肯定人内在自我的价值和能力。在他那里，佛心自有，不受外物干扰。马祖道一不仅强调主体自性的特征，更要求自心清净，认为只有打破佛我之界限，破除万象之干扰才能成佛。要做到这些，要求修行者以一颗“平常心”对待万物，无执于外物与自我，才能达到“天地与我并生，而万物与我为一”的境界。

马祖道一的“平常心是道”真正实现了禅宗本体之心性化，一方面他把外在之佛转化为自心，要求参禅者不为外物所执；另一方面，也要求参禅者不要执着于自心，如果执着于自心，则佛不在自心。因此，在教化学徒时，马祖道一采取不同的方式，针对向外求佛者提倡“即心即佛”，针对执着于心者则讲“非心非佛”。

僧问：和尚为什么说即心即佛？

师曰:为止小儿啼。

曰:啼止时如何?

师曰:非心非佛。

曰:除此二种人来,如何指示?

师曰:向伊道不是物。

曰:忽遇其中人来时如何?

师曰:且教伊体会大道。①

这里道一用形象的比喻来说明如何以"即心即佛"与"非心非佛"来化解外执与内执两种修行者。

马祖道一的弟子大珠慧海从马祖那里"自识本心"之后,进一步对心作了更为世俗化的规定,他以世俗之中的无爱憎之心为佛心,由于大意与马祖道一之"平常心是道"不差,故不再赘述。

具体而言,禅宗之心本体在形成过程中,产生了多方面的含义。如心为世界之本体,具备法性、真如、理等含义;心为自然,具备任心自运的主体意思;世间万象都是心的显现,心与万物融为一体等。所有这些都对禅宗心性本体论的思想提供了佐证。

二、心学心性本体论

儒学心性本体论经历了一个漫长的形成过程。孔子思想中虽然内含心性论思想,但并不完善。孟子在《中庸》的基础上,结合孔子的思想,建立了较为完善的心性论。其后在借鉴吸收佛学理论的基础上,陆九渊提出"心即理"的观点,陈献章指出理应由心来决定,万理存在于心中,万物在我之内,我之外无物。这样,陈献章就完成了明

①[宋]普济著,苏渊雷点校:《五灯会元》卷第三《江西马祖道一禅师》,中华书局1984年版,第129页。

代理学向心学的转向。因为当时作为官方的程朱理学日益虚伪,陆九渊与陈献章的心学并不完善。因此,心性论思想直到王阳明才真正形成体系。

(一)心即理

王阳明于《象山文集序》中对儒家心性之学的发起与传承过程中把心与理分开的弊端作了评述:

> 圣人之学,心学也。……孟子辟义外之说,而曰:"仁,人心也。学问之道无他,求其放心而已矣。"又曰:"仁义礼智,非由外铄我也,我固有之,弗思耳矣。"……自是而后,析心与理而为二,而精一之学亡。世儒之支离,外索于刑名器数之末,以求明其所谓物理者,而不知吾心即物理,初无假于外也。……至宋周、程二子,始复追寻孔、颜之宗,……庶几精一之旨矣。自是而后,有象山陆氏,虽其纯粹和平若不逮于二子,而简易直截,真有以接孟子之传。其议论开阔,时有异者,乃其气质意见之殊,而要其学之必求诸心,则一而已。故吾尝断以陆氏之学,孟氏之学也。①

于此,王阳明以是否积极入世、是否关乎人伦道德来作为区别心学与禅学的关键点。针对朱熹与陆氏于本体论上所存在的问题,王阳明的心学本体论对宋儒的理学本体论进行了补充与完善。这种转变表明了从宋代儒学到王阳明的心学已发生了由"理"到"心"以及由"天理"到"良知"的本体论内涵的根本转变,使儒学的本体既是自然本体,同时更是价值本体。

朱熹不仅承认心外有理,而且强调天理高于人心,人必须通过格

①[明]王守仁撰,吴光等编校:《王阳明全集》卷七《文录四·象山文集序》,上海古籍出版社 2011 年版,第 273—274 页。

物以穷理。这是一种典型的向外求真的思想，此处之“理”虽然与人有关，但作为本体之“理”却无法与人心融为一体，人只有通过认识无限制接近“理”，却不能做到合二为一。王阳明则认为：

> 夫在物为理，处物为义，在性为善，因所指而异其名，实皆吾之心也。心外无物，心外无事，心外无理，心外无义，心外无善。吾心之处事物，纯乎理而无人伪之杂，谓之善，非在事物有定所之可求也。处物为义，是吾心之得其宜也，义非在外可袭而取也。格者，格此也；致者，致此也。必曰事事物物上求个至善，是离而二之也。①

王阳明于此把朱熹的二元论转化为一元论，将其向外格物致知转为向内知心。这是哲学思维方面的一大转变，从此，人们由对外在自然界的认识与征服转向对人自身的探索。这种转变让人们从广袤的自然界中认识自身的伟大，极大地高扬了人类主体的存在与价值。在王阳明看来，理完全存在于每个人心中，用不着像朱熹那样通过对一草一木所含天理的认识，来达到致知的目的。事实上这种通过格物致知的方式于心外求理是很难达到的：首先，我们不可能穷究所有事物；其次，格物主要用的是人们的视觉，单纯依靠视觉我们所见到的只是事物的表面，无法穷尽事物内在之天理。同时，王阳明指出，对具有普遍性品格的天理的体认，不能不与主体的理性能力、感性存在状况相关联。一般的“理”或“天理”就是道德本体至善，即性或性理，它们就存在于人本身。于是，王阳明把朱熹的形而上之理论性的理与形而下之经验性的理结合起来了。

①［明］王守仁撰，吴光等编校：《王阳明全集》卷四《文录一·与王纯甫二》，上海古籍出版社 2011 年版，第 175 页。

当然,王阳明的“心外无理”“心即理”思想离不开他的“意义世界”的建构。相对于理学家们形而上本体的构建,王阳明更多突出世界对人所呈现的意义,当然,这并不是说于人之外构建一个抽象的形而上的世界,而是建立一个与主体意识相关联的“存在世界”。按照王阳明的观点,事物只有进入人的存在,与人发生关联才算存在,只有进入了人的心性之域,对我而言,才是存在着的事物;所面对的世界,与自身有着千丝万缕的关系,二者是不可分离的。就王阳明所提良知而言,他认为,人的良知与天地万物之良知是一致的,天地万物因具备人的良知,才能被人体认,成为天地万物;反之,人的良知也就是天地万物之良知。于是,王阳明就把万物拟人化了,把人的良知赋予万物之中。王阳明这种注重“意义世界”的观点,使得他的学说能够很好地集中于人自身,进而统归于“心”。所以,他说:“天没有我的灵明,谁去仰他高?地没有我的灵明,谁去俯他深?鬼神没有我的灵明,谁去辩他吉凶灾祥?天地鬼神万物离却我的灵明,便没有天地鬼神万物了。我的灵明,离却天地鬼神万物,亦没有我的灵明。”①当然,王阳明重视意义世界,但并不否定外在的客观世界,也并不否定假如没有人的意识,实在世界便不存在,只是他所探讨的世界是与人的主体意识相关的世界。在王阳明看来,人应该在此领域去考察世界。正是在此基础上,王阳明提出了“身之主宰便是心,心之所发便是意,意之本体便是知,意之所在即为物”②的观点。王阳明的“意之所在即为物”并不是要建构一个虚无的意识世界,而是强调事物通过心本身的作用,从而带有主体的意识,赋予存在一定的意义。所谓心外无物也不是指心之外不存在

①[明]王守仁撰,吴光等编校:《王阳明全集》卷三《语录三·传习录下》,上海古籍出版社2011年版,第141页。

②[明]王守仁撰,吴光等编校:《王阳明全集》卷一《语录一·传习录上》,上海古籍出版社2011年版,第6页。

本然之物,而是指存在之物离开了心便毫无意义。

王阳明通过意义世界的构建,通过以心为主宰,把心与物融为一个整体,打破了朱熹的天理与事物的界限,由对天理的崇拜转为对人心的探求。这在王阳明答徐爱问中,表达得很清楚:当徐爱说及为善如果只是求自心,恐怕不能达到实际效果时,王阳明直接点明:"无心外之理,无心外之物",无论是行孝、忠君、交友、治民等等,都不必于心外去求,只要保持良知本体的纯净,无私欲遮蔽就是天理。此天理之用于行孝、忠君、交友、治民等都能恰如其分。

具体而言,王阳明认为"心即理"的含义表现在心物同体与心为主宰两个方面:一方面,在他的"意义世界"中,外在的万事万物都与主体有关,人与天地万物的本质是同一的,它们共同组合成一个有机整体;另一方面,在这个有机整体中,人虽然与万物居于平等的地位,但心与物却不是完全平等的关系,而是以心为主,心才是万物的总根源,万事万物都是以心作为主宰,在心之统摄下而形成一个系统。这是一种典型的唯心主义思想,其"心外无物、心即理"思想尽管并不否认外在的客观世界,但却排除了客观事物的独立存在性,认为这种与心无关之物可以不去考虑,任其"自开自落"。因此,在王阳明看来,万物依赖心灵感应而存在与产生。

王阳明的心与理是通过"性"来沟通的。他提出了"心即性,性即理"①,"至善即吾性,吾性具吾心,吾心乃至善所止之地"②。这样,王阳明就把普遍的道德观念置于内心个体之中。他认为,现实生活中,整体社会是由单个的个体组成,要想提升社会的整体道德水

①[明]王守仁撰,吴光等编校:《王阳明全集》卷一《语录一·传习录上》,上海古籍出版社2011年版,第17页。

②[明]王守仁撰,吴光等编校:《王阳明全集》卷一《语录一·传习录上》,上海古籍出版社2011年版,第29页。

平，最好能够把社会的伦理道德标准转化为个体的信念与情感，这样个体就能自觉地遵循本心的诉求与社会的伦理规范，这样就能通过改变个体达到改造社会的目的。

（二）良知即天理

良知是王阳明对本体的再次规定。在王阳明看来，每个人都有良知，因此，追求道德至善就不必向外追求，只要心中良知不为人欲所遮蔽，私意所阻隔，则所作所为自然符合伦理道德，符合天理。

前面已经提到，王阳明对良知即天理是从体用一源来说的。王阳明于多处阐明天理即良知的情况："良知是天理之昭明灵觉处，故良知即是天理。"①"夫心之本体，即天理也。天理之昭明灵觉，所谓良知也。"②"吾心之良知，即所谓天理也。致吾心良知之天理于事事物物，则事事物物皆得其理矣。"③在他看来，从本体上来说，良知是心之本体、心的本然状态。此时的良知寂然不动，与程朱理学之天理无差别。从发用上而言，良知本体虽然只有一个，而发用无穷：发自内心的忠君就是忠，发自内心的孝顺父母就是孝，爱护老百姓及万物就是仁爱，此时本然之天理即变成昭明灵觉中的天理。正如王阳明所说："盖良知只是一个天理自然明觉发见处，只是一个真诚恻怛，便是他本体。故致此良知之真诚恻怛以事亲便是孝，致此良知之真诚恻怛以从兄便是弟，致此良知之真诚恻怛以事君便是忠。……良知只是一个，随他发见流行处，当下具足，更无去求，不须假借。然其发见流行处，却自有轻

①[明]王守仁撰，吴光等编校：《王阳明全集》卷二《语录二·传习录中》，上海古籍出版社2011年版，第81页。

②[明]王守仁撰，吴光等编校：《王阳明全集》卷五《文录二·答舒国用》，上海古籍出版社2011年版，第212页。

③[明]王守仁撰，吴光等编校：《王阳明全集》卷二《语录二·传习录中》，上海古籍出版社2011年版，第51页。

重厚薄,毫发不容增减者,所谓'天然自有之中'也。"①

在王阳明那里,良知除了是天理之昭明灵觉之外,其良知还具备睿智与是非之心。正因为睿智,所以良知能知是知非。王阳明说:"盖吾良知之体,本自聪明睿知,本自宽裕温柔,……盖吾之耳而非良知,则不能以听矣,又何有于聪?目而非良知,则不能以视矣,又何有于明?心而非良知,则不能以思与觉矣,又何有于睿知?"②所以,在王阳明看来,人人皆有良知,所以人人都有睿智。

由于良知睿智,所以"心自然会知:见父自然知孝,见兄自然知弟,见孺子入井自然知恻隐,此便是良知,不假外求"③。良知乃先验道德之本体,能为现实中道德提供是非的标准。王阳明说:"尔那一点良知,是尔自家的准则。尔意念着处,他是便知是,非便知非,更瞒他一些不得。"④

良知虽然作为本体是至善的,但在现实生活中却因为私欲所遮蔽而无法显露,因此必须"致"良知,以扩充人们善之本心,阻止私欲对良知的影响,以保持心之清净。"致良知"一方面要求人极力扩充自身之良知,另一方面把良知应用到现实生活中去,真正做到为善去恶,以达到个人修养之目的,进而达到改良社会、治国平天下之大善。可见,王阳明的致良知,就是要体悟"良知"本体,在日常伦理中致吾心之良知,以达到存天理、灭人欲之目的。当然,致良知之功夫须根

①[明]王守仁撰,吴光等编校:《王阳明全集》卷二《语录二·传习录中》,上海古籍出版社2011年版,第95—96页。

②[明]王守仁撰,吴光等编校:《王阳明全集》卷六《文录三·答南元善》,上海古籍出版社2011年版,第235页。

③[明]王守仁撰,吴光等编校:《王阳明全集》卷一《语录一·传习录上》,上海古籍出版社2011年版,第7页。

④[明]王守仁撰,吴光等编校:《王阳明全集》卷三《语录三·传习录下》,上海古籍出版社2011年版,第105页。

据实际情况而定：良知的扩充依据自己的所见所闻所悟而定，今日良知见是如此，只要根据今日所知扩充到底即可，明日良知又有所闻悟，便依据明日所知继续扩充就行，这样才是精一的工夫。

（三）体用一源

王阳明为本体之心确立了一个道德高尚的主体，把"心"视作至高无上的为善动机与衡量一切事物的尺度。如阳明说："圣人之心如明镜，只是一个明，则随感而应，无物不照，未有已往之形尚在，未照之形先具者。……只怕镜不明，不怕物来不能照。讲求事变，亦是照时事，然学者却须先有个明的工夫。学者惟患此心之未能明，不患事变之不能尽。"①通过心学体系的建立，王阳明解决了朱熹心物无法统一的问题，把为学之法由向外追求转向了内在的反观内省。王阳明认为，心有体用两个方面：其中体是本体，为灵明，为良知；用则为具体的万事万物。心体（良知）是万事万物能够得以存在的根据，天地间一切事物都是心体（良知）的发用流行，心体（良知）和万物是体和用的关系，用由体产生，然后又与体组合成一个整体。这与朱熹的体是形而上之理、用是形而下之物、用受制于体的观点不一样，在王阳明这里，体用是紧密结合的一个系统。故王阳明指出："心外无物，心外无事，心外无理，心外无义，心外无善。"②"天地万物，俱在我良知的发用流行中，何尝又有一物超于良知之外，能作得障碍？"③"体

①［明］王守仁撰，吴光等编校：《王阳明全集》卷一《语录一·传习录上》，上海古籍出版社 2011 年版，第 13—14 页。

②［明］王守仁撰，吴光等编校：《王阳明全集》卷四《文录一·与王纯甫二》，上海古籍出版社 2011 年版，第 175 页。

③［明］王守仁撰，吴光等编校：《王阳明全集》卷三《语录三·传习录下》，上海古籍出版社 2011 年版，第 121 页。

即良知之体,用即良知之用,宁复有超然于体用之外者乎?”①

王阳明经过长期的探索与反思,最终于百难万变中悟道,提出“心物无物,心外无理”的观点,充分突出了“心”之本体作用,在以“心”为本之前提下,要求天下学道者不必刻意外求,而应在平常日用间体悟道之真谛,进而达到体用一源,显微无间。

因此,在王阳明那里,本体之心是体用一源的,心与万物紧密结合在一起,万事万物都随心缘起缘灭。总之,王阳明依据其立体达用的逻辑构架,强调要把普遍的道德理性和内在的心性修养与济世救民的实践活动统一起来,而不能脱落为两截,使道德良知仅限于个体内心的范围,成为只追求个体解脱的工具或空虚、抽象的教条,使之能够实现儒者的体用不二、知行合一、内圣外王的理想追求。

三、心学本体论对禅学思想的改造与吸收

黄宗羲在《文成王阳明先生守仁》中阐述了王阳明早年思想与佛禅之关系。文中指出王阳明的心学思想主要是“致良知”与“知行合一”,在良知本体方面,心学虽然与佛禅有一致之处,但佛教对于心以外的一切事物都抛诸脑后,一心只是求得心之明觉。而心学作为儒学的新阶段,时刻关注现实,关注人们的伦理道德,其良知本体对佛禅的心本体虽然有所借鉴与吸收,但并不像佛禅对现实世界的忽视,而是希望求天理于万物之间。

中国思想史上,儒佛融合是其重要现象。宋明时代,禅学成为中国最流行的佛学,士大夫多有参禅的经历,许多儒学家都受到了禅学的影响。可以说,儒学的正统地位受到严重的威胁,儒学家和统治者不甘于儒学的衰落,于是,纷纷从禅学中吸取有利于儒学之精华,对

---

①[明]王守仁撰,吴光等编校:《王阳明全集》卷二《语录二·传习录中》,上海古籍出版社2011年版,第71页。

传统之儒学从本体上进行建构。其中影响最大的是朱熹的理本体理论体系与王阳明的心本体论体系。

王阳明自身有着深厚的佛禅修养，“自幼笃志二氏”之学。王阳明前后涉及佛道三十年，使得他对佛禅有着深入的研究，他对佛禅的心性论思想、顿悟思维的方法、如何修行等都非常熟悉，以至于在后来的心学思想中，都能找到佛禅的印记。在他看来，释、道两家与儒学，其妙“只有毫厘之间”。曾明言：“圣人之学，心学也。学以求尽其心。”“禅之学与圣人之学，皆求尽其心也。”①因此，阳明之学曾一度受到程朱理学的攻击，讥诋阳明学为禅学。王阳明曾对此积极主动做过回应，明确指出了心学与禅学的区别，特别是在社会伦理道德方面：佛禅追求的是纯粹内心的精神社会，世间一切都是“空”，故对于社会秩序与伦理规范一概不顾，就连最基本的亲情都置之不理，追求所谓“四大皆空”。而心学所追求的是成为圣贤，其标准乃是向孔孟看齐，心学不仅关注社会规范与秩序，更要求改变不合理之社会现状，旨在建立一个理想的社会。因此，二者完全不是一家之说，心学与佛禅在其内容方面存在巨大的分歧，这于第五章将详细论述。

后代亦有诸多学者试图厘清心学与禅学之间的区别，如前面提到的黄宗羲在比较阳明与释氏之说时指出：二者虽都注重以“心”为本体，但前者关注现实，关注社会，后者则专注于人之精神生活，其内容相差甚远。施邦曜也明确提到：“儒与佛俱向心上问消息，但佛只说个明心，不知穷理，便归空寂。儒者只是能穷理，不越一心，而万物皆备，参赞事业，俱本于一心。《大易》云：‘穷理尽性，以至于命。’学

①［明］王守仁撰，吴光等编校：《王阳明全集》卷七《文录四・重修山阴县学记》，上海古籍出版社2011年版，第286页。

者舍穷理亦何事哉！”[①]但二者既然都以心为工夫的下手处，心乃是自证自悟的前提根本，则彼此之间相似处仍多，故借讥禅而攻阳明心学，实为情理中必有之事。

因此，阳明心学与禅学都以心为本体，以虚明灵觉之心为出发点。这得益于王阳明深厚的佛禅思想，可以说，他的心学本体论是在对禅学心性论的改造与吸收过程中形成的。

日本学者忽滑谷快天明确指出王阳明心学思想对禅宗思想的借鉴，赞美其心学能够利用当时称之为“杂学”的禅学进行诠释，乃是真正的伟大[②]。陈荣捷指出王阳明尽管对佛禅攻击甚多，但同时受禅宗影响同样非常深刻，其心学体系诸多地方涉及禅语与禅宗的相关故事，有时甚至涉及禅宗的方术，这种情况在宋代理学从未出现过[③]。

对于外人说王阳明“儒体佛心”时，王阳明并不否定自己曾经对佛禅偏爱，并想于佛禅中找到成为圣贤之方法，且已有心得体会，只是后来发现佛道之远离现实，才继续转为儒学。

由此可见，王阳明的心性本体论与禅学心性本体论存在着惊人的相似，心学心性论思想都可于禅学中找到其源头。其“心即理”“心外无物”的观点，神秀与慧能都有所论述。

神秀指出，心乃万物之根本、修行之关键。事实上，从“心作为万物之主宰”来看，这与王阳明的“心外无物”无甚差异。

慧能于《坛经》中指出了佛性在自性中：

①［明］王守仁原著，［明］施邦曜辑评，王晓昕、赵平略点校：《阳明先生集要》卷一，中华书局2008年版，第57—58页。

②［日］忽滑谷快天：《中国禅学思想史》，朱谦之译，杨曾文导读，上海古籍出版社1994年版，第754页。

③陈荣捷：《王阳明与禅》，台湾学生书局1984年版，第75页。

世人性净，犹如青天，惠如日，智如月，智惠常明。于外著境，妄念浮云盖覆，自性不能明。故遇善知识开真法，吹却迷妄，内外明彻。于自性中，万法皆见。①

王阳明正是根据慧能的佛性在自身心中、无须外求、人人皆可悟性成佛的观点，形成了心、性、天、理等之间的关系，进而建立了“以心为主”的心学体系。

另外，王阳明的心外无物与黄檗希运禅师悟道之法类似：黄檗希运修道时主张修心，要求修行者虽在现实生活中，却不必受现实中事物干扰，只要心中清净即可。王阳明“心外无理”的观点则是继承了祖钦禅师。这样王阳明就把陆九渊心物不统一的学说进行了完善，形成了“心外无理，心即理”的观点。

柯兆利在其《论王阳明的禅学思想》一文中，对禅宗思想与王阳明心学思想进行了对比：他指出，禅宗《坛经》《宗镜录》《黄檗山断际禅师传心法要》三者之心性论思想与王阳明《传习录》中的心性论有着一致之处，都是强调以心本体为主，修心不必外求。通过对比可知，王阳明的心学本体论，确实吸收了禅宗的万物统归于心、心生万法的观点。

与此同时，于心与物的关系方面，王阳明也借鉴了禅宗的心物处理原则与方法。首先，王阳明提出了“心之本体即是性，性即是理”的观点，融心性为一体，这是吸收黄檗禅师心、佛、性三者一致的观点。其次，在本体论方面，王阳明对陆九渊的“心即理”做了拓展，指出天下之物皆不出于心，世间儒者不能成圣皆因从身外去追求理与物。他的这种观点借鉴了《坛经》中“世人性本自净，万法在自性”②。再次，有关“心外无物”，王阳明举了“山中观花”的例子。王阳明指出，

①[唐]慧能著，郭朋校释：《坛经校释》，中华书局 1983 年版，第 47—48 页。
②[唐]慧能著，郭朋校释：《坛经校释》，中华书局 2012 年版，第 47 页。

深山中自开自落的山花本与“吾心”无关，只有自己观花时才会与自心发生关联。他认为当人们没有看到山中之花时，人心与花同归于寂灭，而当人们被山中花之美艳所吸引时，花已经进入人们的意识之中，进入人心之内。这与佛教的“心生则种种法生，心灭则种种法灭”①有异曲同工之妙。同时，王阳明“心外无物”的观点也借鉴了禅宗中六祖慧能的“风幡”一说。在广州法性寺，两位僧人因风幡之动而争论，慧能语出惊人：“直以风幡非动，动自心耳。”②事实上，《五灯会元》中就详细记载了西土十七祖僧迦难提传法伽耶舍多时的“非风鸣铃，我心鸣耳”之说法③。

概而言之，王阳明把“心”“性”“理”以及天地万物融为一体，形成了其心性本体论，这种心性本体论融合了儒释道三家之内涵。除了在儒学内部对孟子的心性论进行吸收与深化之外，更是在其发展过程中对禅宗心性本体论进行了改造与吸收。无论是在以“心”为本体还是在处理心物关系方面，二者都具备唯心论的绝对契合。这说明王阳明的心学本体论思想对禅宗无论在语言文字还是其思维方法方面都进行了吸收与借鉴。

第二节 “知行合一”思想与禅学

一、“知行合一”思想

王阳明“知行合一”思想的提出是针对程朱理学“知先行后”而

①［梁］真谛译，高振农校释：《大乘起信论校释》，中华书局1992年版，第59页。

②［宋］道原撰，尚之煜点校：《景德传灯录》卷第五《第三十三祖慧能大师》，中华书局2022年版，第145页。

③［宋］普济著，苏渊雷点校：《五灯会元》卷第一《十七祖僧伽难提尊者》，中华书局1984年版，第26页。

言的，朱熹认为知行二者通常情况下是结合在一起的，就好比人的眼睛与足一样，二者缺一不可。只是在先后方面而言，知在行之前，只有先明白了，才会去做，落实到具体的行动当中，行比知更有说服力。到了明代，出现了知行关系的分离，一方面侧重"行"，但这种"行"是没有经过"三思"的，是一种鲁莽之"行"；另一方面，侧重"知"，这种"知"是脱离实际行动的，并且主体也不愿意去行动，只是坐在家中冥思苦想，全然不顾此想法是否符合实际。对于这两种情况，王阳明是极力反对的，极力主张"知行合一"。他把"知行合一"作为解决知行脱节的灵丹妙药，主张知行不可分开，提出了"知行合一"与"致良知"的观点。

具体而言，王阳明的"知行合一"观包含以下两个方面的内涵：

（一）"一念发动处便是行"——知行本体合一并进

关于王阳明的"一念发动处便是行"历来就有争议，可以说肯定、否定者皆有之，虽各执一词，然皆有其理。比如：张世英先生指出，王阳明的"知行合一"主要从社会伦理道德方面来讲，不像康德纯粹从认识论的角度谈论主体之知，知与行是相互分离的。王阳明的知行由于紧密联系社会实际，故其知与行几乎能够完全统一起来，这是中国哲学偏于实践方面的特征，与西方哲学偏于形而上学不一样。可见，王阳明对中国哲学的知与行问题进行了总结与拓展①。而陈来先生对此持不同看法，在他看来，"去恶"可以从"一念"开始，而"为善"则不能停留在"一念"之上。在"去恶"方面，如果心存恶念，去除恶念即是行了，因为穷凶极恶之徒作恶时总是先有"做恶之念"，然后才会付诸行动，故只要事先能克制这种"为恶"之念想，就可以达到去恶之目的；而"为善"则不一样，如果仅仅停留于"为善"的念想方面，

①张世英：《张世英文集》第五卷《天人之际——中西哲学的困惑与选择》，北京大学出版社2016年版，第149—153页。

而不赋予实际行动，则行善不能算是完成。

张世英先生从王阳明所处的社会历史背景与其对社会道德至善的追求出发对王阳明的“知行合一”给予了肯定；而陈来先生从为善去恶的社会实际着手，指出王阳明的“意念之善”只是行善的一个开始，必须付诸实际行动才算是真正做到“知行合一”。二者言之凿凿，均具其理。然王阳明的“一念发动处即是行”主要是针对程朱理学的“知行二分”与“知轻行重”思想，要求行善从“一念发动”开始，对于恶念更是必须从开始就加以制止。他认为现在有些学者心中产生恶念时不去制止，虽然并没有采取实际行动为恶，但如果任其发展，迟早会危害社会，因此，只有在心中产生恶念时立刻制止，不让这种不善的念头留于心中，才是真正的“知行合一”。

可知，王阳明所谓“一念之动便是行”，不仅仅指身体的实际行动，还包括行的意愿。在王阳明那里，知行本体是合一并进的，“未有知而不行者，知而不行只是未知”。王阳明针对徐爱的“知与行是两件”的问题，明确指出知行不可能分开，比如“知饥”“知寒”“知痛”等必定是自己确实饥了、寒了、痛了，才会有“饥、寒、痛”的感觉。可见知与行无法截然分开，二者本为一体。

王阳明提出“知行合一并进”的观点，在于他把学、问、思、辩、行视为一体，认为它们皆可为行。在王阳明这里，“一念发动处便是行”，只要脑海中有学、问、思、辩的想法，就已经与行紧密结合在一起了，故知与行合一并进，不能把它们分为两件事。

（二）“知者行之始，行者知之成”——知行相互渗透，相互融合，相互作用

事实上，王阳明是把“知”看作“行”、把“行”看作“知”的最后阶段。王阳明指出，知行原为一体，二者相互融合与渗透，之所以有知与行的区别在于现实社会中有这样一些只知道懵懵懂懂去做，而不思考的人，也有一些只是整日里空想而不赋予实际行动之人。

在知行关系方面,尽管王阳明与朱熹一样都要求将"知"转化为"行"的过程,但朱熹的转化是通过格物致知向外求索;而王阳明则是将先验的"知"转化为现实的道德实践。因此,在王阳明这里,知行虽然看似有先后之分,实则二者是统一的。可以说,知就是行,行就是知。这从王阳明与友人的对话中阐述得很明白:

问:"自来先儒皆以学问思辨属知,而以笃行属行,分明是两截事。今先生独谓知行合一,不能无疑。"曰:"此事吾已言之屡屡。凡谓之行者,只是著实去做这件事。若著实做学问思辨的功夫,则学问思辨亦便是行矣。学是学做这件事,问是问做这件事,思辨是思辨做这件事,则行亦便是学问思辨矣。若谓学问思辨之,然后去行,却如何悬空先去学问思辨得?行时又如何去得做学问思辨的事?行之明觉精察处,便是知;知之真切笃实处,便是行。"①

可以看出,王阳明的"知"与"行"还是互为条件的。人的行动之初都是以知作为基础,只有先有了做某一件事的想法,自己才会去做那件事;知是依靠行来证明,行的结果必然会产生新的认知,并在行中得到完善与发展。因此,在王阳明那里,有一个知就有一个对应的行在,同样,有一个行就会有一个相对应的知。知如果离开了行,就不具备现实意义,就等于空谈,而行如果离开了知的指导,也就会产生妄行妄为。

所以说,王阳明的知行本体说相互融合,相互作用,二者互为条件,知中有行,行中有知,共同形成一个统一的概念整体。

---

①[明]王守仁撰,吴光等编校:《王阳明全集》卷六《文录三·答友人问》,上海古籍出版社 2011 年版,第 232 页。

二、“知行合一”之禅学影响

王阳明的“知行合一”思想体现在个人修养方面是通过“致良知”来实现的。只有通过“致良知”，使人之心免受外界私欲之染，保持内心之纯净，才会产生内在的道德良知，此知显现于外就是忠孝仁义，知行自然合一并进了。牟宗三先生指出：所谓“知行合一”乃是内心与身行一致，二者圆融无碍。

王阳明的“知行合一”思想明显有着其心学的痕迹。他强调“知行合一”的观点，但由于他的心学本体论及对“一念发动处便是行”的思想导致其“知行合一”说重点不在“行”，而在“知”，从而使其偏向于心学层面。而心学对禅学的吸收前面已经论及，由此不难看出，王阳明的“知行合一”说同样有着浓厚的禅学印记。

明人陈建注意到阳明“知行合一”的心学特点，认为王阳明将儒佛二家强行结合在一起并无益处，“弥合虽巧，败阙处不可胜言。弄得来儒不儒、佛不佛。心劳日拙，毕竟何益之有？”①陈建认为，阳明先生所讲“‘知行合一’，行而后知”，这些观点在正统的儒学，比如《中庸》中是不存在的，只有禅宗中有“存养在先，顿悟在后”“磨炼精神在先，镜中万象在后”这样类似的说法，可见，阳明思想源于佛禅②。

很明显，王阳明的“一念发动处便是行”的观点主要指的是意念之行，并未落实至具体的实际行动之中，这种“行”明显带有禅宗的“心行”痕迹。南宗禅主张不用刻意去参禅打坐，只需明心见性即可，

①[明]陈建撰，[清]汪璲评订：《学蔀通辨二》卷九，中华书局 1985 年版，第 126—127 页。

②[明]陈建撰，[清]汪璲评订：《学蔀通辨二》卷九，中华书局 1985 年版，第 127 页。

无须外在的一切实际行动,只要开悟即可,并且一旦顿悟,即至永恒,这是典型的般若观照,不依赖打坐念经之外在行动。王阳明的“知行合一”思想首先要求克除心中不善的念头,这与北宗禅要求清除一切外在干扰与恶念的禅修方法没有区别。北宗禅主张渐悟的修行方法,要求习禅者去除“染心”,保持“净心”,才能见性成佛。这与王阳明的去除心中恶念保持善念即得良知本心之说是一致的。

此外,王阳明关于知行相互联系、相互渗透的关系来源于南宗禅慧能的定慧一体之观点。关于定慧不二之思想,敦煌本《坛经》有着详细的记载:慧能以体用之法说明了定慧一体的关系:“即定是慧体,即慧是定用”;同时指出二者相互依存,定即是慧,慧即是定,慧能反对割裂定慧二者之间关系的行为。王阳明有关知行本体与工夫的内在联系与慧能有关定与慧的关系一致,二者都是体用一源的关系。知行相互依存与渗透,二者同时存在。王阳明反对割裂知行关系的行为,强调知行不可分离,要求为学者实践躬行,在《与道通书》(四)中云:“行之明觉精察处即是知,知之真切笃实处即是行。”①

概而言之,王阳明的“知行合一”思想不仅在语言方面借鉴与吸收了禅学中慧能定慧一体的思想,在行动上面借鉴了禅宗“心行”之特征,而且在论证方法与深层内涵方面都有着惊人的相似。

第三节　“致良知”思想与禅学

一、“致良知”思想

“致良知”思想是王阳明晚年思想的总结,王阳明建立心学体系

①[明]王守仁撰,吴光等编校:《王阳明全集》卷三十二《补录·与道通书(四)》,上海古籍出版社 2011 年版,第 1331 页。

的目的就是希望通过保持个体良知的清净，提升个人的伦理道德，改良社会。因此，他特别重视“致良知”的修养工夫，他自己曾说：“吾生平讲学，只是‘致良知’三字。”①王阳明的哲学思想以龙场悟道为分割点，前期主要思索如何解决格物致知存在的理论困境；龙场悟道之后，王阳明建立了自己的心学体系，提出了“心即理”“知行合一”“致良知”等一系列观点。

王阳明的“致良知”说包括本体与功夫两个方面。在本体论上，良知概念的提出，才最终形成其心学本体论。关于“致良知”的观点，王阳明指出：“所谓致知格物者，致吾心之良知于事事物物也。吾心之良知，即所谓天理也。致吾心之良知之天理于事事物物，则事事物物皆得其理矣。致吾心之良知者，致知也。事事物皆得其理者，格物也。是合心与理而为一者也。”②王阳明的“致良知”思想指的是把自心的意念活动转化为现实社会活动的一个过程，这个过程是以心为主，心物统一的过程。可以说，王阳明的“致良知”思想对朱熹的格物致知从根本上进行扭转，克服了其析心与理、心与物为二的弊病。因此，王阳明视其为最成熟的理论，自谓：“我这个话头，自滁州到今，亦较过几番，只是致良知三字无病。医经折肱，方能察人病理。”③“吾讲学亦尝误人，今较来较去，只是致良知三字无病。”④同时，他还把“致良知”比作佛家的“正法眼藏”，自言：“近来信得‘致良知’三字，

①[明]王守仁撰，吴光等编校：《王阳明全集》卷二十六《续编一·寄正宪男手墨二卷》，上海古籍出版社2011年版，第1091页。

②[明]王守仁撰，吴光等编校：《王阳明全集》卷二《语录二·传习录中》，上海古籍出版社2011年版，第51页。

③[明]王守仁撰，吴光等编校：《王阳明全集》卷三《语录三·传习录下》，上海古籍出版社2011年版，第119页。

④[明]王守仁撰，吴光等编校：《王阳明全集》卷三十六《年谱附录一·自嘉靖庚寅建精舍于天真山至隆庆丁卯复伯爵》，上海古籍出版社2011年版，第1482页。

真圣门正法眼藏。往年尚疑未尽，今自多事以来，只此良知无不具足。譬之操舟得舵，平澜浅濑，无不如意，虽遇颠风逆浪，舵柄在手，可免没溺之患矣。”①由此可见“致良知”思想在王阳明心学体系中的地位。

对于“致良知”的阐释，王阳明前后观点存在一定的差异。前期王阳明认为：

> 知是心之本体。心自然会知：……若良知之发，更无私意障碍，即所谓“充其恻隐之心，而仁不可胜用矣”。然在常人不能无私意障碍，所以须用致知格物之功。胜私复理，即心之良知更无障碍，得以充塞流行，便是致其知。知致则意诚。②

这里，王阳明把格物致知作为“致良知”的前提，认为只要去除了私欲，不断地格物致知，就能达到圣人之境。因此，在王阳明看来，良知人人皆有，但需要致的功夫才能显现其作用。这主要由于尽管每个人都有良知，但在现实生活中，必然会受到私欲的遮蔽，正如王阳明所言：“良知即是未发之中，即是廓然大公，寂然不动之本体，人人之所同具者也。但不能不昏蔽于物欲。”③良知无法显现，乃是受到外界物欲之遮蔽，这就要求致其良知，以克制私欲的产生，保持良知本身的清净。

后期，王阳明反复申明其格物致知之说：告诫弟子：“人须在事上

---

①[明]王守仁撰，吴光等编校：《王阳明全集》卷三十四《年谱二·自正德己卯在江西至正德辛巳归越》，上海古籍出版社2011年版，第1411—1412页。

②[明]王守仁撰，吴光等编校：《王阳明全集》卷一《语录一·传习录上》，上海古籍出版社2011年版，第7页。

③[明]王守仁撰，吴光等编校：《王阳明全集》卷二《语录二·传习录中》，上海古籍出版社2011年版，第71页。

磨炼做功夫乃有益,若只好静,遇事便乱,终无长进。”①当然,王阳明此时所言之格物已不是格外在之物了,而是要求正心、正念。

在王阳明这里,良知毕竟是体现于心中,依据格物致知的观点,要使良知体现于行动之中,必然要有“致良知”功夫。王阳明举例说道:“若谓粗知温凊定省之仪节,而遂谓之能致其知,则凡知君之当仁者皆可谓之能致其仁之知,知臣之当忠者皆可谓之能致其忠之知,则天下孰非致知者耶?以是而言,可以知‘致知’之必在于行,而不行之不可以为‘致知’也明矣。”②这是对“一念发动处既是行”的进一步外在化,王阳明一再强调,“致良知”不是一句空话,要落实到具体的事情或行动上。在王阳明看来,主体知善知恶还未达到“致良知”的目的,如果主体不采取为善去恶之行动,于内不勤加修身,于外不制止他人为恶,则算不上真正的“致良知”,只有在实际行动当中为善去恶,体现在格物上,才是真正的“致良知”。王阳明晚年撰写的《大学问》用“致知”取代“诚意”形成了完整的“致良知”思想。

有关具体如何“致良知”,王阳明认为有事上磨炼与静时存养两种方法,亦即理论与实际相结合。事上磨炼就是指要在具体的行动中实行良知。王阳明提出:“要此心纯是天理,须就‘理’之发见处用功。”③意即要使每一事物皆得其理,就要求为学者不能只停留在意念层面,而必须付诸实际行动,比如孝敬父母,就必须体现在日常生活中对父母的体贴与关怀。即使在患难或贫贱时,也必须在现实中守住自己的良知底线,加强自身修养。只有这样,才是真正的“致良

①[明]王守仁撰,吴光等编校:《王阳明全集》卷三《语录三·传习录下》,上海古籍出版社2011年版,第104页。

②[明]王守仁撰,吴光等编校:《王阳明全集》卷二《语录二·传习录中》,上海古籍出版社2011年版,第56页。

③[明]王守仁撰,吴光等编校:《王阳明全集》卷一《语录一·传习录上》,上海古籍出版社2011年版,第7页。

知”。

对于存时静养，王阳明认为就是“无事时，将好色、好货、好名等私欲逐一追究搜寻出来，定要拔去病根，永不复起，方始为快。常如猫之捕鼠，一眼看着，一耳听着，绕有一念萌动，即与克去，斩钉截铁。不可姑容与他方便，不可窝藏，不可放他出路，方是真实用功，方能扫除廓清”①。存时静养是一种反观内省的修心方法。这与孔子的“吾日三省吾身”相类似，要求时时刻刻注意反省自己的言行，一旦发现有不良之念，必须马上去除，以达到存善去恶之目的。

二、“致良知”思想之禅学印记

（一）“致良知”思想形成之禅学影响

王阳明的“致良知”说包括良知本体与修养功夫两个方面，“致良知”指的是修养功夫。他的“致良知”思想，在对《大学》古本中“格物致知”做解释时就吸取了禅学思想的内容。当时朱学学者陈建就认为王阳明的“致良知”思想吸收了禅学方面的内容，与儒学存在颠倒格物、致知的弊病：

> 阳明之训格物，曰：“物者，意之用也。格者，正也。正其不正，以归于正，而必尽乎天理也。”此其训与正心诚意淆复窒碍、乖经意矣。又《传习录》云：“吾心之良知，即所谓天理也。致吾心良知之天理于事事物物，则事事物物皆得其理矣。致吾心之良知者，致知也。事事物物皆得其理者，格物也。”如此言，则是先致知而后格物，盖颠倒舛戾之甚矣。阳明乃以此议朱子，宁不颜汗？原其失由于认本来面目之说为良知。援儒入佛，所以致

①［明］王守仁撰，吴光等编校：《王阳明全集》卷一《语录一·传习录上》，上海古籍出版社2011年版，第18页。

此。朱子尝谓释氏之说为主于中，而外欲强为儒者之论，正如非我族类，而欲强以色笑相亲，意思终有间隔碍阻。①

正如陈建所言，王阳明的思想借鉴了佛禅的心性论思想，将本心之良知作为本体，并未将致知格物区分为谁先谁后，但与朱熹的先格物后致知的观点则是截然不同。同时，罗整庵也批评了王阳明因为吸收了佛禅之内容，使得其思想与正统儒学有间隔。

王阳明本人对于其“致良知”思想的提出，曾直言不讳地说是受到了禅学思想的影响。他在阐述“致良知”的特征时，许多地方采用了禅学的一些常用术语。如他提出，“致良知”三字乃是真圣门正法眼藏，是千古圣贤相传一滴骨血就是借鉴禅宗的说法。正法眼藏本来指的是禅宗以心传心的佛法，相传释迦牟尼以正法眼藏付与大弟子迦叶，此乃禅宗初祖，佛教的“以心传心”授法自此开始。王阳明的佛禅知识极为丰富，龙场悟道之后，顿悟儒佛之间存在相通相似之处，于是借用佛禅相关术语来阐述其心学思想，“正法眼藏”正是其中之一。

王阳明的“致良知”思想，指的是先天之良知由于受到后天欲望的影响，良知之清净本体会被遮蔽，要想重新明心见性，必须去除后天遮蔽。这就要求一方面在头脑中时时保持为善之理念，另一方面在实际行动中真正做到为善去恶。王阳明的这种“致良知”思想本身及为学方式与佛禅理论及修行方法极为类似，具体体现于以下方面。

王阳明的“一念良知”借鉴了佛禅的“灵知”。在佛禅中，“灵知”是“空寂之心”，是众生本有之真性。王阳明认为，良知作为本体，表现为一种“昭明灵觉”，这与荷泽禅的“灵知”类似。王阳明在其心学

①[明]陈建撰，[清]汪璲评订：《学蔀通辨二》卷九，中华书局 1985 年版，第 126 页。

体系中借鉴了荷泽禅有关“灵知”的概念，良知心性本体的建构即是借鉴于此。

王阳明的“致良知”思想包含良知的“一念发动处便是行”。这与慧能的强调本心具有“前念、今念、后念，念念相续，无有断绝”①的精神活动有着相似之处。二者都是指为学者内心的精神活动，尽管王阳明的“一念发动处便是行”强调了“行”的活动，但未落实到具体实际之前，还是脑海中的精神活动，二者都要求保持主体内心之清净，回归“心”本体。

在王阳明看来，良知是先天的，是纯善无恶的，个人的欲望则是后天才有的，良知在现实生活中可能会受到私欲的遮蔽，但良知本身并不会丧失，“如云自蔽日，日何尝失了”②。这与《坛经》中所描绘的世人一样：“自性常清净；日月常明，只为云覆盖，……忽遇惠风吹散卷尽云雾，万象森罗，一时皆现。”③世人本性清净，受外界影响而遮蔽自性，只要去除外在干扰，自性自明。因此，在王阳明那里，善与恶的区分犹如禅学的迷与悟及染与净一样，都是在现实心理之内进行区分。

另外，在佛教成佛理论方面，王阳明亦借鉴于其心学思想之中，比如佛禅的“前念迷即凡，后念悟即佛”④，指的是要想成佛只要本心不迷，能够开悟即可，后更转为自心求佛。根据《景德传灯录》所载，洪州宗风的开创者马祖道一的法嗣百丈怀海指出佛在自心，不去自心求佛，而如果向外求，就如同“骑牛觅牛”。这在王阳明那里有着类似的说法，当其弟子陆原静说自己无法体会到孔颜乐处时，王阳明说

①［唐］慧能著，郭朋校释：《坛经校释》，中华书局 2012 年版，第 39 页。

②［明］王守仁撰，吴光等编校：《王阳明全集》卷三《语录三・传习录下》，上海古籍出版社 2011 年版，第 105 页。

③［唐］慧能著，郭朋校释：《坛经校释》，中华书局 2012 年版，第 47 页。

④［唐］慧能著，郭朋校释：《坛经校释》，中华书局 2012 年版，第 62 页。

“乐是心之本体”，只要心地开明，乐自在心中，根本无须外求。王阳明斥责陆原静过分追求孔颜乐处与“骑驴觅驴”一样。

王阳明在《答陆原静书》中具体辨析了“良知”“致良知”与佛禅之关系。王阳明既指出了其“致良知”思想与佛禅修身之间的关系，也对二者的不同进行了说明。王阳明认为“致良知”即佛教之“常惺惺”，即时时保持警觉，防止外物对本心之干扰。同时，作为儒学的继承者，王阳明认为心学改善人们伦理道德，是以国或家为主的。因此，他对佛禅的自私自利进行了批判，认为佛禅主要求一己之宁静，不顾国顾家，其最终必走向寂灭。而良知本身具备知善知恶的功能，无须思善思恶，只需去除私欲，让良知彰显即可。

（二）“致良知”方法对禅学的借鉴

“致良知”的具体方法“事上磨炼”与“静时存养”都对佛禅进行了借鉴与改造。

关于事上磨炼，王阳明此处主要强调的是去除功利之心的实学，他指出了是否带有功利目的去做实学的区别。如果带有功利目的，就是每天谈论伦理道德，也是“著空”，只有不带任何功利目的的为学才是实学，这样的实学即使在日常生活的挑柴运水中也能体现，都是“致良知”。王阳明的“实学”范围相当广泛，从国家大事至民间琐事，几乎包罗万象。王阳明认为，只要在这些事物上“致良知”，则事事物物皆可得其理。

王阳明事上磨炼的“致良知”方法借鉴了南宗禅的修行方法。南宗禅强调修行不用刻意参禅打坐，只要依据本心之意该干什么就干什么即可。临济（义玄）慧照禅师曾指出，佛法只是在平常事上用功而已。临济宗与早期的洪州宗相比，更强调主体在现实社会中的悟道，主张现实中人们的一切正常琐事，只要不刻意、不做作都是修行，这种修行方法使得禅宗更为大众化与生活化。临济宗的这种修行方法与内容，与王阳明去除功利目的的“实学”极为相似。

关于存时静养，王阳明一方面肯定了存时静养的好处，因为人们处于现实生活中，六根不可能清净，故为学之初必须保持内心清净，只有如此才能去除外界杂念。王阳明告诫为学者初时通过静坐来去除各种杂念，才可安心为学；一旦心绪平定，就不能只“悬空静守”，还需“省察克治”，即时刻反思自身，一旦发现有不善之处，立即毫不客气地从心中去除，长此以往，善念自存。

王阳明存时静养的比喻来源于禅宗，根据《五灯会元》记载，善清禅师会见祖心晦堂禅师，祖心开示善清道：修行就好比猫抓老鼠，必须排除杂念，集中注意力，“子诚能如是，心无异缘，六根自静，默然而究，万无失一也”①。祖心以猫抓老鼠的例子来说明参禅时如果能排除外界影响，保持六根清净，用心参究，就可以证悟。王阳明引用此语，意在消灭私欲，保持善念。

另外，王阳明的磨镜扫尘与禅宗的拂拭除尘类似。王阳明认为圣人与常人的区别在于能否体认良知。圣人因其良知没有受到外界污染，故是清净明朗的，而常人则因受现实中各种欲望之影响，良知本体被杂念遮蔽，要具备圣人之功，必须恢复良知本体。

《坛经》记载有神秀的“身是菩提树，心如明镜台，时时勤拂拭，莫使有尘埃”②一偈，突出了参禅时应时时拂拭以排除外界污染。同时，禅宗强调众人应该观心，用直观内省的方式发现清净心的存在，去除外在污染，保持心灵清净。由此可以看出，王阳明的磨镜与禅宗的拂尘是接近的，二者都是要求去除外界污染，保持本心清净。

王阳明认为“致良知”不是一蹴而就的，而是一个循序渐进的过程。他以镜子来比喻圣人与常人之区别，认为圣人之心如明镜，良知

①[宋]普济著，苏渊雷点校：《五灯会元》卷十七《泐潭善清禅师》，中华书局1984年版，第1134页。

②[唐]慧能著，郭朋校释：《坛经校释》，中华书局2012年版，第14页。

本体自然呈现;而常人之心则如斑垢驳杂之镜,要求平时注意时时打磨,以保持镜面之洁净,如果久不擦拭镜面,日子久了,污垢就无法去除。这与北宗禅的渐修方式一致,“排除俗欲,离开妄念,克尽染心,显露净心”①。北宗禅的修行亦是一个渐进的过程,要求时时排除外界物欲与妄念的干扰,使净心显露出来。

同时,王阳明对真诚与自信的强调与临济义玄注重“自信心”一致。王阳明认为“致良知”只要做到“不欺”“自信”,良知自然就会显现,私欲就会隐退。这与临济义玄强调人未能成佛的关键是缺乏自信心如出一辙。可见,成佛与“致良知”都要求反观内心,只要心中有佛、心存善念就能成佛,也就具备圣人品相。

王阳明晚年对其学说做了总结,这就是有名的“四句教”:“无善无恶是心之体,有善有恶是意之动,知善知恶是良知,为善去恶是格物。”意思是作为本体的心本身是无善无恶的,是圆融无碍、生生不息的。但由于人生活在现实世界之中,受到各种物欲的诱惑,作为本体之心,其发用就会产生善恶。产生了善恶就需要人们去进行为善去恶的修行实践。当然,王阳明的善恶都是良知的发用,并且善恶并没有绝对的界限,现实世界也不是善恶相对的世界,为善去恶只是无善无恶之本体的一个过程。所以王阳明说,修行者要为善去恶,但不能执着于此,而是要达到心之无善无恶之境界。王阳明这种无善无恶心之体的过程,类似于佛家的人生三境界之说,即:“看山是山,看水是水;看山不是山,看水不是水;看山还是山,看水还是水。”王阳明指出,为善去恶之初,对善与恶之界限分明,认为非善即恶,疾恶如仇,恨不能除恶未尽;到达一定阶段,就会发现善恶其实乃是心之所发,尽在一念之间,只要消除心中欲望与杂念,即可达到为善去恶之目的;当彻底看破善恶之区别时就能超越自身,超越善恶,达到至善与

①方立天:《禅宗概要》,中华书局 2011 年版,第 284 页。

自由的境界。

由此可见，王阳明的心学思想无论在“心本体”“致良知”以及“知行合一”等方面都对禅宗思想进行了吸收与改造；在理论思维与方法方面基本上借鉴的是佛禅的思想，整个心学体系随处可见佛禅思想的印记。但衡今明确指出了王阳明的心学思想“亦儒亦佛”，致使其学界限不清，同时也正因为他的援佛入儒，才使得其心学思想大放异彩。秦家懿认为王阳明心学体系的论辩结构从禅宗处借鉴而来，其语句及辩证思维亦多来源于禅，真正做到了不为门户所见①。

总之，王阳明的“良知说”在借鉴佛禅理论与方法的基础上，把程朱理学的向外求真转为以心为本体，认为人人具备良知，圣人天生就有睿智，具备是非之心，凡人则需通过为善去恶来保持良知本身的通透，以达到无善无恶心之本体的境界。在此基础上，王阳明建立起庞大的心学体系，一方面丰富与发展了儒学，同时也为后世学习与发展儒学另辟蹊径。陈来先生指出：“王阳明富于创造精神，他的哲学一脱当时程朱派的经院习气，具有一种勇往直前的气概，充满了生气勃勃的活力。他能像禅宗大师一样用某种令人惊奇的指点方法使人领悟，他的思想盈溢着生命的智慧，因而十分有感染力和吸引力。”②

阳明心学对佛道进行了借鉴与吸收，因此二者有着诸多相似之处，但毕竟是两种不同的体系，虽然在本体上相差甚微，但体现在“用”上，真可谓差之毫厘谬以千里了。王阳明对此有清醒的认识：

> 夫禅之学与圣人之学，皆求尽其心也，亦相去毫厘耳。圣人之求尽其心也，以天地万物为一体也。吾之父子亲矣，而天下有

①秦家懿：《王阳明》，生活·读书·新知三联书店 2011 年版，第 177 页。

②陈来：《有无之境——王阳明哲学的精神》，生活·读书·新知三联书店 2009 年版，第 2 页。

> 未亲者焉，吾心未尽也。吾之君臣义矣，而天下有未义者焉，吾心未尽也。吾之夫妇别矣，长幼序矣，朋友信矣，而天下有未别、未序、未信者焉，吾心未尽也。吾之一家饱暖逸乐矣，而天下有未饱暖逸乐者焉，其能以亲乎？义乎？别、序、信乎？吾心未尽也。故于是有纪纲政事之设焉，有礼乐教化之施焉，凡以裁成辅相、成己成物，而求尽吾心焉耳。心尽而家以齐，国以治，天下以平。故圣人之学不出乎尽心。禅之学非不以心为悦，然其意以为是达道也者，固吾之心也，吾惟不昧吾心于其中则亦已矣，而亦岂必屑屑于其外，其外有未当也，则亦岂必屑屑于其中。斯亦其所谓尽心者矣，而不知已陷于自私自利之偏。是以外人伦，遗事物，以之独善或能之，而要之不可以治家国天下。盖圣人之学无人己，无内外，一天地万物以为心；而禅之学起于自私自利，而未免于内外之分；斯其所以为异也。今之为心性之学者，而果外人伦，遗事物，则诚所谓禅矣；使其未尝外人伦，遗事物，而专以存心养性为事，则固圣门精一之学也，而可谓之禅乎哉！世之学者，承沿其举业词章之习以荒秽戕伐其心，既与圣人尽心之学相背而驰，日骛日远，莫知其所抵极矣。有以心性之说而招之来归者，则顾骇以为禅，而反仇雠视之，不亦大可哀乎！①

可见，在王阳明这里，心学是儒学合乎逻辑的发展。众所周知，儒学乃入世之学，讲求的是“修身、齐家、治国、平天下”，王阳明大半生都在儒道佛三家徘徊，且对佛道有着精深的体验与探讨，多次有着离家向佛之念头，但最终还是看到佛道不能改变当时苦难的社会，不能救黎民于水火，加上自身不忍放弃人伦，于是毅然放弃了对佛道之追求，转而从

①［明］王守仁撰，吴光等编校：《王阳明全集》卷七《文录四 · 重修山阴县学记》，上海古籍出版社 2011 年版，第 286—287 页。

对儒学的改造中探求整治社会之道,最终建立了其心学体系。

同时,由于心学的作用主要在于通过“致良知”提升个体伦理道德,进而治国平天下。这与佛禅为了个体修行而抛弃家庭与自身的社会责任是完全不一样的,二者在主体的内在要求、对世界的看法及个体的价值观等方面是完全不一样的,这些将于第五章“心学美学与禅宗美学思想比较”中充分阐述。

第二章　心学美学思想的理论内涵

儒学自汉武帝采纳董仲舒的建议以来，就一直处于主导地位，虽然中间有魏晋玄学、隋唐佛学的介入，但始终未能动摇儒学的主体性地位。特别是于宋明理学时期，儒学更是得到了极大的完善与发展，形成了自己的哲学体系。理学在其发展过程中，本着“修身、齐家、治国、平天下”的宗旨，既希望能像范仲淹一样“先天下之忧而忧，后天下之乐而乐”，为国家与社会发挥自己之所长，同时自身也追求一种与天地合一的至乐境界，这种境界正是美学的境界。正如学者朱立元指出：“美学之为美学，最主要的就在于它思考与探索一种理想的生存状态，换句话说，凡是关于一种和谐、健康、自由、充实的生存状态的思想，实质上都是一种美学或至少是美学的重要的思想资源。”①因此，从此含义出发，理学体系中有着丰富的美学思想。

当然，此处说的只是狭义的理学。广义的理学不但与美学接轨，且理学中的许多范畴本身就是美学范畴，比如“乐”“情”“化”“悟”“洒落”等等。因此，无论从本体论还是主体论而言，理学与美学都存在一致与相同之处。阳明心学属于广义理学的一个部分，属于心本体论，王阳明认为“乐”是心之本体，并把“至乐”作为人生的最高境界。事实上，无论于形式还是内涵方面，这种理想境界与审美境界是一致的，二者都是引人进入一种与天地合一的境界，达到一种精神上

①朱立元主编：《美学》，高等教育出版社2001年版，第17页。

的自由。因此,从这个角度而言,阳明心学毫无疑问也包含着丰富的美学思想。王阳明本身并没有专门研究美学,他的心学体系主要是继承儒学“修身、齐家、治国、平天下”的思想,但他的哲学思想中美学思想非常丰富,其心学境界中仁境、诚境、乐境的呈现都具有丰富的美学意蕴。正是在此基础上,后世学者对其美学思想进行了专门的探讨与研究,撰写了多本美学专著。

第一节 王阳明于美学方面的突破

一、心学美学与西方美学之默契

众所周知,中国哲学与西方哲学存在诸多差异:比如,在人与自然和社会的关系上,西方哲学更多的是关注自然、社会,而中国哲学更多的是关注人本身;在实用方面,西方哲学更多为科学提供理性的思考与方法,而中国哲学更多为个体道德修养与和谐社会的构建提供指导;在哲学思维上,西方哲学注重分析的思维方法,而中国哲学则以综合研究为主。当然,尽管中西在哲学与美学上存在着明显的不同,但这并不妨碍二者有着相通与默契之处。比如海德格尔的“天、地、人、神‘四方’归于一体”“人诗意地栖居”等观点与庄子的“齐物论”“天命”思想就有着暗合之处。同样,王阳明的心学美学思想与西方美学思想中的生命美学与主体性美学等存在默契之处。

(一)西方美学发展形态

美学是研究人类情感的学科,自鲍姆加登创立美学学科以来,西方对美与美学的界定五花八门,出现了各式各类的美学观点,这些美学观点大致可以分为五类:首先是以美的本质为本体的本质论美学。这种美学观主要有:毕达哥拉斯提出的“美是数与数的和谐”,指出数字的“和谐”是美的主要因素;苏格拉底提出的“美是有用”的观点,认为有用的事物就是美的；柏拉图提出了“美是理式”的观点，并强调艺术美是“理式”美的模仿；亚里士多德认为“美在形式”，提出了著名的“四因说”：质料因、形式因、目的因与制动因，事物由质料与形式组成，形式优于质料，形式是最美的。其次是以上帝为本体的神学美学。其指出上帝是美的最高创造者，创造万物的上帝是最美的，其他事物之美乃是上帝创造的结果。神学美学是西方美学在中世纪神学笼罩下的产物，随着 14 世纪文艺复兴时期对人权思想的确立而结束。第三是以人的“认识”为主的认识论美学。经过文艺复兴与宗教改革运动，人们的思想逐渐摆脱宗教信仰，开始相信科学与理性的力量；人们的思想逐渐由对上帝的关注转为对人自身的关注，开始探寻人与世界的关系，从而实现哲学史上的本体论向认识论的转向，从而也形成了认识论美学。认识论美学包含经验主义美学、理性主义美学与德国古典美学及生命美学等，形成了美学发展的高峰期。第四是以人的“语言”为主的语言论美学。具体有西方现代与后现代时期的各种文论与美学流派，比如心理分析美学、形式主义及结构主义等。语言论美学主张以语言研究为基础，以语义分析为基本方法，对文学语言和结构等进行分析与解读。第五是以文化问题为中心的美学形态。这种美学形态在语言论美学的基础上建立起来，注重美学的文化内涵，内涵极其丰富，包含通俗文化与高雅文化等。因此，文化论美学可以说是一种泛美学思想，它是文化与美学发展到一定阶段，相互结合而形成的产物。

概而言之，西方美学在发展过程中，与其哲学与文学理论思想紧密关联，先后出现了两大转向，首先是由本体论向认识论的转向，然后是由认识论向语言学的转向。纵观 20 世纪的西方哲学与美学，一直处于“语言转向”的变动过程之中。

（二）心学美学与认识论美学

1. 心学美学与生命美学

王阳明的美学思想突破了西方物质本体论的美学思想，不再以具体事物为美的本体，而是以现实生活中活泼泼的人心为本体，以人的现实体验为基准，关注的是人在具体现实生活中的美与审美。这与西方认识论中的生命美学极为相似。西方的生命美学是以人的生命整体实践为原则的美学，诸多生命哲学—美学家都有自己的观点：生命美学的创始人狄尔泰认为人的生命是文化的和历史的，唯有通过人们在现实世界中各种各样的活动才能被理解；叔本华把世界分为意志的世界与表象的世界，提出“世界是我的表现”“世界的本质是意志”等生命美学的观点：即是说人的感官感知的表象世界（现实的世界）是意志派生出的不真实的存在；尼采对叔本华的悲观主义哲学进行了批判式接收，提出了“酒神精神”“权力意志”及“超人哲学”等生命哲学—美学观点；柏格森更是西方著名的生命美学代表人物，他以生命冲动为基础，以时间为本质，用直觉的方法，涉及人的生命的各个方面；马克思亦是生命美学的代表人物，他的以生活为出发点也就是以人的生命为出发点，其实践的过程就是人生命运动的过程。在西方，无论是身体美学对人的身体的研究，实践美学对人的实践活动的研究，还是生态美学对人与自然关系的研究，由于都与人的生命息息相关，故统称为生命美学。

阳明心学美学蕴含着生命美学的全部内涵，既有身体美学对身体各种经验及内在潜能的激发，同时也把身体美学与实践美学紧密结合起来，更好地展示了对身体与生命的热爱。这主要体现于其教育思想中。王阳明虽然注重儒学的伦理道德，主张通过个人的修养来改良社会，但他并不像朱熹等理学家那样主张“存天理，灭人欲”，企图通过对人性的压抑来维持社会的稳定。他十分强调人性的自由发展，主张教育应根据人的年龄、习性等差异来进行。对于儿童的教育，针对儿童不喜欢枯燥的经典说教，他会把这些内容用生动的故事来讲解，同时对书中的伦理道德采取学以致用的方法，随时进行实践。每次讲完课，他都要求学生回家去实践这些道德，第二天来谈自己的感受，根据不同回答，王阳明进行归纳总结，然后进行针对性的教育。对于成人的教育，王阳明同样强调人性的自由发展。王阳明本人并不是那种古板机械之人，不愿意受世俗社会的各种羁绊，主张发扬自己的个性，在人格方面提出了“狂者胸次”，一方面强调积极进取的上进精神，同时突出自己不受世俗社会环境的影响，主张做一个胸怀宽广之人，不用言语掩饰自己的不良行为，主张以“良知”来评定是非，在现实生活中做到“知行合一”。因此，在教育中，王阳明因材施教，根据每个人的个体差异采取不同的教育方法。正如他所言：狂者就“从狂处成就他”。也正是他的这种教育思想，造就了许多特立独行之人才，比如王畿、王艮、颜钧等就是阳明后学中有名的狂者，他们志存高远、光明磊落、不与世俗苟同。

王阳明“天人合一”的心学美学中亦蕴含着丰富的生态美学思想，这些在第六章“阳明心学的生态美学归宿”一节做了比较详尽的阐述，这里不再赘述。

2. 心学美学与康德美学

心学与康德哲学是两种完全不同的哲学思想，心学主张的是体用一体，主张在现实生活中实现“致良知”，追求成圣成贤。康德哲学则在诸多情况下刻意摆脱经验知识的束缚，纯粹依据思辨与理性来建立其哲学思想。但二者在美学思想方面，特别是在突出道德主体性方面，王阳明与康德的美学思想有着异曲同工之妙。具体而言，二者的道德主体性有着以下四个方面的相同之处：

首先，就道德的定位而言，康德在《实践理性批判》一书中指出，人类的道德最高理想是达到至善，为此，他设置了意志自由、灵魂不朽与上帝存在三大公设。康德强调，人们只要努力向上帝看齐，终其一生乃至世世代代践行伦理道德，终能达到至善。王阳明将先验的道德规则纳入心本体，心本体既是天然的道德至善，纯善无恶，同时亦是道德实践领域的立法者与执行者。其次，在如何对道德的好坏进行鉴定方面，二者都表现为主观性，都不考虑客观规律，比如经济基础等方面的影响，只是纯粹从人的主观意志出发，制定道德的判断标准。康德抛开一切外在的经验因素，通过人的理性的主观推理与演绎，为人类的道德实践制定了理想的准则。王阳明则以“良知”作为其道德学说的最高范畴，指出良知本身即是判断是非的标准。第三，在如何进行主体的道德修养方面，二者都注重个体的内在修养。康德强调主体理性的绝对地位，理性高于一切，支配一切，注重理性对人个体的塑造；王阳明则以本体之心来作为成圣的出发点，指出只要顺应本心，不管其是贩夫走卒还是孔孟之伟人，都可以成为圣人。可见，二者都是从人的内心寻求道德修养的途径。第四，二者的境界与目的相通，王阳明与康德都希望通过伦理道德的改善，来提高人的修养，进而改造整个社会。他们的学说虽然都强调突出人的主体性，主张主体对外在客观世界的指导与支配，但他们并没有抛弃尘世，像佛道一样远离现实世界，而是采取积极向上的态度从人的主观方面对现实世界进行改造。康德和王阳明都生活在特定的时代，他们不仅对人民苦难的物质生活忧患，更为人民的精神生活担忧。王阳明主张的“万物一体”思想就是对和谐社会构建的一种愿望，康德的至善亦是要求人们用自己的理智来战胜外在的欲望，建立一个和谐理性的人生与社会。由此可见，王阳明的主体性美学与康德的主体性美学存在着诸多默契之处。

二、高扬审美主体

王阳明不仅在哲学上对朱熹理学思想进行了重大突破，把朱熹以天理为本体的理论构架变成一个以心为本体的理论体系，同时将朱熹的二元结构转化为以心为主的一元论思想。在美学上同样产生了重大而深刻的影响，他把美的本体由形而上之天理转变为感性的人心，美的对象由客观存在之物转变为与主体发生关联之物，美的创造由

“从道中产生”转向“从心中产生”，美的审美标准由“天理”转变为“人心”。具体而言，王阳明于美学在以下几个方面做出了突出的贡献。

王阳明的心学思想以人之内心为主，是一种主体性的哲学，表现在美学上，是一种以主体性为主的美学。王阳明在哲学思想上强调“心外无物”“心外无理”，“吾心便是宇宙”；于美学思想上，王阳明同样认为心不仅是主体，也包含了对象，即心外无物，心外无事，心外无美。因此，王阳明指出任何一个具体的事物，只有与主体发生关系，进入主“我”的眼中才有意义，没有进入主体意识之中的事物，只能算是客观存在，对主体而言实际上是不存在。这种思想在美学上就突出了审美主体，强调与人心有关的意义世界，忽视自然本体世界，认为审美就是审美主体情感的投注。

（一）意义世界

王阳明的心本立场即是把“心”当作万物的主宰，在王阳明那里，人与万物虽然平等相处，融为一体，但此前提是以吾心为主。当然，王阳明所说的心外无物并非指心外不存在物质世界，他所说之物乃是通过心体的外化进入人的意识的事物，也就是说，万事万物只有进入人之主体才有意义，对于未能进入主体的外在事物，王阳明不予考虑。正是这种意义世界的构建使得王阳明能够把世间万物通过人心连接与统一起来。

可见，王阳明的本体论思想否认本体存在仅仅是一个纯粹的本然世界，我们周围世界中的事物，总是与我们的生存与体验相互关联，事物的存在与否不是依据其普遍规律而得以规定存在，而是按照事物与主体的关系来确定。本体与人的存在及其活动有着不可分离的关系，存在于我们的感觉经验范围之内，并与我们发生关系。事实也正是如此，人们总是跟自己熟知的事物打交道，对于未知的领域，是存在一定的畏惧与拒绝接受的心理，我的感觉以我的所知为限，对于我所未知，我并不认同它的存在。王阳明不仅把存在之物规范于个体之感知范围内，而且认为个体之良知与所感知之物存在对应关系，外在事物之意义都是心体之外化，是主体赋予的，事物自身并不存在独立之意义。在其著作中，到处体现着这种观点："人的良知，就是草、木、瓦、石的良知。"①"心之所发便是意，意之本体便是知，意之所在便是物。"②"意之所用，必有其物，物即事也。"③

在这种主客体的关系境域中形成的世界，主体作用于客体构成一个"意义世界"。这个意义世界，就是人赋予世界以意义，由心本体体现出来。这种观点，极大地高扬了主体，最终形成一个以心本体为主的意义世界。

（二）审美客体依赖审美主体

在王阳明那里，人为天地万物之心，心为天地万物之主，良知乃是心之本体，也是世界之本体。良知本体既具备普遍性，同时也具备个别性，作为普遍性之良知本体一般不存在审美性，审美性主要存在于个体之良知。王阳明的良知表现于现实中，就是一颗活泼泼的现实之心，有着个体之情感，具备直觉性等特征，这些特征为审美成为可能提供了基础，良知的诚境、仁境及圆融之境等都与审美之境有着异曲同工之妙。所以，正如潘立勇所言，"美之为美，正是心物相照，境域呈现；美之境界，正在心与物合为一体，活泼澄明。美不在物，也不在心，而是心物之间的当下呈现"④。

---

①［明］王守仁撰，吴光等编校：《王阳明全集》卷三《语录三·传习录下》，上海古籍出版社2011年版，第122页。

②［明］王守仁撰，吴光等编校：《王阳明全集》卷一《语录一·传习录上》，上海古籍出版社2011年版，第6页。

③［明］王守仁撰，吴光等编校：《王阳明全集》卷二《语录二·传习录中》，上海古籍出版社2011年版，第53页。

④潘立勇：《一体万化——阳明心学的美学智慧》，北京大学出版社2010年版，第112页。

在王阳明看来，外在事物通过人心来感知，事物本身无善恶之分，区分善恶者乃是人心，并且善恶随时具备可转换性，比如花草，一般情况下，人们以花为善，以草为恶，但如果需要用到草时，则会以草为善了。在现实生活中同样如此，同一事物，依据审美主体要求的不同而呈现出不同的审美形态。比如牛，在鲁迅眼中的“俯首甘为孺子牛”之“牛”代表一种勤劳善良的美德，但在“老牛拉破车”中之牛则是一种落后的象征；再如，同样是红色，鲜艳的五星红旗是美的，而恐怖事件中的鲜血则是丑陋的。阳明的这种观点不仅说明事物之美根本上取决于本心之意识，同时也说明了事物作为审美对象呈现时具有相对性。

在王阳明看来，天地万物都以吾心为主，表现在审美方面，亦是从主体方面来衡量。并非所有的客体都是审美对象，只有适合主体生命自由的客体才能成为审美的对象。

他的这种美学观点可以这样理解：任何一个具体事物无论色彩再怎么丰富、构造再怎么精致，如果没有人的观赏，也就只是自在之物，无法体现美的价值，因为审美是针对人而存在，只有人在欣赏时，客观对象才能有美丑之分。只有在此种情况下，才存在审美之可能。对此，王阳明曾用“山中观花”之例做了说明。王阳明在南镇旅游时，其朋友针对他的心学思想提出质疑，认为山中之花一年四季在深山中自开自落，与人之心毫无关系。王阳明指出，深山之花因为自身没有感觉到，所以与心同归于寂，但当人们看花时，此花便与人心关联起来，不再在人心之外，因而此花才具备审美意蕴。

前面已经对王阳明与德国哲学家康德的主体性美学进行了比较，指出了二者的一致性。康德与王阳明一样，于审美时，关注的是主体的美感，主体是否快乐，是否符合主体审美的标准。对于外在的客体世界，二者都是排除在审美之外的，这从他关于审美的四个契机即可看出其主体性原则。他从质、量、关系、情状四个方面来界定审美，指出审美是无关功利目的却又令人愉快，无关概念却又具备普遍性，无目的而又合目的性的，是一系列矛盾的对立统一。特别是其“无目的而和目的”的思想，指的是审美不带功利目的，却符合主体愉悦的目的。这些都是以符合主体人的“乐”为主的，对于不具备适合主体这些条件的事物，康德不把它们考虑在审美范围之内。

（三）审美主体高于一切

王阳明的“良知”本体与朱熹“理”本体的一个主要差异就在于前者突出了本体的主体性向度，在王阳明那里，一切与人的主体精神无关的客观事物在“人心”面前都可忽略不计。主客体的关系是“心照万物，万物映心”。阳明心学美学中，心就是审美主体，主体之心与外在客观事物形成一种审美关系，在这种关系中，审美主体是第一性的，审美客体以是否适合审美主体为主。这种张扬审美主体的审美观，打破了以前经典权威性的状况，在以往，经典就是权威，就是样板，不能更改。到王阳明这里，世间所有一切都是心之映照，一切都是人心的反映，经典同样如此，前人的经典必须经由我的理解，以我的理解为主，而我的理解以我的能力为限，是我心的印证。这与孟子的“以意逆志”观点有着异曲同工之妙。孟子的“以意逆志”要求的亦是阅读主体根据自己的观点理解古人的观点。当然，孟子的观点还强调了主体间性，即阅读主体与作品主体之间的交流与理解，而王阳明的“心”本体则更强调审美主体的自由自觉性。

由于对审美主体的突出，王阳明主张个体本心真实的存在，个性的率真与自然，独抒性灵，独树一帜。这也导致审美中“狂者胸次”的出现。在王阳明那里，“狂者胸次”是以“诚”为主，以人的“真心”“本心”为主，摆脱了世俗之羁绊，在至善“良知”的引导下，按照自己内心行事的一种审美人生境界。从审美的角度来看，“狂者胸次”极大限度地展示了审美主体的自由自在性，这种境界充分体现了审美主体对道德境界的超越。这种对人主体地位的高扬，使得人类的感性思维优于理性思维，感性重于理性，体现了王阳明对人的价值的终极关怀，使得王阳明的心学美学思想极富人文主义精神。

总之，王阳明认为审美是审美主体情感的投注。这既是王阳明对美学的突出贡献，也是其美学思想的主要特征之一。这种过分关注审美主体、忽视审美客体的观点与西方现代派的移情说有异曲同工之妙。“移情说”的提出者是立普斯，从心理学方面来看，移情说认为人之所以能够产生美感，乃是因为人从客观对象之中看到了自我的情感与自己的本质力量，产生美感的根本原因在于主体情感的转移。所谓“移情”，就是我们的情感“投射”到外在客观事物身上去，使客观事物仿佛具备了人的各种情感，这是审美主体与审美客体达到的物我同一的境界。这种情形在古代的诗词中多有描述，比如杜甫《春望》中的“感时花溅泪，恨别鸟惊心”就是作者把自己的情感赋予花鸟而形成的景象，古代庄子的濠上观鱼——“从容出游，鱼之乐也”更是庄子直接把自己审美的情感转移到鱼身上。

“移情说”学者指出，只有在这种物我同一的境界中，人才会感到事物之美。

三、推崇“知行合一”的美育功能

阳明先生以良知为本体，以“致良知”为实践工夫。“知行合一”的基本内容就是知行本体合一并进。“知行合一”突出了美学的实践性，王阳明的心学美学实际上就是一种美育思想，要求一切落实到人生的实践之中，在人生与社会实践中，提升自己的道德修养，最终成为贤人、圣人。

（一）“知行合一”的审美实践

“知行合一”是王阳明心学美学思想的主要观点，毫无疑问强调的是主体审美的现实性。王阳明指出“知”和“行”相互联系，不可分离，二者融为一体，具体表现为知是行的主意，行是知的工夫，也就是说躬行实践过程中离不开知的指导,同样“知”也离不开“行”,知与行相互融为一体。这种观点改变了朱熹“知先行后”之说,指出了知在实践中具备指导作用,“行”在“知”中具备磨炼作用,知行之间相互依存。另外,王阳明从动态发展过程中指出“知是行之始,行是知之成”,体现了知行发展并非截然分开,而是一个相辅相成的动态发展,因此“知之真切笃实处,即是行;行之明觉精察处,即是知”①。也就是说,明觉精察、真切笃实分别是知与行的特征,在事物的认识过程中,如果态度不真切笃实,其认识就达不到很高的程度;在践行过程中,假如不能明辨审问,仔细地研究与分析,那么这种行为就不是真切笃实的。

在具体的现实生活中,阳明学说不仅在美育方面注重“知行合一”,事实上,阳明的整个哲学与美学都是建立在现实生活基础之上的,特别重视社会现实性,强调“知行合一”。

因而,王阳明提出“未有学而不行”“不行不可以言学”的观点:以自身的践履为自悟的前提,只有通过自己的亲身实践,才能造完美之个体。此种观点表现在美学上,即是说,阳明心学美学不是口耳观听之学,而是身心践履之学,是审美感知与审美行为的内在统一。阳明先生以良知为本体,以“致良知”为实践工夫,其“知行合一”突出了美学的实践性,王阳明的心学美学实际上就是一种美育思想,要求一切落实到人生的实践之中。

为了陶冶学生们的性情,在讲学之余,王阳明经常带学生去登山游水,从中领略大自然的美感。事实上,王阳明自己就写了大量的山水诗歌,于龙场悟道时,贵州险峻的山水在他的眼中都是一道道自然的美景。不仅是在讲学上,在生活的各个方面,王阳明都提倡“知行

①[明]王守仁撰,吴光等编校:《王阳明全集》卷二《语录二·传习录中》,上海古籍出版社2011年版,第47页。

合一”的审美实践，即使在当时的科举考试过程中，王阳明都能找到审美之乐趣，从中体验出“中心融融，自有真乐”的审美体验。

（二）“知行合一”的美育思想

王阳明作为著名的哲学家、教育家，一生都在与人为师，特别是在龙场悟道之后，于贵州等地专门开办书院进行讲学，阳明后学子弟遍及各地。在教育过程中，王阳明特别注重审美教育，他在传统美育思想的基础上，结合自己的心学思想对传统美育进行了改革，主张超越自心，在日常生活的修养过程中去发现美的存在，反对“天理”对人性的约束。他的美育思想强调对主体内心的教育，旨在提高内在修养，塑造理想的人格。

1. 礼乐教育

礼乐对于个人修养具有非常重要的作用。孔子认为，“兴于《诗》，立于礼，成于乐”（《论语·泰伯》），君子修身从学《诗》始，最后的完成还在于乐。美好人格的养成，既需要“礼”，亦需要“乐”，以“礼”来指导个体之行为规范，以“乐”来陶冶其心灵。

礼乐最初记载于荀子之思想中，荀子指出，“礼”乃是用来规制人欲，“乐”则是用来规范人情。荀子认为“人性本恶”，故主张“化性起伪”。王阳明则继承了孟子“人性善”的观点，认为良知本是纯善的，只是后来受到了污染与遮蔽，故需制礼乐来去除污染与遮蔽，恢复良知之明觉。

> 问：“圣人应变不穷，莫亦是预先讲求否？”先生曰：“如何讲求得许多？圣人之心如明镜，只是一个明，则随感而应，无物不照，未有已往之形尚在，未照之形先具者。若后世所讲，却是如此，是以与圣人之学大背。周公制礼作乐以文天下，皆圣人所能为，尧、舜何不尽为之而待于周公？孔子删述《六经》以诏万世，亦圣人所能为，周公何不先为之而有待于孔子？是知圣人遇此

时,方有此事。只怕镜不明,不怕物来不能照。讲求事变,亦是照时事,然学者却须先有个明的工夫。学者惟患此心之未能明,不患事变之不能尽。”曰:“然则所谓‘冲漠无朕,而万象森然已具’者,其言如何?”曰:“是说本自好,只不善看,亦便有病痛。”①

因此,在王阳明看来,礼乐并不是先天就有,于周公之前,由于良知本身清净,人人的良知都处于明净状态,故无须礼乐来规范,而后天由于明净之良知受到遮蔽,圣人于是制定礼乐以去除良知的遮蔽,保持良知本身之明觉。

王阳明作为儒学的继承与发展者,非常重视礼乐的教化作用,但由于他提出了良知本体的思想,指出良知乃是纯善无恶的,故其礼乐教育主要是针对外界干扰与欲望,希望借助礼乐恢复良知本心的活泼泼状态。因此,这种教育是一种不带功利目的的审美教育。王阳明美育思想主要体现于他的心学思想之中,他的一篇有关教化的文章——《训蒙大意示教读刘伯颂等》集中反映了其美育思想。礼乐教育的目的不是功利目的之教育,不能从能否带来实际利益来定,而是要通过文艺诗歌之学习,以养成伟大人格。于此文中王阳明还具体论述了美育的具体特性,强调应根据受教育者的年龄、心理等方面的特征因材施教,比如说儿童喜欢游玩,不喜欢受拘束,教育者必须根据这一特点,不能纯粹对他们施以礼乐教育,而应以“《诗》”“礼”“书”三者相互结合,采取寓教于乐的方式:即用歌《诗》来诱发儿童情性;用礼仪来规范情感,防止情感泛滥;以读书增长其见识,开拓其思维,启迪其智慧。

2. 良知乃礼乐教育之根本

①[明]王守仁撰,吴光等编校:《王阳明全集》卷一《语录一·传习录上》,上海古籍出版社2011年版,第13—14页。

通过前面的阐述可以得知，礼乐教育之目的在于去除良知之遮蔽，重现良知本体之光明。这即是说人之本心是善良的，如果人的本性不是善良，那么礼乐对人而言是没有作用的。故王阳明指出，礼乐制度必须从其本原"良知"上来把握，才能准确地理解其礼乐之含义与目的。王阳明认为，外在之"礼"是内在"理"的一个体现，二者是同一个东西，外在之"礼"的目的主要是为了内在"理"的纯净，由于内在之理只是本心的一种清净状态，故无法直接把握，只有通过具体的事亲、事君、处富贵或贫贱时等实际行动才能体现出来。可见，王阳明的核心观点乃是良知，一切外在之礼都是为了使良知显发、明觉。这一思想在其关于"古乐"的恢复一文中做了较为详细的论述：

先生曰："古乐不作久矣。今之戏子，尚与古乐意思相近。"未达，请问。先生曰："《韶》之九成，便是舜的一本戏子。《武》之九变，便是武王的一本戏子。圣人一生实事，俱播在乐中。……今要民俗反朴还淳，取今之戏子，将妖淫词调俱去了，只取忠臣孝子故事，使愚俗百姓人人易晓，无意中感激他良知起来，却于风化有益。然后古乐渐次可复矣。"曰："洪要求元声不可得，恐于古乐亦难复。"先生曰："你说元声在何处求？"对曰："古人制管候气，恐是求元声之法。"先生曰："若要去葭灰黍粒中求元声，却如水底捞月，如何可得？元声只在你心上求。"曰："心如何求？"先生曰："古人为治，先养得人心和平，然后作乐。比如在此歌诗，你的心气和平，听者自然悦怿兴起。只此便是元声之始。《书》云'诗言志'，志便是乐的本。'歌永言'，歌便是作乐的本。'声依永，律和声'，律只要和声，和声便是制律的本。何尝求之于外？"曰："古人制候气法，是意何取？"先生曰："古人具中和之体以作乐。我的中和，原与天地之气相应；候天地之气，协凤凰之音，不过去验我的气果和否。此是成律已后事，非必待此以成律也。今要候灰管,先须定至日。然至日子时,恐又不准,又何处取得准来?"①

在王阳明看来,古乐乃是由良知产生,尽管古乐由于时代久远,我们无法恢复其原貌,但只要内心具备古人之元气,也即是说于心中具备明觉之良知,即可恢复古乐。古人通过乐来教化民众,使得人心平气和,陶冶人们的性情,去除人们的不良欲念。王阳明指出,今人只要保持平和的心境,不为外物所执,一方面能够恢复古乐,同时更能从中受到教育。故王阳明认为良知是主体,是人心,一切外在的礼乐只有在心正的情况下才能获得教育的效果,如果内心杂念不断,礼乐就无从谈起。

总之,王阳明认为,任何事情只有先有心(即良知),才有礼乐之必要,礼乐之目的亦是为了心之平和。只要人心和平,与古人之心具备同等的良知,即可与古人一样获得古代音乐之"元声"。反之,如果不从心本体——良知出发,而是从外在的枝节出发,就无法与古人相同,更不可能恢复古乐。这与孟子的"以意逆志"思想相一致,孟子要求今人在阅读古书时应当与古人交朋友,即以自己内心的想法去揣测古人的想法,这样才能理解古人写作的用意。反之,如果不与古人交朋友,而只是从现代人的实际状况去衡量古人,就不可能获得古人写作之目的与内涵。于此,王阳明以现实之"树"做了一个比喻:

譬之树木,这诚孝的心便是根,许多条件便是枝叶,须先有根,然后有枝叶,不是先寻了枝叶,然后去种根。《礼记》言:"孝子之有深爱者,必有和气;有和气者,必有愉色;有愉色者,必有

①[明]王守仁撰,吴光等编校:《王阳明全集》卷三《语录三·传习录下》,上海古籍出版社2011年版,第128—129页。

婉容。”须是有个深爱做根，便自然如此。①

王阳明明确指出，行孝必须先有孝心，有了孝心之后才会付诸行动，前者是树之“根”，后者乃树之“枝叶”。事实上不仅仅是行孝，在王阳明看来，良知乃是礼乐之根本，在礼乐没有产生之前，良知本心便已存在，礼乐产生的目的只是为了还良知之本来面目而已。

3. 寓教于乐的教育方式

王阳明的审美教育思想善于因材施教，在对待儿童时，根据儿童喜嬉戏的特征而施以《诗》《书》《礼》三者相结合的教育方式，尊敬儿童贪图快乐的天性，把教育蕴含于日常的快乐游戏之中。同样，对于成年人，王阳明非常注重人的个性的发展，从不约束人的本性，让人在愉悦中接受礼乐的教育。于下文中，王阳明并不赞同迂腐之儒家礼数，而是要求为学者从心所之，注重自身的个性特征。

> 王汝中、省曾侍坐。先生握扇命曰：“你们用扇。”省曾起对曰：“不敢。”先生曰：“圣人之学，不是这等捆缚苦楚的，不是妆做道学的模样。”②

王阳明针对弟子们的拘谨进行了开导与教育：圣人之学不是迂腐之学，而应以良知本心为主，如果一味地约束自己的本性，就失去成圣之意义。当王汝中言及孔子与其弟子言志的故事时，王阳明赞扬了曾点“狂者”之形象，认为这正是曾点良知本心的体现。在此基础上，

---

①［明］王守仁撰，吴光等编校：《王阳明全集》卷一《语录一·传习录上》，上海古籍出版社 2011 年版，第 3 页。

②［明］王守仁撰，吴光等编校：《王阳明全集》卷一《语录三·传习录下》，上海古籍出版社 2011 年版，第 118 页。

王阳明指出讲学应当根据每个人的个性差异因材施教,比如“狂者就从狂处成就他”。只有这样,才能真正达到教化的目的。

王阳明以寓教于乐为主要的教育方式,因为在他看来,良知本身是“乐”,人的生理,在正常情况下是和谐舒畅的,正如春天花草树木之欣欣向荣的景象,只是由于外在的物欲对良知本体的干扰,使得本自和顺通畅之良知变得不顺畅,这就需要通过后天的教育与学习来显现与恢复主体良知之乐。

> 来书云:昔周茂叔每令伯淳寻仲尼、颜子乐处。敢问是乐也,与七情之乐同乎?否乎?若同,则常人之一遂所欲,皆能乐矣,何必圣贤?若别有真乐,则圣贤之遇大忧、大怒、大惊、大惧之事,此乐亦在否乎?且君子之心常存戒惧,是盖终身之忧也,恶得乐?澄平生多闷,未尝见真乐之趣,今切愿寻之。
>
> 乐是心之本体,虽不同于七情之乐,而亦不外于七情之乐。虽则圣贤别有真乐,而亦常人之所同有。但常人有之而不自知,反自求许多忧苦,自加迷弃。虽在忧苦迷弃之中,而此乐又未尝不存。但一念开明,反身而诚,则即此而在矣。每与原静论,无非此意。而原静尚有“何道可得”之问,是犹未免于“骑驴觅驴”之蔽也。①

王阳明指出,心之本体是快乐的,主体在面对万事万物时,不执着,一方面顺应客观事物之规律,另一方面遵循内心之自然需求,不为外在物欲所干扰,主体本心就会感觉欣合和畅。他提出“乐是心之本体”的观点,即是认为“真乐”存在于每个人心中,圣人能够感觉到这种

①[明]王守仁撰,吴光等编校:《王阳明全集》卷二《语录二·传习录中》,上海古籍出版社 2011 年版,第 78—79 页。

“真乐”，不为外界物欲所迷。常人心中同样存在“真乐”，只是因常人执着于外物，会为眼前之利益所迷惑而找不着真乐，一旦去除迷惑，乐即在心中。王阳明特别反对对心本体的压制，主张顺应情感的自然发泄，认为只有这样才能达到人的本然状态，这种本然状态王阳明谓之“中和”。古人设置礼乐的真正目的就是达到人的这种“中和”境界，亦即“大本达道”。

问：“伊川谓‘不当于喜怒哀乐未发之前求中’，延平却教学者‘看未发之前气象’，何如？”先生曰：“皆是也。伊川恐人于未发前讨个中，把中做一物看，如吾所谓认气定时做中，故令只于涵养省察上用功。延平恐人未便有下手处，故令人时时刻刻求未发前气象，使人正目而视惟此，倾耳而听惟此，即是‘戒慎不睹，恐惧不闻’的工夫。皆古人不得已诱人之言也。”

澄问：“喜怒哀乐之中和，其全体常人固不能有。如一件小事当喜怒者，平时无有喜怒之心，至其临时亦能中节，亦可谓之中和乎？”先生曰：“在一时一事，固亦可谓之中和，然未可谓之‘大本’‘达道’。人性皆善，中和是人人原有的，岂可谓无？但常人之心既有所昏蔽，则其本体虽亦时时发见，终是暂明暂灭，非其全体大用矣。无所不中，然后谓之‘大本’；无所不和，然后谓之‘达道’。惟天下之至诚，然后能立天下之‘大本’。”曰：“澄于‘中’字之义尚未明。”曰：“此须自心体认出来，非言语所能喻。中只是天理。”曰：“何者为天理？”曰：“去得人欲，便识天理。”曰：“天理何以谓之中？”曰：“无所偏倚。”曰：“无所偏倚是何等气象？”曰：“如明镜然，全体莹彻，略无纤尘染着。”曰：“偏倚是有所染着。如着在好色、好利、好名等项上，方见得偏倚；若未发时，美色名利皆未相着，何以便知其有所偏倚？”曰：“虽未相着，然平日好色、好利、好名之心，原未尝无；既未尝无，即谓之有；既谓之有，则亦不可谓无偏倚。譬之病疟之人，虽有时不发，而病根原不曾除，则亦不得谓之无病之人矣。须是平时好色、好利、好名等项一应私心扫除荡涤，无复纤毫留滞，而此心全体廓然，纯是天理，方可谓之喜怒哀乐‘未发之中’，方是天下之‘大本’。”①

王阳明于此指出了圣人与常人之间的区别，圣人对待每一件事、每一个问题都能做到恰如其分，能够达到“无所不中”“无所不和”。而常人虽良知本体与圣人无异，但因受外界干扰，良知的显现不是非常明显，时隐时现，故常人处理外在事物就无法完全达到本然状态。因此，常人如果想达到圣人的“中和”即“大本达道”，就需要通过审美教育去除遮蔽良知的各种欲望，包括物欲、过度的性欲与自私自利之私欲，以便良知显发明觉，回归“天下之大本”。

在此基础上，王阳明提出了“美在人的主观心灵”的命题。王阳明心学思想的目标是成圣成贤，圣贤的标准是有着理想的人格，道德品质高尚，乐于为社会伦理秩序做建构，共同实现理想之社会。王阳明希望通过修心提升个体道德情感，在审美教育过程中提升自己的人格境界。因此，王阳明特别强调理论与实践相结合，突出实践的重要性。

总之，王阳明的美育思想尊重人的个性发展，不以僵硬的规矩来束缚人性，倡导个体身心的协调发展，强调在实践中实现人的全面协调发展。其美育思想，向内表现为个人的成圣成贤，向外表现为通过社会审美教育，达到移风易俗的目的。具体做法就是以个人的体认践履造就个体人格与审美境界，以社会的潜移默化形式化育社会风

①［明］王守仁撰，吴光等编校：《王阳明全集》卷二《语录一 · 传习录上》，上海古籍出版社 2011 年版，第 26—27 页。

俗和审美境界。

第二节　王阳明的美学思想

王阳明的“意义世界”强调任何一个具体的事物都是实在，而对“我”有意义的事物才是存在，存在世界对“我”而产生。“吾心便是宇宙”，整个宇宙呈现出的事物都与心相对应，是本心灵觉使世界意义呈现，因此，每个人都应该“吾心自作主宰”。世界上任何价值都是对应于人而呈现，任何意义都是通过心而澄明。这种思想体现在美学上，就形成了王阳明以体验为主的心学美学思想。

一、阳明心学美学的实质

（一）生命体验美学

体验是人的一种精神意识的活动，与人的整个生命融合在一起。海德格尔认为，艺术必须通过人的感知与体验才能成为美学的对象。无论对艺术享受还是对艺术创作来说，体验都是决定性的源泉。

这里，海德格尔很明确地把“美学”与“体验”两个概念联系在一起，“体验”已经成为“美学”最基本的内涵。海德格尔指出，体验主要是指人们对自己周围世界的体验，亦即我们的日常生存总是与周围的万事万物产生各种不同的关系，人们总是对周围的事物产生体验。

阳明心学就是强调生命本体对外在世界体验的哲学，主张“知行合一”与“致良知”，在生命体验中实现自身的良知。他的美学同样提倡真性情真体验，强调个体的直觉顿悟。王阳明认为，客观存在的一切事物只有进入主体的体验并获得愉悦的情感，主体才能获得审美。其基本观点，可归结为良知本体、“致良知”工夫、“无入而不自得”的人生境界，为其最终追求的道德生命和精神境界。

良知作为王阳明心学体系的本体，本身玲珑剔透，具备“本真”

“自然”之美。在与周围事物发生关系、产生体验时,由于受到外在事物的干扰,而变得模糊不清,于是需要“致良知”,以保持“虚静”之心态,排除外在物欲之干扰,达到澄明之境。这整个过程都是在现实世界中产生,与周围事物发生关系,身心获得体验,在体验过程与结果中产生愉悦的情感。

针对王阳明的美学思想,学者存在不同认识。有学者认为心学美学以“心”为本体,应当归为本体论美学;也有学者从现象学的角度去理解,把心学美学归为现象学美学;还有部分学者从实际行动出发,把心学美学归为行动美学等。这些说法都有其合理性,事实上,心学美学不但包含这些美学思想,且有着自己独特的美学特性,从上面有关王阳明对美学的贡献可以看出,他的哲学与美学思想都是高扬人的主体性,强调人的生存与体验,注重“心上工夫”等。因此,可以把阳明的美学思想归结为以生命直觉和心性体验为主的体验美学。正如潘立勇所言:“在王阳明,美的本体即良知,良知呈现即是美;审美是对良知之美的体认,良知之美亦即在体认中澄明,并一切俱落实于人生活动,指归于人生境界,其基本理论旨趣和最高理想追求,即引人进入无入而不自得、与天地浑然为一的至乐境界。”①由此可知,阳明心学美学属于生命体验美学。

阳明心学注重通过本心对良知的缘机体认和直觉顿悟,使良知在本心直觉中显现。这种“心上工夫”使其心学美学带有生命直觉和现象直观精神。阳明心学美学的直觉体认,从审美体验的方式看就是对良知的非理性的直觉把握,强调人与世界万物的一体化,世界本身的存在意义对人的生成,自我对人生真谛的把握。在审美的自由体验世界中,所有事物的实用或伦理价值都不再是人们追求的片面

---

①潘立勇:《一体万化——阳明心学的美学智慧》,北京大学出版社 2010 年版,第 7 页。

实相,呈现在人们面前的是一如真相的本如之相。阳明的这种美学观点,改变了以往美学理论的抽象性,形成了一种以现实生活、本真人生为主的体验美学。

(二)“乐是心之本体”——王阳明心学美学的本体性特征

王阳明在《答陆原静书》其三中提出“乐是心之本体”,指出“乐”虽然不同于七情之乐,但也不外于七情之乐,只要心存善念,对别人对自己都达到了“诚”的境界,则“乐”自然就存在了。这是承宋儒“孔颜乐处”的话题而来。

其后,在《与黄勉之》一文中又提出了“乐是心之本体”的观点:

> 乐是心之本体。仁人之心,以天地万物为一体,訢合和畅,原无间隔。来书谓“人之生理,本自和畅,本无不乐,但为客气物欲搅此和畅之气,始有间断不乐”是也。时习者,求复此心之本体也,悦则本体渐复也。朋来则本体之訢合和畅,充周无间。本体之訢合和畅,本来如是,初未尝有所增也。就使无朋来而天下莫我知焉,亦未尝有所减也。来书云“无间断”意思亦是。圣人亦只是至诚无息而已,其工夫只是时习。时习之要,只是谨独。谨独即是致良知。良知即是乐之本体。此节论得大意亦皆是,但不宜便有所执著。①

此处,王阳明提出了“乐是心之本体”的最高境界“仁者与天地万物为一体”。可知“乐是心之本体”是王阳明美学思想的根本特征,他的一生都在追求成圣成贤,追求与天地合一的境界。其内涵包括以下两个方面:

---

①[明]王守仁撰,吴光等编校:《王阳明全集》卷五《文录二·与黄勉之二》,上海古籍出版社 2011 年版,第 216—217 页。

首先,“乐”统“情”与“理”。在理、情、乐的关系上,王阳明并不是像程朱一样在三者之间划出明显的界限,他要求理与情统一于“乐”。王阳明将儒学中程朱所谓的天理搬至我的灵明,就连天地鬼神万物都在我的灵明之中,这种与万物一体的心境必定其乐融融。

对程朱而言,未发已发是指心之两种不同状态,未发为体,已发是用,未发是心静时的状态,已发是心动时的状态。“乐是心之本体”则是说,“乐”既是七情未发之中,亦是已发之和。七情发时存在过或者不及,而“乐”不曾有未发已发之分,则始终存在。人们并不时时“乐”,只是因“乐”受外在的物欲遮蔽而已。这正如人的“良知”无处不在一样。人只要除去外在的各种干扰,回归人的本心,就能获取“乐”之本体。

其次,“乐”与七情。在王阳明看来,本体之“乐”不同于七情之乐。王阳明的本体之“乐”,指向的是个人言语行为符合社会伦理道德标准,是指道德的善与真,道德境界与本真情态融合为一。而七情指的是一般人的情感状态,并不一定关乎道德伦理,也无关乎对与错。但王阳明指出,本体之“乐”又不外于七情之乐,因为本体之“乐”亦是人的七情六欲引起,只是本体之“乐”属于发而中节之七情,这种情感就自然具备真与善的品德,于是也就具备美的内涵。这样,王阳明就从本体论上阐述了良知说的美与审美的地位。

王阳明关于“乐是心之本体”除了七情之乐之外,尚有“无乐之乐”,即指“乐”的超越性。在王阳明那里,“乐”已经不仅仅是个人道德伦理的提升,而且要求在面对外在恶劣环境时能够不为之干扰,顺其自然,保持内心之本真为“乐”。比如,王阳明在宁王朱宸濠叛乱之后,为平定叛乱立下了汗马功劳,却反遭诋毁侮辱。王阳明言:“君子之学,务求在己而已。毁誉荣辱之来,非独不以动其心,且资之以为切磋砥砺之地。故君子无入而不自得,正以其无入而非学也。若夫闻誉而喜,闻毁而戚,则将惶惶于外,唯日之不足矣,其何以为君子!往年驾在留都,左右交谗某于武庙。当时祸且不测,僚属咸危惧,谓群疑若此，宜图所以自解者。某曰‘君子不求天下之信己也，自信而已。吾方求以自信之不暇，而暇求人之信己乎？’”①因此，只有超越现实，超越一切外在，才能达到“无乐之乐”。王阳明指出自己虽然悟道，但却还未悟透生死，他认为只有在生死方面看破，才能真正做到本心清净，只有到达这种境界，才是真正的心体之“乐”。

概括地说，王阳明所谓的心体之“乐”即是本体之良知，只要依据良知本体去做，存善去恶，不为外在欲望束缚，即可获得快乐之本。王阳明的“乐是心之本体”一说，一方面解决了儒家的两难困境：儒家以“修身、齐家、治国、平天下”为己任，却无法解决与超越个体的绝望与困苦。王阳明的“乐是心之本体”要求儒家在具有强烈的社会关怀的同时，保持内心的洒落与本真。这也使得王阳明不至于同流于训诂词章之滥，同时，也没有走向遗世长生之佛教。

另一方面，“乐是心之本体”，从本体论上说明了心学美学存在的可能性，特别是其“无乐之乐”的超越性，与庄子的“自然”“本真”的美学思想有着一脉相通之处，也与古代超越主客体对立，达到“天人合一”思想殊途同归。同时，“乐是心之本体”把美学思想从形而上的理论转向了形而下的经验，正如阳明所言：“圣人之道，吾性自足。”②这样，阳明心学美学不再需要形而上的逻辑论证，而是存在于人们的日常生活之中。

二、阳明心学美学的基本特征

（一）以“心”为本的审美主体

①［明］王守仁撰，吴光等编校：《王阳明全集》卷六《文录三·答友人》，上海古籍出版社 2011 年版，第 231 页。

②［明］王守仁撰，吴光等编校：《王阳明全集》卷三十三《年谱一·自成化壬辰始生至正德戊寅征赣》，上海古籍出版社 2011 年版，第 1354 页。

以“心”为主体还是以“天理”为主体，是阳明心学与朱熹理学最大的区别。王阳明自龙场悟道后开始建立其唯心主义的体系，可以说，龙场悟道是王阳明一生的重要转变阶段，龙场悟道后，他的政治地位与学术地位与日俱增。自此，在政治地位上，王阳明步步高升，却再也没有遇到大的坎坷；在学术上，王阳明指出，圣人之道，吾性自足，无须外求，在此基础上建立了庞大的心学体系。陈来从宗教学的角度对王阳明的悟道做了解释：在悟道后，人通过内在的心理机制，感觉到自己与外界自然融为一体，消除了物我的界限与差别，获得某种特殊的心理感受，这时内心会伴随着愉悦与崇高之感①。王阳明悟道时正是如此，“不觉呼跃，从者皆惊”，悟道后一切随心，不再执着外在的利欲。正因为有了悟道后的心得体会，故遇到任何事情与问题他都能泰然处之，找到合适的解决办法。

王阳明在美学思想方面的主要贡献就是强调审美主体，忽视自然本体世界，强调与人心有关的意义世界，认为未能经过主体知觉与体验的外在世界是一种毫无意义与生气的世界，是与佛教禅宗一样的混沌世界，世界因人的存在而有意义，人与世界是一种参与、体验、融合的过程。正如杨国荣指出的，阳明心学把世界限于与人的存在相联系的范围之内，排除与自身存在范围之外的一切，把朱熹等对终极本体的追求转化为向个体生存的意义世界的探讨②。于是，王阳明就强调了良知与万物的一体性，正因为人的良知作为万物之本体与万物存在相通之处，所以人才能生存于世上，万物才能为人所用。

王阳明的良知本体即心本体，他将朱熹的向外格物致知转化为

①陈来：《有无之境——王阳明哲学的精神》，生活·读书·新知三联书店 2009 年版，第 443 页。

②杨国荣：《心学之思——王阳明哲学的阐释》，中国人民大学出版社 2009 年版，第 5 页。

于心内寻求之后，针对万千世界，他都主张从心中去寻求答案。他强调圣人并不是无所不能，只是顺应心中的天理去做，以达到“致良知”的效果。当然，王阳明此处之“天理”与朱熹的“天理”并不一样。朱熹的“天理”是一种形而上之抽象所在，是寂然不动的；王阳明的天理指的是天性，也就是良知本体或人心。王阳明认为朱熹的格物致知以求天理是不可行的，因为人的精力有限，不可能于每件事上都去格物致知。而他的天理并不是要能知晓万物，为学者只要顺应自心，知其所当知即可。

在王阳明的心学体系中，万物离不开本心，心与物的关系是体用结合在一起，心为本体，万物为用。在此基础上，王阳明指出，“无心外之理，无心外之物”，一切万物皆由心起，心与物是体用一体的融合关系，具体表现物的存在依赖于心，物必须依赖心去认识。当然，王阳明的由心到物不是直接的关系，表现为心与意、意与物两个方面。

在心与意方面，心是本体，意是心之用，是心之所发。在王阳明这里，本心所发之意与本心是一致的，但受到外在影响的现实之心所发之意却与本心所发之意不一致，因为现实之心，指人依据日常经验而虚妄地断定与追逐外在事物的习惯之心。良知本身有着判断是非的能力，能“知是知非”，但良知无法保证不产生不善的想法，更无法确保人们只朝着为善的方向发展，因此，可以说，良知既有积极的一面，同时亦有消极的一面。这种情形体现于现实世界中，就是习心所发之意，由于受到社会习俗的干扰，其意存在消极或不善之处。于是要求正心，而正心在于诚意，通过保证意念的精诚，做到既不欺人，亦不自欺，这样就可以防止不善的念头产生。

在意与物方面，王阳明认为人之意必须与物产生对应关系，没有悬空之意，意必定与具体的事物对接，因为人的意识并不是先天就有的，而是在现实环境中产生的，外在的事物经过人的大脑处理，通过记忆储存，与物形成一一对应之关系。针对陈九川的提问“物在外，如何与身心知是一种”，王阳明说：“指心之发动处谓之意，指意之灵明处谓之知，指意之涉着处谓之物：只是一件。意未有悬空的，必着事物。”①这与胡塞尔现象学中意向性具备一致性、所有的意识都不是凭空产生的，总是与某一事物对应着，也即是说，意指的这种行为与所指的对象之间存在一种一一对应的关系②。

这样，王阳明通过心—意—物把外在事物与心紧密联系起来，在心与物的关系方面，王阳明强调以心为主，主张心外无物，这在其意义世界中阐述得比较清楚，即只有进入主体意识之物才是存在的，没有进入主体意识之客观世界，王阳明认为其并不存在。当然，从另一方面来说，王阳明认为心也依赖万物，没有离开外在事物之心，只有感应天地万物，心才能成为真正的人心。所以，王阳明指出：“目无体，以万物之色为体；耳无体，以万物之声为体；鼻无体，以万物之臭为体；口无体，以万物之味为体；心无体，以天地万物感应之是非为体。”③

王阳明心外无物观点的最高境界是心物一体，关于心物同体的观点，王阳明是通过人的“灵明”把天地万物与人联系起来，指出人的“灵明”乃是天地万物之主宰，通过人心的感应万物而与万物连成一体。因此，王阳明认为主体与万物是一气流通，隔的只是人与万物之形体，天地之间通过人的灵明融合在一起。主体处于天地万物之间，如果不能融为一体，就会对世间万物进行掠夺与征服，或者虽处众生之间，却有一种遗世独立之孤独。这里的灵明指的是良知，亦即人心。可见，心学美学以心本体为主，万物一体之境界亦是在心的基础

①[明]王守仁撰，吴光等编校：《王阳明全集》卷三《语录三·传习录下》，上海古籍出版社2011年版，第103页。

②刘放桐：《现代西方哲学》，人民出版社1990年版，第556页。

③[明]王守仁撰，吴光等编校：《王阳明全集》卷三《语录三·传习录下》，上海古籍出版社2011年版，第123页。

上统一的。意义世界的存在离不开心，主体之存在更是以心为本体，依赖心去感知天地万物之美，提升自身的道德修养。

总之，以往的美学主张美是具有绝对性的，外在事物之美不会因人而改变其价值，不以人的主体意识为转移。到了王阳明这里，天地万物离不开人以及人的意识活动，外在事物之美丑由人心而定，且任何事物的美丑因审美主体内心的个体差异不同而不同。因此，阳明心学美学指出，并非所有的客体都是审美对象，只有适合主体生命自由的客体才能成为审美的对象，一切事物都以进入主体世界为准，美与不美都以是否适合主体之快乐为准。

（二）直觉顿悟的审美方式

1. 顿悟的内涵与特征

顿悟主要体现在佛教禅宗思想之中，禅宗修行的目的是获得精神上的自由，体认生命的真谛，这需要修行者自行体验，顿悟的修行方法摆脱了各种繁文缛节，重视个体的主观能动性，强调明心见性，顿悟成佛，于刹那间见永恒。

顿悟是迅速的悟解，无须经过长期修行实践，一旦认识和体验了自己的本心，就能瞬间成佛。顿悟是突然发生的，修行主体因受外界诱发，与心中冥想契合，突然悟道。顿悟后人们会对原来事物有一个全新的看法，同时内心不再受外界烦恼干扰，呈现出一片光明之境，同时伴随着狂喜与快感。王阳明的龙场悟道即是如此。他被贬贵州龙场时，沿途所见，龙场万山丛薄，苗獠杂居。在龙场这既安静又困难的环境里，王阳明结合历年来的遭遇，日夜打坐反省。一天半夜里，他忽然顿悟，认为心是感应万事万物的根本，由此提出“心即理”的命题。认识到“圣人之道，吾性自足”，指出理学的“向之求理于事物者”误也。自此，王阳明不再纠缠于外在的事事物物，而是以心统领万物，最终提出了“知行合一”与“致良知”的观点。

顿悟与渐悟的区别主要在于顿悟主张速疾直入究极之悟，渐悟则指依序渐进之悟。所谓“顿”指的是速度很快，用不着思考，或者说来不及思考，忽然开悟，直达生命之本源，洞彻事实之真相。因此，顿悟具备瞬间性、直达性、现实性等特征。

瞬间性指的是主体顷刻间获得开悟，顿悟是一种直觉领会、无须理性思考的一种意识状态。在禅宗思想中，这种顿悟虽然只是一种瞬间完成的内心觉悟，但这种顿悟一旦完成，即是永恒。当然，这种顿悟的爆发性在于平时的积累，顿悟的时间具备不确定性，但只有平时长时间的累积才有可能获得顿悟。这正如文学创作的灵感一样，只有创作主体经过长时间的苦苦思索，百思不得其解之后，因某种内在或外在之机缘而变得豁然开朗，瞬间一通百通，下笔如行云流水。顿悟的情况亦是如此，只有经过长时间的思索，或者因某种外在因素的诱发，主体才可能于瞬间开悟。

顿悟除了具备瞬间性之外，还具备直达性，即不需要通过任何中间环节，直接开悟。佛教禅宗的顿悟即是刹那顿悟成佛，而不能分阶段一步步地进行，自心中的佛性亦不是阶段性之片段思想，而是一个统一的不可分的整体。顿悟佛性时因时间短暂，没有中间环节，因而具备直达性。根据《坛经》的记载，慧能对志诚言：“自性顿修，立有渐次，契亦不立。”①可见，顿悟只是存在于一念之间，一悟即至心灵深处，并没有阶段性。

总之，直觉是省略了逻辑推理判断，直达艺术本质与生命本源的思维方式，顿悟属于直觉思维的一种，这种思维方式只存在于依赖形象思维的艺术之中，凭主体自身的体悟，进入一种空明之境界。王阳明的心学美学与禅宗美学一样都是依赖主体进行体悟来获得美感，进入一种主客融合的审美境界。

2. 禅学中的顿悟思想

---

①[唐]慧能著，郭朋校释：《坛经校释》，中华书局2012年版，第96页。

禅宗在发展史上经历了渐悟与顿悟两个阶段,渐悟以北宗禅神秀为主,主张修行者修行时必须循序渐进,经过长时间的修行,慢慢领悟佛禅之真谛。所以神秀指出心存在清净心与染污心之别,前者指的是自我之本心,是纯善无恶,而染污心则是因世间各种烦恼所产生的污染心。世间存在诸多执念与欲望,人生在世,难免会为各种幻象所迷,因此需要修行者"时时勤拂拭,勿使惹尘埃"。顿悟则以慧能的南宗禅为主,慧能主张众生皆有佛性,修行即在日常生活中,无须刻意打坐参禅,只要显现自身本心,即见佛性。故慧能指出:"菩提本无树,明镜亦非台。佛性常清净,何处有尘埃。"①他主张于现实生活中识得自在之本心,于刹那间成佛,不执着于外物,直至纯粹自由之心灵境界。慧能的顿悟修行法使得禅宗向普通老百姓普及,真正达到了佛教"不立文字,直指人心"的结果。

《坛经》中慧能的顿悟思维贯穿其整个禅宗思想。慧能并非第一个提出顿悟思想的禅师,在此之前,中国禅学思想史上曾有过大小顿悟之争论。其中支道林、道安、慧远、僧肇等六家主张小顿悟观点。道安很早就提出了"无"与"空"的思想,认为修行者唯有保持自心之空无,不受外界欲望的干扰,才能悟道成佛,于是他提出了"顿悟"的修行主张。当然,他的"顿悟"并非后来慧能顿悟思想的瞬间完成,而是经由渐修阶段慢慢地达到顿悟,其顿悟是在渐修的基础上形成的,相比之下,道安更注重渐悟。大顿悟思想由东晋佛学家竺道生提出,其本人佛学精深,把佛禅的向外追求转向自我内心,主张人人皆有佛性,只要具备条件,众生皆可成佛。在如何成佛的问题上,竺道生明确提出"顿悟成佛"的观点,但在具体的修行方面,还是主张通过日常的具体修行和体悟而逐渐实现顿悟,这与慧能的直觉顿悟尚存在一定的差异,但这种理悟一体的思想为慧能的顿悟思想提供了基础。

①[唐]慧能著,郭朋校释:《坛经校释》,中华书局2012年版,第18页。

慧能正是在吸收了大小顿悟思想的基础上，与般若学融合，同时结合中国传统文化，对佛教禅宗思想进行变革与创新，最终形成了其直觉顿悟思维的禅学思想。正如慧能于《坛经》中所说："故知不悟，即是佛是众生；一念若悟，即众生是佛。故知一切万法，尽在自身中，何不从于自心顿现真如本性。"①可见，慧能顿悟的思维方法改变了以前修行者的方法，在慧能之前重视修行的参禅打坐，慧能之后，修行打破了这种固化思维，主张于日常生活中修行，注重自心的开悟，对于修行的方式不拘一格。

3. 心学的顿悟思维

纵观王阳明心学思想的形成过程，与佛教禅宗的神秘体验息息相关，这种神秘体验，讲求直觉顿悟。受禅宗影响，阳明心学美学强调直觉顿悟的审美方法同样是一种神秘的直觉式审美体验方法。阳明心学美学审美体验的"心上工夫"是一种直观领悟，必须摆脱来自理性意识与实用意识方面的束缚。只有不受外在事物与利益的影响，顺应内心的要求，获得主体情感的愉悦，才能达到审美的效果。王阳明的"龙场悟道"就是经过长时间的静坐，涤除一切外在的束缚而达到的。对于王阳明来说，静定既是一种修养工夫，也是一种心性本体的境界，通过静定的修养工夫，可以洞见自身的心性本体，透过纷繁的外在事物表象而进入自由自在的内在主体世界。王阳明指出，静坐是直觉顿悟之前提，在静坐的过程中不断扫除私欲障蔽，恢复心体的本然之善，从生命的源头觉悟其沛然涌出的本然价值和意义的过程，使人的主体世界在此道德觉悟的工夫中不断得到提升和拓展。

在王阳明看来，世界的万事万物向人敞开，通过人的意识的作用，进入大脑，表现为瞬间性的直觉或顿悟，自我在瞬间获得了对人

①[唐]慧能著，郭朋校释：《坛经校释》，中华书局2012年版，第71页。

生或事物的真谛，同时伴随着自得、狂喜、忘形等各种情感，从而进入审美的境界。

当然，王阳明的龙场悟道与佛教禅宗的顿悟成佛内涵并不一致。佛教禅宗修行者只要不执着于外物，达到心之“空”“无”即可。而王阳明的龙场悟道所悟的是成圣之道，一方面是对格物致知的新理解，在之前，王阳明曾经按照朱熹格物致知的做法，于“亭前格竹”遇到阻碍，悟道之后，王阳明有意识地从心学的角度去解决朱熹的理论与现实困境；另一方面，王阳明在龙场悟道之后开始建立其心学体系。

（三）“致良知”的审美工夫

阳明对“良知”的体悟可以在其弟子钱德洪和王畿有关阳明“龙场悟道”过程的记述中得到证实。钱德洪说：“吾师阳明先生出，少有志于圣人之学。求之宋儒不得，穷思物理，卒遇危疾，乃筑室阳明洞天，为养生之术。静摄既久，恍若有悟，蝉脱尘盆，有飘飘遐举之意焉。然即之于心若未安也，复出而用世。谪居龙场，衡困拂郁，万死一生，乃大悟‘良知’之旨。”①王畿说：“我阳明先师崛起绝学之后，生而颖异神灵，自幼即有志于圣人之学。盖尝泛滥于辞章，驰骋于才能，渐渍于老释，已乃折衷于群儒之言，参互演绎，求之有年，而未得其要。及居夷三载，动忍增益，始超然有悟于‘良知’之旨。”②当然，王阳明并没有在龙场悟道后马上提出“良知”的概念，而是在悟道后的讲学过程中提出，这根据其弟子钱德洪在《年谱》中的记载可见一斑：“先生自南都以来，凡示学者，皆令存天理去人欲以为本。有问所谓，则令自求之，未尝指天理为何如也。间语友

①［明］王守仁撰，吴光等编校：《王阳明全集》卷三十七《年谱附录二·阳明先生年谱序（钱德洪）》，上海古籍出版社2011年版，第1500页。

②［明］王守仁撰，吴光等编校：《王阳明全集》卷三十七《年谱附录二·刻阳明先生年谱序（王畿）》，上海古籍出版社2011年版，第1503—1504页。

人曰：‘近欲发挥此，只觉有一言发不出，津津然如含诸口，莫能相度。’久乃曰：‘近觉得此学更无有他，只是这些子，了此更无余矣。’旁有健羡不已者，则又曰：‘连这些子亦无放处。’今经变后，始有良知之说。”①

关于“致良知”的观点，王阳明指出：“所谓致知格物者，致吾心之良知于事事物物也。吾心之良知，即所谓天理也。致吾心之良知之天理于事事物物，则事事物物皆得其理矣。致吾心之良知者，致知也。事事物皆得其理者，格物也。是合心与理而为一者也。”②王阳明心学思想发展的历史与其“致良知”的思想于内在逻辑是一致的。以龙场悟道为界，王阳明创立心学思想之前，经历颇丰，与常人一样学习圣人之辞章，并不时出入佛道之地，寻求人生的价值与意义；直到龙场悟道后，始知“圣人之道，吾性自足”，在此基础上吸收佛道思想，建立了“心即理”的心学思想。其后，王阳明开始致力于以其所学应用于社会现状，提出“知行合一”“致良知”的思想，旨在从人们的内心去改变人性，提升个人修养，进而改变当时不良之社会现状。

王阳明的“致良知”思想对朱熹的格物致知从根本上进行扭转，克服了其析心与理、心与物为二的弊病。因此，王阳明视其为最成熟的理论，他把“致良知”比作佛家的“正法眼藏”，自言：“近来信得‘致良知’三字，真圣门正法眼藏。往年尚疑未尽，今自多事以来，只此良知无不具足。譬之操舟得舵，平澜浅濑，无不如意，虽遇颠风逆浪，舵

①[明]王守仁撰，吴光等编校：《王阳明全集》卷三十三《年谱二 · 自正德己卯在江西至正德辛巳归越》，上海古籍出版社 2011 年版，第 1412 页。

②[明]王守仁撰，吴光等编校：《王阳明全集》卷二《语录二 · 传习录中》，上海古籍出版社 2011 年版，第 51 页。

柄在手，可免没溺之患矣。”①由此可见，“致良知”思想在王阳明心学体系中的地位。

王阳明把格物致知作为“致良知”的前提，认为只要去除了私欲，不断地格物致知，就能达到圣人之境。因此，在王阳明看来，良知人人皆有，但需要致的功夫才能显现其作用。这主要由于尽管每个人都有良知，但在现实生活中，必然会受到私欲的遮蔽，正如王阳明所言：“良知即是未发之中，即是廓然大公，寂然不动之本体，人人之所同具者也。但不能不昏蔽于物欲。”②良知无法显现，这就要求致其良知，以克制私欲的产生。

王阳明一再强调，“致良知”不是一句空话，要落实到具体的事情或行动上：

> 良知所知之善，虽诚欲好之矣，苟不即其意之所在之物而实有以为之，则是物有未格，而好之之意犹为未诚也。良知所知之恶，虽至诚欲恶之矣，苟不即其意之所在之物而实有以去之，则是物有未格，而恶之之意犹为未诚也。今焉于其良知所知之善者，即其意之所在之物而实为之，无有乎不尽。于其良知所知之恶者，即其意之所在之物而实去之，无有乎不尽。然后物无不格，而吾良知之所知者无有亏缺障蔽，而得以极其至矣。③

因此，王阳明的“致良知”具备很强的现实针对性，在他看来，不仅要

①［明］王守仁撰，吴光等编校：《王阳明全集》卷三十四《年谱二·自正德己卯在江西至正德辛巳归越》，上海古籍出版社2011年版，第1411—1412页。

②［明］王守仁撰，吴光等编校：《王阳明全集》卷二《语录二·传习录中》，上海古籍出版社2011年版，第71页。

③［明］王守仁撰，吴光等编校：《王阳明全集》卷二十六《续编一·大学问》，上海古籍出版社2011年版，第1071页。

求知善知恶，主要还是要在实际行动当中为善去恶，须体现在格物上，才是真正的“致良知”。

对于具体如何“致良知”，王阳明认为有事上磨炼与静时存养两种方法。事上磨炼就是指要在具体的行动中实行良知。王阳明强调良知必须时时致，事事致，只有这样，才能在日常生活中提升自己的道德水准。因此，王阳明提出：“要此心纯是天理，须就‘理’之发见处用功。如发见于事亲时，就在事亲上学存此天理；发见于事君时，就在事君上学存此天理；发见于处富贵贫贱时，就在处富贵贫贱上学存此天理；发见于处患难、夷狄时，就在处患难、夷狄时学存此天理。”①意思是要使每一事物皆得其理。对于存时静养王阳明认为就是“无事时，将好色、好货、好名等私欲逐一追究搜寻出来，定要拔去病根，永不复起，方始为快”②。因此，存时静养是一种反观内省的修心方法，类似于孔子的“吾日三省吾身”，每天对自己的所作所为进行反思，通过存时静养找出自身产生私欲的原因，在脑海中实现去除这些念想。

（四）仁、诚、乐三位一体的审美境界

中国哲学和美学就其本质意义而言是一种人生哲学或美学，中国自古就讲求天人合一的思想，认为“天人合一”才是正道。这种思想表现在美学上就是人与天地万物融为一体，人作为天地万物的一份，在其中自由自在地翱翔，无拘无束。阳明心学美学的基本宗旨也就在于追求这种审美体验主体与对象之间水乳交融、“物我为一”的艺术精神。

①［明］王守仁撰，吴光等编校：《王阳明全集》卷一《语录一・传习录上》，上海古籍出版社 2011 年版，第 7 页。

②［明］王守仁撰，吴光等编校：《王阳明全集》卷一《语录一・传习录上》，上海古籍出版社 2011 年版，第 18 页。

阳明美学的最高理想是生命的本真展现，提倡真心的抒发与表现，反对矫揉造作，反对一切有违本性的东西，是人自由自然的体现。阳明美学的这种境界是人类追求的最高境界，是人本性的真实展现，也是和谐社会追求的根本目标。

具体而言，王阳明的这种天人合一的审美境界是由其仁境、诚境与乐境融合形成的。

1. 仁境

王阳明除继承儒家特别是孔子"仁"的思想之外，对"仁"赋予了新的内涵：一方面，"良知之诚爱恻怛处，便是仁，无诚爱恻怛之心，亦无良知可致矣"①。"心一而已，以其全体恻怛而言谓之仁。"②这里的"仁"与道德情感中的"理"并无多大区别。另一方面，他说："仁是造化生生不息之理，虽弥漫周遍，无处不是，然其流行发生，亦只有个渐，所以生生不息。"③"'仁者以天地万物为一体'，使有一物失所，便是吾仁有未尽处。"④此处之"仁"主要体现于主体之心中，表明主体要有仁爱之心，不仅表现在人与人之间，还体现于人与自然之间。个体只有注重个人修养，克制外在欲望与干扰，保持内心清净，顺应万物，才能达到与天地万物一体。这时"仁"被用来指称那些道德至善之人的层次，指称通过道德上的修身而达到的最高的人生境界。

"至善是心之本体"，良知"无所亏欠"的状态即是仁的境界。要

①[明]王守仁撰，吴光等编校：《王阳明全集》卷二十六《续编一·寄正宪男手墨二卷》，上海古籍出版社 2011 年版，第 1091 页。

②[明]王守仁撰，吴光等编校：《王阳明全集》卷二《语录二·传习录中》，上海古籍出版社 2011 年版，第 48 页。

③[明]王守仁撰，吴光等编校：《王阳明全集》卷一《语录一·传习录上》，上海古籍出版社 2011 年版，第 29 页。

④[明]王守仁撰，吴光等编校：《王阳明全集》卷一《语录一·传习录上》，上海古籍出版社 2011 年版，第 29 页。

想达到此一境界，就必须去除各种欲望之遮蔽。《传习录》中记载了王阳明认为去除私欲的办法就是“克己”。

> 萧惠问：“己私难克，奈何？”先生曰：“将汝己私来，替汝克。”先生曰：“人须有为己之心，方能克己；能克己，方能成己。”①

王阳明指出，只有克制自己的私欲，才能成就真正的自我。这种克己成仁的功夫是依靠为学者在自己心灵内部解决的，王阳明说：“自家痛痒，自家须会知得，自家须会搔摩得，自家须会搔摩得，既自知得痛痒，自家须不能不搔摩得。佛家谓之‘方法便门’。须是自家调停斟酌，他人总难与力，亦更无别法可设也。”②致知、格物、诚意、正心正是克己成仁之路径。儒家之“仁”是与“礼”相互对应的，二者的关系体现于孔子的“从心所欲不逾矩”，即是敬畏与洒脱的统一，既依据本心良知行事，同时也不是毫无节制。正如王阳明在答舒国用的“敬畏累洒落”之问时说，真正的君子其敬畏与洒落并非指恐惧与放荡，而是依据良知本体行事，在与人相处的过程中，既彬彬有礼，又不卑躬屈膝；于天地万物之间，尊重自然的规律，与万物融为一体，真正做到随心所欲不逾矩。

由此可见，在王阳明这里，“至善”与“洒脱”原为一体，至善的道德境界即是洒脱的审美境界。

“仁”的境界除了个体之敬畏与洒脱之外，还存在与万物一体的关系。王阳明提出圣人的最高境界即是这种“以天地万物为一体”的

①［明］王守仁撰，吴光等编校：《王阳明全集》卷一《语录一·传习录上》，上海古籍出版社2011年版，第40页。

②［明］王守仁撰，吴光等编校：《王阳明全集》卷二《语录二·传习录中》，上海古籍出版社2011年版，第65页。

道德境界。这是一种以人心之自由与万物之自然相互融合而形成的一种和谐统一的境界。故王阳明指出:“圣人之心,以天地万物为一体,其视天下之人,无外内远近,凡有血气,皆其昆弟赤子之亲,莫不欲安全而教养之,以遂其万物一体之念。”①王阳明指出圣人对待万物自是平等无差别,因而能做到与万物一体,与天地合流。这既是一种“仁”的境界,更是一种充满和谐之美的境界,是道德境界与审美境界的融合。在这种境界之中,人们会感觉全身舒泰,与物冥契,其乐融融。

2. 诚境

“诚”指的是诚实、真诚之意,注重的是情感的真实可靠性。“诚”与道德内涵存在一致性,二者都是指人的生命意志本体,在一定程度上,诚实本身就是道德的一个方面,至诚指的是追求一种圆满的道德境界。

王阳明指出,“诚”与“明”紧密联系,为学者只要真诚自然就会明白道理,反之,明白道理之后也就会做到真诚。在王阳明这里,“诚”不仅是一种道德境界,同时亦是一种审美境界,是道德意志与审美判断二者的合一。体现于个人身上,当达到“明”“诚”的境界时,即进入了一种“无入而不自得”的审美境界。在这种境界中,君子追求道德已经不仅仅是一种义务与责任,同时也因为在道德方面做得完美而自快于心。王阳明指出,为学者只要诚于心,自然会获得道德情感之快乐,同时会伴随着审美之快感。王阳明认为诚于心并不是要求严格遵循礼乐制度,而是必须以主体良知为主,是一种本于心的行为。因此,王阳明对于随性而为的狂者特别赞赏,并且曾以狂者自居。王阳明既是哲学家又是文学家,自古而然,文人有着满怀的豪情

①[明]王守仁撰,吴光等编校:《王阳明全集》卷二《语录二·传习录中》,上海古籍出版社2011年版,第61页。

与批判现实社会的责任，王阳明更是如此，他不满于当时明代的社会现状，希望通过其“致良知”思想来改变，但旧有的社会制度根深蒂固，满腔热情只能化为“狂者”心态。

王阳明的诚境不仅表现于个体道德修养与审美修养的融合，同时，还要求“成物”。正如方东美所言：“‘至诚’并不只是讲一己的自我实现，而在讲一切万物的尽性实现。自我的实现代表了道德的完满，而万物的实现则指出了道德的智慧，如此内外合一，融道浃化，才是生命的伟大之处。”①真正的诚者只有在成就自己的同时，协调与促进万事万物的和谐发展，使得天地万物各归其位，各依其性发展，才算得上圣人。因此，王阳明的诚境不仅体现于个体的审美境界，同时要求万物都和谐共处，体现出一种整体的审美境界。在此境界中，不只是审美主体体现为一种狂者之美，一切自然景物都被诗意化与审美化了，比如：

> 送远憩岨谷，濯缨俯清流。沿溪涉危石，曲洞藏深幽。花静馥常閟，溜暗光亦浮。平生泉石好，所遇成淹留。好鸟忽双下，鯈鱼亦群游。坐久尘虑息，澹然与道谋。（《水滨洞》）②

因此，在诚境中，同样体现出仁境，二者是相互联系、相互融合的，都表现为万物一体之和谐、本心良知的活泼状态，二者既是一种道德境界，更是一种审美境界。

3. 乐境

王阳明既是哲学家，亦是文学家，哲学与文学都是审美的艺术，

---

①方东美著，蒋国保、周亚洲编：《生命理想与文化类型——方东美新儒学论著辑要》，中国广播电视出版社 1992 年版，第358 页。

②［明］王守仁撰，吴光等编校：《王阳明全集》卷十九《外集一・水滨洞》，上海古籍出版社 2011 年版，第 772 页。

美学直接属于哲学学科的一个分支，文学更是以审美为主要意识形态，自魏晋南北朝时期“文学成为自觉的时代”开始，文学以审美教育作为其主要功能。儒家思想尽管以“修身、齐家、治国、平天下”为己任，但纵观整个儒学发展史，“乐”学无不贯穿其中。李泽厚先生曾提出，“以儒学为骨干的中国文化的精神是‘乐感文化’”①。在中国古代，“乐”具备本体论含义，它的最高境界是“天人合一”，在这种境界之中，人与自然融为一体，此时人在其中有一种“其乐融融”之感。王阳明在总结前人的基础上，明确提出“乐是心之本体”的观点。王阳明之“乐”指的是心之本体之乐，人人皆有，圣人由心而发；常人因被迷念遮蔽故不自知，但这并不表示常人心中无乐，只要去除迷念与烦恼，自可获得真乐。

程朱认为性与情属于“未发已发”的关系，“未发”时为性，“已发”后是情，前者为体，后者为用。王阳明体悟出心学思想之后，提出“心即理”思想，指出“未发”之中乃是良知本体，“已发”之和属于良知之用，二者都由心本体统摄。王阳明的心学思想体用一源，其“乐是心之本体”之“乐”不分未发已发，既是七情未发之中，又是已发之和。同时，王阳明之“乐”主要指心“安”。在他看来，本心“无所亏欠”即是“心安”，“此心安处即是乐”。对于万物而言，只要万物顺应自然生长，呈现事物之常态，即是美。人在其间与自然景物和谐共处，融为一体，即是“乐”，即能达到天人合一的审美境界。王阳明的“安”应当是借用了孔子所言的“于女安乎”的“安”。

《论语》中记载：

宰我问：“三年之丧，期已久矣。君子三年不为礼，礼必坏；三年不为乐，乐必崩。旧谷既没，新谷既升；钻燧改火，期可

①李泽厚：《论语今读》，生活·读书·新知三联书店2008年版，第29页。

已矣。”

子曰:“食夫稻,衣夫锦,于女安乎?”

曰:“安。”

“女安,则为之!夫君子之居丧,食旨不甘,闻乐不乐,居处不安,故不为也。今女安,则为之!”

宰我出。子曰:“予之不仁也!子生三年,然后免于父母之怀。夫三年之丧,天下之通丧也,予也有三年之爱其父母乎?”(《论语·阳货》)

文中孔子骂宰我不重视基本的人情,安与不安不在于服丧时间的长短,而在于对礼制规范的自觉与否。

王阳明继承了孔子有关“安”的内涵,更加注重道德的内在基础与个体价值。他于《与王公弼》书中说:“当弃富贵即弃富贵,只是致良知;当从父兄之命即从父兄之命,亦只是致良知。其间权量轻重,稍有私意于良知,便自不安。凡认贼作子者,缘不知在良知上用功,是以有此。若只在良知上体认,所谓‘虽不中,不远矣’。”①于此,王阳明指出安与不安在于是否以良知作为本体,只要依据良知本体去做,便能达到去恶为善的结果,并从中获得无比之快乐。“尔那一点良知,是尔自家底准则。尔意念着处,他是便知是,非便知非,更瞒他一些不得。尔只不要欺他,实实落落依着他做去,善便存,恶便去。他这里何等稳当快乐。”②可见,王阳明的“此心安处便是乐”指的是良知之是非于伦理道德方面的表现,人们只要依据良知行事,无论好

①[明]王守仁撰,吴光等编校:《王阳明全集》卷六《文录三·与王公弼》,上海古籍出版社 2011 年版,第 239 页。

②[明]王守仁撰,吴光等编校:《王阳明全集》卷三《语录三·传习录下》,上海古籍出版社 2011 年版,第 105 页。

恶都是“安”。如果人人能做到“心安”，就能达到修身齐家进而治国平天下之目的。

概而言之，王阳明在哲学上建构了以“良知”为本体的心学体系，在美学上提出了以直觉顿悟为主的生命体验美学。王阳明的心学美学思想主张心外无理，心外无美，一切以审美主体之心为要，对于未进入主体意识的外在事物，主体只是当其为自然存在物，不考虑其审美价值，此举极大地提高了审美主体的地位。在审美教育方面，王阳明在主张因材施教的情况下，提倡“知行合一”，强调亲力亲为、身心践履，要求寓教于乐。在审美境界上，王阳明追求天人合一之境，即主张仁境、诚境与乐境三境合一的审美境界。因此，王阳明心学美学关注生命，关注人的终极价值，强调人与自然、人与社会、人与人及人与自身的和谐相处，努力营造一种其乐融融的境界。

第三章　禅宗美学思想解读

禅思想最早产生于印度,随着佛教的发展而发展,但于印度,禅只是作为一种心意识的修持方法,并未形成流派。只有当佛教传入中国之后,才与中国实际情况结合,形成了中国佛教的典型代表——禅宗。禅宗的发展源远流长,但真正与中国古代美学思想相关的只有慧能的南宗禅,特指那种"教外别传,不立文字,直指人心,见性成佛"的禅宗。这种禅宗把禅的思想与心性或佛性紧密结合起来,同时主张出世不离世的修行方式。从而将佛教的来世转为一种对待现实生活的态度。禅宗同样关心人的终极解脱问题,但已经不再把解脱放在虚无缥缈的彼岸世界,而是放在当下,放在人心的觉悟之上,通过"悟"达到澄明之境,让人从现实世界的烦恼中获得解脱。铃木大拙指出:"禅本质上是洞察人生命本性的艺术,它指出从奴役到自由的道路……可以说,禅把蓄积于我们每个人身上的所有能量完全而自然地解放出来,……因此,禅的目标乃是使我们免于疯狂或畸形。这就是我所说的自由。"①可以说,"禅基于'自我觉悟',是悲智双运,在生活中当下体悟世界本来面目的一种活泼泼的哲学"②。

①[美]弗洛姆、[日]铃木大拙、[美]马蒂诺:《禅宗与精神分析》,王雷泉、冯川译,冯川校,贵州人民出版社 1998 年版,第 3 页。

②[日]阿部正雄:《禅与西方思想》,王雷泉、张汝伦译,上海译文出版社 1989 年版,第 8 页。

禅宗的思维与审美思维存在着诸多相似之处，因此，在禅宗思想中具备深厚的美学思想。禅宗美学作为中国古代美学的一部分，同中国古代美学思想一样，都是通过审美体验来把握现实生活的本质，实现人生的价值。可以说，禅宗美学属于人生美学，它要求的是诸人本来面目，是众生之本性体现。禅宗要求修行者摈除妄心，把握真心，回归生命的原型本色，从天地万有的虚幻景象中解脱出来，进入与天地万物同为一体的境界。这种境界“乃是一种随缘任运、自然适意、一切皆真、宁静淡远而又生机勃勃的自由境界，它既是禅宗所追求的人生境界，又是禅宗所讴歌的审美境界”①。

禅宗通过体悟来把握真心，去除妄心，注重个体的体验，其内涵涉及审美体验活动的规律与特征。比如禅宗开悟所产生的喜悦之情与审美体验中获得的快感是一致的。禅师开悟后，好比黑暗中找到了光明，饥饿时得到了面包，身心豁然开朗，一切问题迎刃而解，心中自是喜乐无比。可见，禅师们对开悟的体会是依靠个人的领悟与体验，达到个体自性与宇宙法性的契合，进入禅境，从而获得审美体验。

禅宗作为美学思想，自 20 世纪 80 年代中期开始进入自觉研究时期，至今已经取得了丰硕的成果。对禅宗美学思想的研究，有着重要的意义，“禅宗美学有着它十分独特的性质，它并非通常意义上的美学，也不是一般的艺术哲学，而是对人的意义生存、审美生存的哲学思考，或者说它是对生命存在、意义、价值的诗性之思，是对于人生存在的本体论层面的审美之思，因而它在本质上是一种追求生命自由的生命美学”②。

禅宗美学从其纵向的历史发展来看，开始有慧能创立的南宗禅；

---

①皮朝纲：《禅宗美学史稿》，电子科技大学出版社 1994 年版，导言第 5 页。

②皮朝纲：《禅宗美学的独特性质、人生意蕴及其当代启示》，《西南民族学院学报》（哲学社会科学版），2001 年第 1 期。

其后有五家七宗之说，五家指的是“临济宗、曹洞宗、沩仰宗、云门宗、法眼宗”，后来临济宗派生出黄龙派和杨岐派，与前面五家合称为七宗；最后有“看话禅”与“默照禅”的相互对立。从横向来看，禅宗美学可以从禅宗本体——心性论、禅宗核心观点——性空论、禅宗直觉的思维方式以及禅宗之修行观方面来进行阐述。

第一节　南宗禅与洪州宗美学思想

一、南宗禅美学思想

禅宗的发展，慧能起到了关键性的作用，我们说的禅宗美学思想主要是指慧能创立南宗禅的生命美学思想及其后来五家七宗的禅宗美学思想。慧能的思想主要由其弟子记录、整理而成为《坛经》。“《坛经》是中国禅宗史上一部空前伟大的作品，它把大彻大悟的心境，把冷暖自知、不可言宣的第一义谛明白晓畅、平易自如地暗示出来。其所言所述无非是现实中的平常事由，而字里行间却充满了含义深刻的人生真谛和生意盎然的生命感动。”①慧能的禅宗思想主要体现在“即心即佛”“无念为宗”“顿悟成佛”等禅学主张。

（一）即心即佛

慧能是真正阐发“直指人心，见性成佛”思想的禅师，“佛性论”是其禅宗的基本理论。佛性指的是众人成佛的可能性，慧能认为人人皆可成佛，佛性于众人而言是平等的。正如在《坛经》中所言：“譬如其雨水，不从天有，元是龙王于江海中，将身引此水，令一切众生、一切草木、一切有情无情，悉皆蒙润。诸水众流，却入大海，海纳众

①皮朝纲：《禅宗美学史稿》，电子科技大学出版社 1994 年版，第 39—40 页。

水,合为一体;众生本性般若之智,亦复如是。”①同时,慧能还指出,心即是佛:“我心自有佛,自佛是真佛;自若无佛心,向何处求佛。”②故求佛只须求心,无须外求。

慧能禅宗的佛性论实质是心性论。禅宗美学属于生命美学,其整个理论体系都是围绕“心”建立起来的。此“心”不是指如来藏自性清净心,而是指现实生活中人的当下鲜活之心。因此,慧能之禅宗并不要求众人去追求一个并不存在的所谓精神实体,而是要求人们放下一切执着,反对一切外在干扰,除却妄心,体证清净本性之心。在慧能看来,人皆有佛性,自心本来光明,只是因为受外界欲望的干扰而徒增烦恼。人们只有去除各种欲望,才能断除烦恼,回归本心。这样,慧能实际上把佛由虚无缥缈的彼岸世界拉回到了人世间,把心外之佛变成了心内之佛。禅宗不追求人死后是否快乐,而追求一种现世的宁静与祥和,以期达到与天地万物一体的审美境界。这样就缩小了众生与佛之间的距离,使得禅宗更为中国化、世俗化。

宗白华曾说:“禅是中国人接触佛教大乘义后体认到自己心灵的深处而灿烂地发挥到哲学境界与艺术境界。静穆的观照和飞跃的生命构成艺术的两元,也是构成‘禅’的心灵状态。”③禅的这种心灵状态对于文学家与艺术家在现实世界获得宁静、在精神上获得寄托与满足有着极大的作用。当然,这些文学家与艺术家接受禅宗影响的同时也对禅宗产生一种反向的影响,同样影响了禅宗美学思想。比如唐代山水田园诗人王维经常与禅僧一起吃饭谈玄,他的艺术达到了诗、画、禅一体之境界。王维追求一种玄妙空灵、清淡悠远之美,这与禅宗美学的空灵之美是一致的。他认为只要抛弃自身的世俗观

①[唐]慧能著,郭朋校释:《坛经校释》,中华书局2012年版,第66页。
②[唐]慧能著,郭朋校释:《坛经校释》,中华书局2012年版,第129页。
③宗白华:《美学散步》,上海人民出版社1981年版,第76页。

念,就能求得心灵的宁静,向往一种随缘任运的精神境界,这些都与禅宗思想不谋而合。同时,王维还应神会之邀请,撰写了《六祖能禅师碑》,大肆宣扬慧能"定慧等学"和"见性顿悟"的主张,帮助南宗争正统,为南宗禅的发展做出了重要贡献。

(二)无念为宗,无相为体,无住为本

慧能指出人人皆有佛性,皆有成佛之可能,世人未能成佛之原因就是由于妄念之遮蔽。人们只有断除妄念,才能显露本心之佛性。在此基础上,慧能主张"三无"观:"我此法门,从上已来,顿渐皆立无念为宗,无相为体,无住为本。"①慧能进一步对"无念"进行了阐释:"何名无念?无念发者,见一切法,不著一切法,遍一切处,不著一切处,常净自性,使六贼从六门走出,于六尘中不离不染,来去自由,即是般若三昧,自在解脱,名无念行。"②慧能说的"无念"指的是无妄念,即要求世人随缘任运,以当下之心念为宗。

"无相为体"指的是心不要执着于外物,对任何事物都不留恋其声色香味。要做到"于相而离相",即虽然与外在事物打交道,但不执着于外物的表象,也就是要求自由活泼的生命不要为外在的符号所束缚。

慧能的"无住为本"就是指要以人的内在真实为本,人的本性体现在念念相续不断绝的心念之中,此"心念"不滞留于万法与外在事物的妄相之上。禅宗属于生命美学,其价值与意义在于探讨人的生存价值,使人远离外在物质利益的诱惑,回归本性,把握真实的自己。慧能的"三无"说强调人首先必须具备一颗"净心",这与审美的无功利之心是一致的。审美活动是一种感性直观的活动,这种活动不需要过多的理性思维,而是以形象思维为基础,采取审美观照与直观体

---

①[唐]慧能著,郭朋校释:《坛经校释》,中华书局2012年版,第39页。
②[唐]慧能著,郭朋校释:《坛经校释》,中华书局2012年版,第73—74页。

悟的方式达到认识世界的目的。这就要求审美主体排除外在的干扰,以一颗虚静的心来对待外在的一切事物。“净心”就是审美主体以一种高洁的、虚空明净的审美心胸去进行审美观照。许多艺术家在进行艺术创作时都要求“去欲”,排除外在的干扰,形成虚静的审美心胸。

(三)道由心悟

慧能的“道由心悟”思想把“禅”“心”“悟”等范畴有机地联系在一起,显示了禅宗美学思想的逻辑结构。“禅是众生之本性,生命之灵光,是美的集中体现;是解脱成佛之圣境、生命的自由境界,是审美的最高境界。这种美和审美境界的获得,乃是由‘心’而‘悟’的。”①此处之“心”既不是抽象的心本体,亦不是真心或妄心,而是指妄念不起、正念不断的当下现实之人心。“道由心悟”就是识见本心,自成佛道。其中“悟”是慧能禅宗美学思想的核心。他主张“顿悟说”,排除一切烦琐的理论与实践,强调人心的体验,主张悟道。因此,他说:“故知一切万法,尽在自身中,何不从于自心顿现真如本性。”②“前念迷即凡,后念悟即佛。”③

慧能的“顿悟成佛”说与庄子的“万物一体”说有着某种默契与相通之处。二者都要求人与自然融为一体,打破物我二者之间的界限。同时,“顿悟”的思维方式与美学思想中的“直觉”思维亦存在一致之处。直觉思维是省略了推理过程而以直观感觉对事物的整体把握,直觉思维具备瞬间性,它对事物从产生疑问到得出答案中间不需要经过细致思考,好似直接得到结论一样,表现形式为“顿悟”。直觉思维除了具备瞬间性之外,还具备直接性、内隐性以及视觉性等

①皮朝纲:《禅宗美学史稿》,电子科技大学出版社 1994 年版,第 56 页。
②[唐]慧能著,郭朋校释:《坛经校释》,中华书局 2012 年版,第 71 页。
③[唐]慧能著,郭朋校释:《坛经校释》,中华书局 2012 年版,第 62 页。

特征。

综上所述,慧能的美学思想主要体现于“即心即佛”“无念为宗”“顿悟成佛”等方面。这些思想一方面是佛教思想的内涵,另一方面又是吸收中国古代传统文化思想而产生的,因此必然对中国古代美学思想产生重大影响。

二、洪州宗美学思想

禅宗自安史之乱以后,北方禅宗日趋衰落,慧能门下的南岳怀让与青原行思两大派系却在南方得到了快速发展。南岳门下的马祖道一创建了洪州宗,弘法于江西;行思门下的石头希迁创建了石头宗,传禅于湖南。两派弟子众多,可谓盛况空前,大家以不知马祖道一与石头希迁为耻,以不见二人为无知。

马祖道一乃南岳怀让的法嗣,受其影响深刻。比如,南岳反对坐禅坐佛,“若学坐禅,禅非坐卧。若学坐佛,佛非定相。于无住法,不应取舍。汝若坐佛,即是杀佛。若执坐相,非达其理”。他以“如牛驾车”做比喻:“车若不行,打车即是,打牛即是?”①南岳怀让指出,驾车时打牛并不正确,因为打牛的时候车会行,但不打的时候,车子就不会动。修行亦是如此,如果必须依靠坐禅来修道,那么不坐禅的时候是不是就不修道了呢?因此,悟道成佛的根本不在坐禅坐佛,而在于修道者的心。在南岳的开导下,马祖道一悟出了“即心即佛”的道理,指出“各信自心是佛。此心即是佛心”②。因而“本有今有,不假修道

---

①[宋]普济著,苏渊雷点校:《五灯会元》卷第三《南岳怀让禅师》,中华书局1984年版,第127页。

②[宋]普济著,苏渊雷点校:《五灯会元》卷第三《江西马祖道一禅师》,中华书局1984年版,第128页。

坐禅。不修不坐，即是如来清净禅"①。又言："道不用修，但莫污染。何为污染？但有生死心，造作趣向，皆是污染。"②同时，他更明确提出了"平常心是道"的观点，强调一切现实中的"行住坐卧，应机接物，尽是道"③。因此，洪州宗不提倡依靠打坐来修行，把修道坐禅放在人们的衣食住行方面，主张在日常生活中修行。这就把修道群体从少数专业人士扩展到普通老百姓，使得修道成为人人皆可为之事。具体而言，洪州宗禅宗美学思想具备以下特征。

（一）突出审美主体

洪州宗禅学大师指出，禅是众生之本性、成佛之因性，是人人自有的自性。禅追求生命的原色、生命的本来面目。马祖道一发展了慧能心与性不离现实、注重人之本来面目的观点，将活生生的现实"人"突出到十分重要的位置。在马祖道一看来，"人"就是"佛"，"全心即佛，全佛即人。人佛无异，始为道矣"④。他们非常强调从人的当下言行举止去体悟自身的佛性，指出佛就是人的自然任运的全身。

洪州宗强调人应在日常生活中去体验人生真谛，认识自我。马祖道一本身特别注重启发学生从自己身上发现"佛法"。当大珠慧海向他求佛法时，马祖道一说："我这里一物也无，求什么佛法？自家宝藏不顾，抛家散走作！"大珠不解其意，问："阿那个是慧海宝藏？"马祖曰："即今问我者，是汝宝藏。一切具足，更无欠少，使用自在，何假

①［宋］道原撰，尚之煜点校：《景德传灯录》卷第二十八《江西大寂道一禅师语》，中华书局2022年版，第1137页。

②［宋］道原撰，尚之煜点校：《景德传灯录》卷第二十八《江西大寂道一禅师语》，中华书局2022年版，第1135—1136页。

③［宋］道原撰，尚之煜点校：《景德传灯录》卷第二十八《江西大寂道一禅师语》，中华书局2022年版，第1136页。

④［宋］普济著，苏渊雷点校：《五灯会元》卷第三《盘山宝积禅师》，中华书局1984年版，第149页。

外求?”大珠当即省悟,“自识本心”①。这样,马祖道一把现实的人提高到了至高无上的地位。

（二）突出审美感受

马祖常常采取日常生活中的一些动作来启发学人开悟,从而获得审美感受。审美感受实际上就是由对象的刺激所引起的一种主体的心理感奋状态。审美感受不同于普通感受,是一种很愉悦的享受,康德曾说过,审美感受是与功利目的没有直接关联的愉悦,是一种无关事物概念却又具备普遍性的愉悦。审美不带功利目的性,却达到了情感愉悦的目的。

禅宗开悟时的感觉就是一种审美感受。禅师开悟时都会进入一种从未体验过的满足与喜悦之情,获得十分舒适的审美感受,且一旦开悟,终身受用,无须重新修道等待继续开悟。当然,禅宗开悟须具备多方面的条件,不仅与本人的悟性有关,而且需要外在的机缘。许多参禅者因入俗世太深,受各种欲望与烦恼之干扰,本心无法清净,可能一辈子都无法开悟。可见,要想识得本心,必须放下执着之心,以一颗平常心看待万物,这样才能早日开悟。

因此,正如皮朝纲所言:“在慧能那里,禅被视为人人所具有的本性,是人性的灵光,是人性之美的集中体现。在马祖禅这里,随处都采取现实的具体的人的立场,禅就是现实的具体的当下之人的‘全体作用’,也就是人的活泼泼的生命之灵光,这样,现实的具体的及鲜活的生命这个无价大宝,就成了美的最集中的体现。”②

（三）平常心是道

洪州宗禅学追求一种自然适意的审美境界,讲求在日常生活中

①[宋]普济著,苏渊雷点校:《五灯会元》卷第三《大珠慧海禅师》,中华书局1984年版,第154页。

②皮朝纲:《禅宗美学史稿》,电子科技大学出版社1994年版,第67页。

修禅，提倡“平常心是道”，排除一切外在的物欲与干扰，要求绝对的般若直观、“原心”的必然流露。马祖道一说：

> 平常心是道。谓平常心，无造作，无是非，无取舍，无断常，无凡无圣。①

其美学观点也就充满了自然的情趣与诗意，这与庄子的道家美学思想有着类似之处。庄子强调人与事物的本真自然之美，要求审美主体以“虚静”的心态去体悟“道”的奥秘，通过“心斋”与“坐忘”排除外界对审美主体的诱惑，从而到达与万物一体融为一体的境界。洪州宗禅学同样要求主体的“任其自然”，从而达到解脱成佛的目的，获得一种逍遥的审美境界。对于大自然的审美，禅宗强调主体与大自然融为一体，追求一种自然适意的生命情怀，从中领悟人生的真谛，达到本心与自然宇宙之心的合一。

第二节　石头宗与沩仰宗美学思想

一、石头宗美学思想

石头宗的创始人是石头希迁，他的代表作是《参同契》。这本书写的是参差不齐的现象界与齐同统一的本体界同契妙道，与庄子的以不齐为齐的齐物思想有相通之处。石头希迁所讲的统一的基础是现实生活中活生生的人，只要达到无我无心的境界，则万物与我融为一体。

---

①［宋］道原撰，尚之煜点校：《景德传灯录》卷第二十八《江西大寂道一禅师语》，中华书局 2022 年版，第 1136 页。

（一）心本体思想

“希迁的禅学相当注重从心与物、理与事的关系中去强调和突出活生生的人的地位，表现出强烈的生命意识。他明确提出以心为源、齐同凡圣、融摄万法，而又强调对心不可执着。”①石头宗美学思想建立在以“心”为本体的基础之上，其“心”不是指“如来藏自性清净心，不是抽象的精神实体，而是指现实的、具体的人的当下之心，也就是活泼泼的生命流程，而生命之灵光，也就是美的集中体现”②。这既是石头宗的美学特征，亦是整个禅宗美学思想的基本特征。

当然，心与物是体用的关系，心为本源，为本体，物为用，同时二者是圆融一体的。石头希迁门人十分看重“自家本心”，他们追求一种随缘任运、本真自然的生活。在他们看来，道无处不在，“青青翠竹，尽是法身；郁郁黄花，无非般若”。这表现了石头希迁禅学思想对宇宙万物等自然景观的关注，于大自然中追求生命的情感与审美趣味。于是，他们的审美活动也就是生命本身的自在运动，不计利害得失，不管悲欢离合，是一种个性的自由。

（二）石头宗审美体验原则

禅体验在禅宗思想中即是般若直观，即是众生之本性。参禅者如果要自在解脱，就必须“般若观照”。“汝若不得自悟，当起般若观照，刹那间，妄念俱灭，即是自真正善知识，一悟即知佛也。自性心地，以智慧观照，内外明彻，识自本心，若识本心，即是解脱。”③所谓般若直观，并不是指主体对客体的一种认识，也不是主体对客体的把握，而是基于本觉自性的一种直观。这种直观超越了主客二分的关系，是人本身融入客观对象形成的一种生命体验，因为每一种体验都

①皮朝纲：《禅宗美学史稿》，电子科技大学出版社 1994 年版，第 78 页。
②皮朝纲：《禅宗美学史稿》，电子科技大学出版社 1994 年版，第 79 页。
③［唐］慧能著，郭朋校释：《坛经校释》，中华书局 2012 年版，第 73 页。

是从生命的延续中产生的，而且同时是与其自身生命的整体相连的。因此，禅宗美学是生命美学。

在禅宗美学看来，般若直观的审美体验思想就是要求主体不去做逻辑的思考，是一种“不可说破”——只可意会不可言传的境界。在这种境界中，一切概念、功利都不存在，有的只是一种与客体融为一体的身心愉悦的感觉。

石头宗门人药山惟俨的“非思量”言论，充分说明了禅体验的内涵。据《五灯会元》卷第五《药山惟俨禅师》记载：

> 师（药山）坐次，僧问“兀兀地思量甚么？”师曰：“思量个不思量底。”曰：“不思量底如何思量？”师曰：“非思量。”①

药山惟俨的“非思量”指的就是禅体验时要求坐禅的个体既不有意去思量，也不刻意不去思量。日本学者阿部正雄曾对此作过明确的分析：“禅并非建立在思量或不思量的基础上，更确切地说，它建立在非思量的基础上，这超越了思量与不思量。当不思量被当作禅的基础时，反理性主义就会变成猖獗。当思量被当作禅的基础时，禅就会丧失其真正的基础，蜕化成单纯的概念和抽象的冗词赘语。然而，真正的禅把非思量当作它的最终基础，从而可以根据情况的需要，通过思量或不思量而任运自在地表现禅的自身，临济喝，德山棒，南泉斩猫，俱胝竖指，这一切都包含着非思量的哲学。”②

这种“非思量”的思想也涉及审美体验及认识的内容。我们在审

①［宋］普济著，苏渊雷点校：《五灯会元》卷第五《药山惟俨禅师》，中华书局1984年版，第258页。

②［日］阿部正雄：《禅与西方思想》，王雷泉、张汝伦译，上海译文出版社1989年版，第30—31页。

美过程中，需要理解与认识，但这种理解和认识是不以思量为基础的，不是以概念的形式对事物进行规范来达到认识的目的，而是一种省略了推理判断的直观。当然，省略了推理判断并不是没有推理判断。因此，审美过程中还是存在思量的，只是这种思量是以模糊的形式出现，凭直觉就能得到。由于存在思量的情况，审美最终会在社会中产生一定的教育作用。于是，就形成了审美活动的无目的与合目的性。

另外，石头宗门人的"不可说破"也是审美体验的原则。禅宗体验无法说破，不能以概念和文字清晰地表达出来，因为一旦付诸语言文字，就落入了"思量"。在审美活动中也是一样，所有的理解与认识的成分，都是融化在感知、想象和情感之中，是只可意会不可言传的。

二、沩仰宗美学思想

沩仰宗受易学思想影响，以自己独特的宗风和方式——"圆相"，继承了马祖道一创建的洪州宗美学思想的精髓。沩仰宗传九十七种圆相，曹洞宗禅僧在阐释"五位君臣"时皆对圆相图式进行运用。沩仰宗美学思想十分强调把握自己本来面目的重要性，沩仰之间默契圆融。

（一）以圆为贵，以圆为美

沩山灵祐曾开示大众：

"夫道人之心，质直无伪，无背无面，无诈妄心行……"时有僧问："顿悟之人更有修否？"师云："若真悟得本他自知时，修与不修是两头语。如今初心虽从缘得，一念顿悟自理，犹有无始旷劫习气未能顿净，须教渠净除现业流识，即是修也。不道别有法教渠修行趣向。从闻入理，闻理深妙，心自圆明，不居惑地。纵有百千妙义,抑扬当时,此乃得坐披衣,自解作活计。以要言之,则实际理地不受一尘,万行门中不舍一法。若也单刀趣入,则凡圣情尽,体露真常,理事不二,即如如佛。"①

灵祐的弟子仰山慧寂紧随其后,劝诫大众说:

汝等诸人各自回光返顾,莫记吾言。汝无始劫来背明投暗,妄想根深,卒难顿拔。所以假设方便,夺汝粗识。如将黄叶止啼,有甚么是处?②

可见,沩仰宗门人注重人的本性,强调本来面目的重要性,同时好做圆相来表达他们对禅宗美学的看法。据《五灯会元》卷第九《仰山慧寂禅师》记载:

耽源谓师(仰山)曰:"国师(按:指南阳忠国师)当时传得六代祖师圆相,共九十七个,授予老僧。乃曰:'吾灭后三十年,南方有一沙弥到来,大兴此教,次第传受,无令断绝。'我今付汝,汝当奉持。"遂将其本过与师。师接得一览,便将火烧却。耽源一日问:"前来诸相,甚宜秘惜。"师曰:"当时看了便烧却也。"源曰:"吾此法门无人能会,唯先师及诸祖师、诸大圣人方可委悉,子何得焚之?"师曰:"慧寂一览,已知其意,但用得不可执本也。"源曰:"然虽如此、于子即得,后人信之不及。"师曰:"和尚

①[宋]道原撰,尚之煜点校:《景德传灯录》卷第九《潭州沩山灵祐禅师》,中华书局2022年版,第268—269页。

②[宋]道原撰,尚之煜点校:《景德传灯录》卷第十一《袁州仰山慧寂禅师》,中华书局2022年版,第349页。

若要重录不难,即重集一本呈上,更无遗失。”源曰:“然。”①

沩仰宗门人所做的这些圆相,旨在表明现实人之自性,即人的生命的圆满性、自由性与纯真性,以便时时保持出生之前的本来面目,回归人的自然本性。

沩仰宗的这种好做圆相的思想来源于佛教本身的“以圆为贵”“以圆为美”思想。沩仰宗门人好做圆相,但并不执着于圆相,只是把它当作一种工具与手段,用其破解语言文字的障碍,直指人心与人性。于此,沩山的高足香严智闲提出了“道由悟达,不在语言”的命题,并强调了日常生活中的修行。可以说,香严智闲的“道由悟达”是对慧能的“道由心悟”与黄檗的“道在心悟”的继承与发展。在“悟”的过程中,百丈怀海提出了“如迷忽悟,如忘忽忆”的重要论断,体现在审美思想中就是强调了审美回忆的重要性。这里的“忆”就是“悟”,就是要求审美者抛开现实的烦恼,揭开挡在我们面前的迷雾,寻找属于自己的本来面目。在沩仰宗门人那里,即是通过对后天恶习的抛弃,然后反观自身,找到被遗忘了的本来面目。只有这样,人们才能回归本性。

(二)无思之妙

沩仰宗强调一念顿悟的修行方式,沩山灵祐继承了禅宗心本体思想,强调只有显现心本体之智慧光明才能悟道成佛。有记载如下:

沩山认为,心本体会产生三种生:“想生、相生、流注生。”此处伪山的三种生指的是人的三种思维,这三种思维涉及人的主观思想(想生)、外在的客观事物(相生)以及变化无常的主客观世界(流柱生)。这三种生都是遮蔽本体清净之心的,只有远离这三种生,不受其污

①[宋]普济著,苏渊雷点校:《五灯会元》卷第九《仰山慧寂禅师》,中华书局1984年版,第527页。

染,清净之心本体才可显现智慧之光。

如何才能使得清净本心显现呢?沩山认为必须依靠修行者自行体悟。他以"无思之妙"说明了"道由悟达"的方式:"以思无思之妙,返思灵焰之无穷,思尽还源,性相常住。事理不二,真佛如如。"①沩山指出,悟道就是用"妙净明心"去体悟"灵焰无穷"的生命之光,回归本性,获得自身的本来面目。这与慧能的"道由心悟"观点一致:二者都强调依靠生命的体验去感悟外在世界,体悟生命之真谛,不是依赖抽象的逻辑思维活动去契合形而上之客观本源;二者都要求人们的精神本体与外在的世界圆融无碍。

沩仰宗对禅宗作为生命美学的思想进行了进一步的发展,"以自己独特的宗风和方式继承了马祖道一的禅宗美学思想,把活生生的人的生命存在与意义作为自己禅宗美学思想的核心内容,从而对中国禅宗生命美学的内容作了新的补充"②。

第三节 临济宗与曹洞宗美学思想

一、临济宗美学思想

百丈怀海的弟子及再传弟子黄檗希运与临济义玄创建了临济宗,临济宗禅风以棒喝峻烈为主。他们接引学人采取单刀直入的方法,机锋峻烈,通常以迅雷不及掩耳之势的手段或语句,斩断学人思维,使之忽然省悟,见到自己的本来面目,从而进入一种澄明的审美境界。因此,临济宗禅宗美学有着自己的独特之处。

①[宋]普济著,苏渊雷点校:《五灯会元》卷第九《仰山慧寂禅师》,中华书局1984年版,第527页。

②皮朝纲:《禅宗美学史稿》,电子科技大学出版社1994年版,第102页。

（一）棒喝峻烈之接引方式

临济义玄主张“以心印心，心心不异”，他上承六祖慧能，历南岳怀让、马祖道一、百丈怀海、黄檗希运的禅法，以其机锋凌厉，棒喝峻烈的禅风闻名于世。临济本人就是在棒喝中悟得禅机的。临济义玄当时跟随黄檗希运学习禅法，首座觉得他与众不同，有意感化他，于是有以下对话：

> 首座……遂问：“上座（按：指义玄）在此多少时？”师云：“三年。”首座云：“曾参问也无？”师云：“不曾参问，不知问个什么？”首座云：“汝何不去问堂头和尚如何是佛法的大意？”师便去。问声未绝，黄檗便打。师下来，首座云：“问话作么生？”师云：“某甲问声未绝，和尚便打。某甲不会。”首座云：“但更去问。”师又去问，黄檗又打。如是三度发问，三度被打。师来白首座云：“幸蒙慈悲，令某甲问讯和尚，三度发问，三度被打。自恨障缘，不领深旨。今且辞去。”首座云：“汝若去时，须辞和尚去。”师礼拜退。首座先到和尚处云：“问话底后生甚是如法。若来辞时，方便接他，向后穿凿，成一株大树，与天下人作阴凉去在。”师去辞黄檗。檗云：“不得往别处去，汝向高安滩头大愚处去，必为汝说。”师到大愚，大愚问：“什么处来？”师云：“黄檗处来。”大愚云：“黄檗有何言句？”师云：“某甲三度问佛法的大意，三度被打，不知某甲有过无过？”大愚云：“黄檗与么老婆心切，为汝得彻困，更来这里问有过无过。”师于言下大悟，云：“元来黄檗佛法无多子。”大愚搊住云：“这尿床鬼子，适来道有过无过，如今却道黄檗佛法无多子。你见个什么道理？速道，速道！”师于大愚肋下筑三拳。大愚托开云：“汝师黄檗，非干我事。”师辞大愚，却回黄檗。黄檗见来，便问：“这汉来来去去，有什么了期？”师云：“只为老婆心切。”便人事了侍立。黄檗问：“什么处去来？”师云：

"昨奉慈旨,令参大愚去来。"黄檗云:"大愚有何言句?"师遂举前话。黄檗云:"作么生得这汉来,待痛与一顿。"师云:"说什么待来,即今便吃。"随后便掌。黄檗云:"这风颠汉,却来这里捋虎胡。"师便喝。黄檗云:"侍者引这风颠汉参堂去!"①

这段记载,说明了临济开始学道时的"使佛觅佛,将心捉心,穷劫尽形,终不能得"的情况,这是由于他"著相外求,求之转失"的原因,因而三度被打。黄檗主张"道由心悟",指出学道之人只有反观自心,才能回归本源。他之所以给临济义玄棒喝,目的就是要斩断义玄的常规思维,去除其妄识情解,使义玄反观自心,从而发现自身的生命之光与人性之美。文中大愚对义玄的开悟也起到了棒喝的作用,大愚的言说举止强调开悟是在刹那间完成的,不容许有思索,"石火电光即过了也","拟心即差,动念即乖"。因为在此过程中,就是自心自性的自我观照,悟与被悟都被消融在自心的般若体验之中。

后来,临济义玄就经常以棒喝的方式来接引学人,启示他们在棒喝中获得审美体验。

(二)高扬与肯定人的价值

"临济义玄对禅宗及其美学最重要的贡献,就是注重深入探视和展示人的本性(本来面目),高扬和肯定人的价值(生命的价值),而且他所注视和高扬的人,乃是现实中最普通最平常的人的存在及其价值。"②铃木大拙对《临济录》作了精深的研究,特别指出:"'人'的概念是全书的关键,也是真正禅宗精神的核心。"③柳田圣山也指出:

①[宋]赜藏主编集,萧萐父、吕有祥、蔡兆华点校:《古尊宿语录》卷第五《临济(义玄慧照)禅师语录之余》,中华书局 1994 年版,第 77—78 页。

②皮朝纲:《禅宗美学史稿》,电子科技大学出版社 1994 年版,第 111 页。

③[日]阿部正雄:《禅与西方思想》,王雷泉、张汝伦译,上海译文出版社 1989 年版,第 82 页。

“《临济录》全书都贯彻着全盘肯定现实人生的观点。”①可见,在临济义玄那里,人不是抽象的,而是具体的,指的是实实在在生活于现实社会中的人。在他看来,人自身与佛祖没有什么区别,成佛只要内心清净,做到“无分别”“无差别”,就能见性成佛。临济反对心外求佛,他讲佛法时,时常从不同的方面对现实的人进行赞美,高扬了现实之人的本质与价值。在临济看来,人性之美不存在于佛性、法性等抽象的精神实体之中,指的是日常生活中鲜活的个体。这种活泼泼的生命是自然的、不执着的,因而具备最大的自由性。因此,临济认为,平常的、自由的人同时具备最大的纯真性,这种人本身就是“法身佛、报身佛、化身佛”,充满了“清净光、无分别光”,能排除一切妄心,显现出本心、净心。

此外,关于“无位真人”与“无依道人”的观点,也是临济对禅宗美学思想的重要贡献。临济的“无位真人”“无依道人”事实上指的就是平常人、自由人。铃木大拙指出:“‘无位真人’即指自性。他的说法几乎完全围绕着这个人,这人有时亦称‘道人’。他可说是中国禅宗思想史上第一位禅师,强调我们在人生活动的每一方面都存在着这个人。他孜孜不倦地要他的弟子们去体认这个人或真正的展示自性。”②在临济看来,这种“无位真人”“无依道人”具备下面这些特征:“道流,佛法无用功处,只是平常无事,屙屎送尿,著衣吃饭,困来即卧。愚人笑我,智乃知焉。古人云:‘向外作工夫,总是痴顽汉。’你且随处作主,立处皆真,境来回换不得。”③

①[日]柳田圣山:《禅与中国》,毛丹青译,生活·读书·新知三联书店1988年版,第161页。

②[美]弗洛姆、[日]铃木大拙、[美]马蒂诺:《禅宗与精神分析》,王雷泉、冯川译,冯川校,贵州人民出版社1998年版,第38页。

③[宋]赜藏主编集,萧萐父、吕有祥、蔡兆华点校:《古尊宿语录》卷第四《镇州临济(义玄)慧照禅师语录》,中华书局1994年版,第59页。

临济禅师"无位真人"的说法，就是指平常人要去除分别心，以一颗平常心来对待，佛性自在心中，无造作的日常生活即是修行。在临济那里，也"只有平常无事的无修无证，屙屎送尿，无思无虑，从而既泯灭凡圣之念，又无有阶级果位之分，反而能体认禅道"①。

临济的禅宗美学思想非常欣赏现实社会中平常人，赞美人的自由，表明了禅宗大师不喜约束的自由个性，这种自由个性正是审美的真谛，美学的最终目的就是要实现人极大限度的自由。由于对平常人的欣赏，把佛从高高在上、遥不可及的彼岸世界拉回到普通老百姓身边，从而为普通的劳苦大众提供了信仰的基础。可以说佛教禅宗能够惠及大众，除了其"不立文字，直指人心"的传教方法之外，与他们对普通人、自由人的讴歌与赞美亦有很大关系。

二、曹洞宗美学思想

曹洞宗是由洞山良价和曹山本寂二人创建的，以细密的家风、偏正回互的要义，探讨现实人生的意义。太虚大师弟子正果法师指出：曹洞宗的禅学思想"丁宁绵密"，他们接化学人就好比农民耕种田地，细致周密，往往反复叮咛，并且用语亲切。这正是曹洞宗禅学思想接化学人的独特之处②。

（一）曹洞宗禅学的基本特征

曹洞宗与临济宗不一样的是，临济宗讲求对日常生活中平常人的赞美，认为修道只要在平时该干什么就干什么即可，无须刻意修行；而曹洞宗则注重理论知识，注重对佛理的研究，所以，学人必须依靠研究佛教哲理来悟道。洞山良价的法嗣云居道膺说："僧家发言吐气，须有来由，莫将等闲"，"八十老人入场屋，不是小儿嬉，不是因循

①皮朝纲：《禅宗美学史稿》，电子科技大学出版社 1994 年版，第 117 页。

②正果：《禅宗大意》，中国佛教协会 1990 年版，第 71 页。

事。一言参差即千里万里,难为收摄”①。其另一法嗣青林师虔也明确指出:“祖师门下,鸟道玄微。功穷皆转,不究难明。汝等诸人,直须离心意识参,出凡圣路学,方可保任。若不如是,非吾子息。”②这即是说,曹洞宗思想深奥,必须通过深究佛理,方能了悟。

曹洞宗的思想来源于石头希迁,注重活生生的人的意义与地位,石头希迁在《参同契》中的言语成为曹洞宗正偏回互说的理论依据:“灵源明皎洁,枝派暗流注。执事元是迷,契理亦非悟。门门一切境,回互不回互。回而更相涉,不尔依位住。”③除此之外,曹洞宗禅学思想的另外一个重要理论依据是《宝镜三昧》。《宝镜三昧》提倡“明暗交参”,“交互明中暗,功齐转觉难”④。在曹洞宗看来,世界由现象界与本体界组成,现象界处于“明”的部分,是色界;本体界是看不见、摸不着的,是“暗”的部分。现象界与本体界是相互掺和在一起的,即“明”与“暗”是交叉混合的。因此,也就有了“正偏回互”⑤之说。洞山良价与曹山本寂继承与发挥了《参同契》与《宝镜三昧》的精髓,倡导“五位君臣”的说法。曹山本寂在解释“五位君臣旨诀”时说:“正位即空界,本来无物。偏位即色界,有万象形。”⑥可见,曹山本寂以

①[宋]普济著,苏渊雷点校:《五灯会元》卷第十三《云居道膺禅师》,中华书局1984年版,第797页。

②[宋]普济著,苏渊雷点校:《五灯会元》卷第十三《青林师虔禅师》,中华书局1984年版,第802页。

③[宋]普济著,苏渊雷点校:《五灯会元》卷第五《石头希迁禅师》,中华书局1984年版,第255页。

④[宋]普济著,苏渊雷点校:《五灯会元》卷第十三《洞山良价禅师》,中华书局1984年版,第785页。

⑤[宋]普济著,苏渊雷点校:《五灯会元》卷第十三《曹山本寂禅师》,中华书局1984年版,第787页。

⑥[宋]普济著,苏渊雷点校:《五灯会元》卷第十三《曹山本寂禅师》,中华书局1984年版,第787页。

“正偏回互”的观点,辩证地论述了本体界与现象界二者之间的关系。

总之,曹洞宗门人特别注重以五位君臣、偏正回互来论说理事关系,而归结到无心解脱,去启发学人领悟真如本性,去突出自性——生命的地位和意义①。

(二)曹洞宗禅宗美学思想要义

曹洞宗禅宗美学思想继承了石头宗禅学思想中“道无所不在”的思想,以心为本体,突出自然山水与个体生命的息息相通,融合宇宙万物,从而突出自性,强调活生生的人的个性与生命的意义。曹洞宗在阐述“五位君臣”时,将“君臣道合,偏正回互”作为成佛的最高境界,认为只有达到这种“混然无内外,和融上下平”②的境界,才是体用一体、理事圆融的审美之境。

同时,曹洞宗禅师强调“道不远人”的观点,如曹山本寂论“父子之恩”的公案就要求求道者重视自性:

> 问:“子归就父,为甚么父全不顾?”师(曹山)曰:“理合如是。”曰:“父子之恩何在?”师曰:“始成父子之恩。”曰:“如何是父子之恩?”师曰:“刀斧斫不开。”③

曹山以“父”与“子”代表“自性”与“求道者”,指出“道不远人”,(至道)自性与求道者是割不断的,求道者为自性所涵摄。曹洞宗门人从理事回互的论点出发,指出人心与万物的关系,并指出在心与物的关系上,以心为主,万物统摄于吾心之中。与此同时,曹洞宗人提出了

①皮朝纲:《禅宗美学史稿》,电子科技大学出版社1994年版,第123页。

②[宋]普济著,苏渊雷点校:《五灯会元》卷第十三《曹山本寂禅师》,中华书局1984年版,第787页。

③[宋]普济著,苏渊雷点校:《五灯会元》卷第十三《曹山本寂禅师》,中华书局1984年版,第790页。

人即是佛的观点。洞山良价的开悟诗:“切忌从他觅,迢迢与我疏。我今独自往,处处得逢渠。渠今正是我,我今不是渠。应须恁么会,方得契如如。”①此诗指出,求道者如果向外追求,只会离道越来越远,只有向自身求,才处处与道相合。

因此,在美学上,曹洞宗追求生机盎然的生命自然之美,平时讲究随缘任运,不做作。他们常常把自然界的山水美景来比作浑然天成的人生境界。曹洞宗的这种境界有着庄子的“齐物论”思想,在这里,万物平等,没有对立与矛盾,有的只是人本真自然的活动。

曹洞宗门人的“不可说破”原则,与美学中的审美体验有着异曲同工之妙。洞山良价就十分感激云岩昙晟当年求道时不为他说破的做法:

> 师(洞山)因云岩讳日营斋,僧问:“和尚于云岩处得何指示?”师曰:“虽在彼中,不蒙指示。”曰:“既不蒙指示,又用设斋作甚么?”师曰:“争敢违背他!”曰:“和尚初见南泉,为甚么却与云岩设斋?”师曰:“我不重先师道德佛法,只重他不为我说破。”②

禅宗体验与审美体验一样,无法说破,只有自己亲身体验,才能自知。在曹洞宗门人那里,语言只是参禅悟道的一种工具,应当“得意忘言”,做到“不立文字”但又“不离文字”,因为他们并不完全否定文字的作用,而是要求求道者不为文字所困。

---

①[宋]普济著,苏渊雷点校:《五灯会元》卷第十三《洞山良价禅师》,中华书局1984年版,第779页。

②[宋]普济著,苏渊雷点校:《五灯会元》卷第十三《洞山良价禅师》,中华书局1984年版,第779页。

同时,曹洞宗门人提出的在参禅悟道时的“离情识”与审美体验中的“虚静”观相类似。“离情识”要求的是不起分别心,保持内心的清净,不受外界的干扰,这样才能悟道。审美体验过程中的“虚静”也是要求审美主体在审美时不受外界的干扰,平心静气地领略当前的美景。

曹洞宗禅宗美学以“家风细密”给后人留下了丰富的美学资源,在中国禅宗美学思想上印下了自己的痕迹。

第四节 云门宗与法眼宗美学思想

一、云门宗美学思想

(一)云门宗禅学思想概述

云门宗是五代时形成的,苏州嘉兴(今浙江嘉兴市)云门文偃是其创始人。当时南宗禅盛行,有沩仰宗、临济宗、曹洞宗、法眼宗等禅宗流派,禅师们大多以参禅、问答、公案、接机为能事,就连诸多学人亦跟着人云亦云,形成了一种执着于参禅、问答、公案、接机为主的形式主义。云门文偃对此深为担忧,提出了尖锐的批评,指出这班人并未获得禅宗真谛的原因就在于执着于问答、机锋,因此,他反对学人对语言文字的执着,提倡以峻烈的禅风破除对这种形式主义的执着,让人回归自心,以心为本,寻找生命的本源,他说:

此事若在言语上,三乘十二分教岂是无言语?因甚么更道教外别传?若从学解机智得,只如十地圣人,说法如云如雨,犹被呵责,见性如隔罗縠。以此故知一切有心,天地悬殊。①

---

①[宋]普济著,苏渊雷点校:《五灯会元》卷第十五《云门文偃禅师》,中华书局1984年版,第923页。

这里，云门文偃明确指出，参禅悟道不能依靠理性思维而得，如果讲求“学解机智”、寻言逐句，只会与道愈来愈远。与此同时，云门文偃也反对四处游荡式的参禅求道：

> 直须在意，莫空游州猎县，横担拄杖，一千里二千里，走这边经冬，那边过夏，好山好水堪取性，多斋供，易得衣钵，苦屈苦屈，图他一粒米，失却半年粮。如此行脚，有甚么利益？①

总体而言，“云门文偃之所以全力提撕，旨在教人反求诸己，发明大事，直达生命的本源。云门宗人有着自己独特的家风，它既不像临济宗那样曲设多方，棒喝峻烈；也不像曹洞宗那样立‘五位君臣’，丁宁绵密；而是以言语激烈，指人迷津，剿绝情识妄想，寻找自己本来面目”②。正如正果法师而言：“此家宗风，孤危险峻，简洁明快。其接化学人，不用多语饶舌，于片言只句之间，超脱意言，不留情见。以无伴为宗，或一字或多语，随机拈明示之。”③

（二）云门宗美学思想内涵

云门宗美学思想的特色主要体现在“云门三句”，这是云门文偃的弟子德山缘密总结文偃的思想，概括成的三句话。“我有三句语示汝诸人：一句函盖乾坤，一句截断众流，一句随波逐浪。”④云门文偃的再传弟子、德山缘密的法嗣普安道对“云门三句”做了解释：

---

①［宋］普济著，苏渊雷点校：《五灯会元》卷第十五《云门文偃禅师》，中华书局1984年版，第926页。

②皮朝纲：《禅宗美学史稿》，电子科技大学出版社1994年版，第133页。

③正果：《禅宗大意》，中国佛教协会1990年版，第73页。

④［宋］普济著，苏渊雷点校：《五灯会元》卷第十五《德山缘密禅师》，中华书局1984年版，第935页。

函盖乾坤曰:“乾坤并万象,地狱及天堂。物物皆真见,头头用不伤。”截断众流曰:“堆山积岳来,一一尽尘埃。更拟论玄妙,冰消解瓦摧。”随波逐浪曰:“辩口利舌问,高低总不亏。还知应病药,诊候在临时。”①

正果禅师于《禅宗大意》中的一段话也为我们理解“云门三句”提供了线索。“函盖乾坤句”的颂文“恰当地说明了一切现成的见解。因函盖乾坤,即本真本空,一色一味,凡有语句,无不包罗,不待踌躇,全该妙体。师语函盖相合,立使学人悟旨。截断众流、随波逐浪二句,则是说他接引学人的教学方法。云门经常用截断众流的方法接引人,每用一语一字,蓦地截断葛藤,使问者转机,无所用心,立悟世谛门中一法不立”②。

表现在美学思想上,云门宗的“函盖乾坤句”指的是天地万物都是由本体界演化而来,世间万物,无一不是真如的变体,本体界(真如)包含现象界,现象界呈现本体界,因此,在云门宗那里,世间万事即是真如。山河大地等事事物物,虽然各自形象不一,但都体现着真如本体界。这种真如本体,在云门宗那里,就是指人本身,指人的自性。审美也就表现在人的自性与宇宙的法性合而为一。他们认为,参禅悟道不能执迷于任何物相,要做到应物而不累于物。在文偃看来,一个真正的得道之人应该是这样的:“若是得底人,道火不能烧口,终日说事,未尝挂著唇齿,未尝道著一字。终日著衣吃饭,未尝触著一粒米,挂一缕丝。虽然如此,犹是门庭之说也。须是实得恁么,

①[宋]普济著,苏渊雷点校:《五灯会元》卷第十五《普安道禅师》,中华书局1984年版,第971页。

②正果:《禅宗大意》,中国佛教协会1990年版,第73页。

始得。”①所以,解脱之人是不执着于任何事物,却能从每一事物身上见到佛性,只有应物而不滞于物,才能去除妄识,回归本心,达到一种随缘任运、自然本真的境界,这种境界平凡而美妙。

“随波逐浪句”指的是一方面随物应机,不主故常,另一方面表达了普遍无情、触目是道、即事而真的含义。他们特别主张过一种平常人的生活,提倡生命的活泼自由。文偃的弟子化城鉴就告诫其学人:“诸禅德但自无事,自然安乐,任运天真,随缘自在。莫用巡他门户,求觅解会,记忆在心,被他系缚,不得自在,便被生死之所拘,何时得出头?”②云门宗人追求的正是这种随缘任运的生活与恬淡自然的心境,这种自由自在的本真生活,正是禅宗美学的本质特征。

“截断众流句”是指超出言外,非情识所能达到,指的是斩断正常的具备逻辑思维的语言,从而获得超出常情的领悟。“云门文偃在接引学人时,常常用一个字(有时是一句简短的话),干净利落,截断问者的思路,逼使学人无心可用,无机可转,无路可通,在窒碍壅塞之中,另辟蹊径,使情执妄识‘冰消瓦解’,从而开启省悟之门,当时禅林称之为‘一字关’。”③针对当时南宗禅乐于参禅问答的形式主义风气,云门文偃就是用这种“截断众流”的方式来破除学人对问答、接机等的执着与迷恋。他认为人人都是佛,不必向外求佛,只要回归生命的内在需求,找到自己的本来面目就行。“若为福慧,须至明心;若要达道,无汝用心处。所以常劝诸人,莫学佛法,但自休心。”④即是说,

①[宋]普济著,苏渊雷点校:《五灯会元》卷第十五《云门文偃禅师》,中华书局1984年版,第923—924页。

②[宋]普济著,苏渊雷点校:《五灯会元》卷第十五《化城鉴禅师》,中华书局1984年版,第960页。

③皮朝纲:《禅宗美学史稿》,电子科技大学出版社1994年版,第140页。

④[宋]普济著,苏渊雷点校:《五灯会元》卷第十五《荐福承古禅师》,中华书局1984年版,第945页。

要悟道见性，必须回归本心，才能做到真正的解脱。

云门宗禅宗美学思想除了“云门三句”之外，十分重视禅体验，在日常生活中，只有通过自身的经历，放下所有“妄想”，才能获得般若体验，也即生命体验或审美体验。为了获得审美体验，他们反对在参禅悟道的过程中依赖语言文字，破除对公案、语录的过分依赖。文偃指出，寻言逐句、机智解答只会让学人离道更远。“更欲踏步向前，寻言逐句，求觅解会。千差万别，广设问难。赢得一场口滑，去道转远，有甚么歇时？”①当然，云门文偃并不反对语言文字的应用，相反，他自己就是运用语言文字的高手，但他只是把语言文字当作般若体验的工具。

为了获得般若体验，云门宗人还提出了“参活句，不参死句”的原则。德山缘密说：“但参活句，莫参死句。活句下荐得，永劫无滞。一尘一佛国，一叶一释迦，是死句。扬眉瞬目，举指竖佛，是死句。山河大地，更无淆讹，是死句。”②也就是说，凡是以正常的逻辑思维推理的句子，都是“死句”，只有不涉理路看不出意义的语句才是“活句”。因此，在参佛时，不要受到语言文字的束缚，而是要通过语言文字的多义与歧义等去领略禅宗的意蕴，与自心产生共振，反观生命之本源，从而获得生命与审美体验。

二、法眼宗美学思想

（一）法眼宗禅学思想概述

法眼宗由文益创建，文益圆寂后，南唐中主李璟给其大法眼的称

①［宋］普济著，苏渊雷点校：《五灯会元》卷第十五《云门文偃禅师》，中华书局1984年版，第923页。

②［宋］普济著，苏渊雷点校：《五灯会元》卷第十五《德山缘密禅师》，中华书局1984年版，第935页。

号，故称此宗为法眼宗。受桂琛禅学思想的影响，文益参禅悟道以不识不知、无思无虑作为最佳途径，反对妄起分别心；认为宇宙法性与个体自性是圆融一体的，强调佛法的“一切现成”，山河大地，人我等相，无须对事物“于无同异中强生同异”。同时，文益于自然的审美中，突出了以空为美的审美情调。文益与李璟同赏牡丹花时，曾作偈表现了“空”的思想：

> “拥毳对芳丛，由来趣不同。发从今日白，花是去年红。艳冶随朝露，馨香逐晚风。何须待零落，然后始知空。”王顿悟其意。①

文益从感性世界丰富景色中的变化无常，感悟到人生的缘起缘灭、宇宙的变幻莫测，从而体悟到“空”的审美范畴。

在“心”与“物”的关系上，文益的法嗣灵隐清耸作了清楚的表述：

> 见色便见心，且唤甚么作心？山河大地，万象森罗，青黄赤白，男女等相，是心不是心？若是心，为甚么却成物象去？若不是心，又道见色便见心。还会么？只为迷此成颠倒，种种不同，于无同异中强生同异。且如今直下承当，顿豁本心，皎然无一物可作见闻。若离心别求解脱者，古人唤作迷波讨源，卒难晓悟。②

他反对“于无同异中求同异”，认为这是“迷波讨源，卒难晓悟”。因

---

①[宋]普济著，苏渊雷点校：《五灯会元》卷第十《清凉文益禅师》，中华书局1984年版，第565页。

②[宋]普济著，苏渊雷点校：《五灯会元》卷第十《灵隐清耸禅师》，中华书局1984年版，第578页。

此，文益提出“理事不二，贵在圆融”与“不著他求，尽由心造”的观点，强调这种理事圆融是“天然”之境，不是人为生成的。即是说，参禅悟道到达最高境界时，就会回归生命的本源，一切都是“青山绿水”，到处都是宇宙生命活动的迹象，自我的生命律动与宇宙法性的生命律动合二为一，人与自然融为一体，人生活在大自然中，一切都是那么随意而圆满。

（二）法眼宗禅宗美学思想

法眼宗很注意根据学人的实际进行教学，对病施药、量体裁衣都是其基本的特征。法眼宗根据学人“器根”的实际，用一系列的“反问语”来促使学人超越一切思维、概念、理论等，从而获得禅体验与审美体验。

如清凉文益针对修行者的提问，常常采用反问的形式去开导，鼓励其自己去体味：

> 僧问：“如何披露即得与道相应？”师曰：“汝几时披露即与道不相应？”
>
> 僧问：“指即不问，如何是月？”师曰：“阿那个是汝不问底指？”
>
> 问：“如何是古佛家风？”师曰：“甚么处看不足？”
>
> 问：“古人传衣，当记何人？”师曰：“汝甚么处见古人传衣？”
>
> 问：“如何得诸法无当去？”师曰：“甚么法当著上座？”
>
> 问：“要急相应，唯言不二。如何是不二之言？”师曰：“更添些子得么？”①

文益在学人提问时，提出对应的反问，目的是斩断学人的思维，

①［宋］普济著，苏渊雷点校：《五灯会元》卷第十《清凉文益禅师》，中华书局1984年版，第561—563页。

促使学人能够以体验的方式去把握事物的整体，突破二元对立的思维，融入主客一体的体验中去，从而获禅体验。这种体验也即是审美体验，因为审美体验也“是以两个意义方面为依据的：其一，是一种直接性，这种直接性是在所有解释、处理或传达之前发生的，而且，只是为解释提供线索，为创造提供素材；其二，是从直接中获得的收获，即直接性留存下来的结果”①。

法眼宗禅宗美学思想的一条重要原则是“不可说破”。文益的弟子天台德韶用自己的亲身经历说明了此原则的重要性。天台德韶悟道前曾就同一问题——“天不盖，地不载。此理如何?”问龙牙禅师十七次，龙牙禅师皆答：“道者合如是。”却不做任何解释，而是要德韶自己去体悟。当然，不说破并不是禅师们不愿意说破，而是禅体验是直观感性的，无法用抽象的理性思维与言论来阐述清楚，只有依靠自己的亲身体验才能领悟生命的意蕴与人生的哲理。同时，法眼宗门人认为人自身即是佛，现实中自由自在的人就是无价之宝，只有反观自身，回归人心，才能悟道成佛，成就审美的人生。“法眼宗人提倡一种随缘任运的自然生活，把平凡的行住坐卧的日常生活作为参悟禅道、进行般若体验的重要场所，只有如此，才能表现出自己的独特个性。”②因此，法眼宗人特别提倡在现实生活中参禅修行。正如德韶的弟子瑞鹿本先所言：“应须真实参学始得。行时行时参取，立时立时参取，坐时坐时参取，眠时眠时参取，语时语时参取，默时默时参取，一切作务时，一切作务时参取。”③他认为个体的生命律动与大自然的生命节奏是一致的，故亦主张在大自然中参取，他说：“幽林鸟

①[德]伽达默尔：《真理与方法》(修订译本)，洪汉鼎译，商务印书馆2010年版，第93页。

②皮朝纲：《禅宗美学史稿》，电子科技大学出版社1994年版，第156页。

③[宋]普济著，苏渊雷点校：《五灯会元》卷第十《瑞鹿本先禅师》，中华书局1984年版，第618页。

叫，碧涧鱼跳。云片展张，瀑声呜咽。你等还知得如是多景象，示你等个入处么？若也知得，不妨参取好。”①

法眼宗门人除了要求在日常生活中参禅修养之外，还主张以识心见性作为体验的目的。为此，在参禅悟道的过程中，他们要求排除情识妄见，不要执着，才能回归本心。文益就曾指出，所有的执着都是由于真心被妄心所蒙蔽，欲使“道眼”相通，就必须扫除情识。其弟子天台德韶也指出参禅悟道必须摒弃妄识分别心，要求“塞却眼，塞却耳，塞却舌、身、意，无空阙处，无转动处”，使之“无用心处，亦无施设处。若如是会得，始会法门绝拣择，一切言语绝渗漏”②。

第五节　黄龙派与杨岐派的美学思想

一、黄龙派美学思想

（一）黄龙派禅学思想概况

黄龙派是由临济宗演变而来，临济宗最初创建于北方，直到石霜楚圆之后，临济宗由北方转入南方传授，经石霜楚圆传黄龙慧南，在隆兴（今江西南昌市）形成了独特的派系，世称黄龙派。黄龙慧南所处的时代，禅宗已经发生了变化，由原先的“不立文字”转变为“不离文字”。黄龙慧南对这种过分强调文字的禅学进行了批评，指出禅宗一直以来主张自心顿悟，不能过分依赖文字，否则会造成“言语道断”的情形。他指出，这种玩弄文字禅的学人就是向外寻求佛法。针对

---

①[宋]普济著，苏渊雷点校：《五灯会元》卷第十《瑞鹿本先禅师》，中华书局1984年版，第619页。

②[宋]普济著，苏渊雷点校：《五灯会元》卷第十《天台德韶禅师》，中华书局1984年版，第570页。

此种情况，黄龙慧南表示要重振以心为本的禅风。

黄龙派禅学主张“触事而真”：“道远乎哉？触事而真。圣远乎哉？体之即神。”“道之与圣，总在归宗拄杖头上。汝等诸人，何不识取？若也识得，十方剎上，不行而至。百千三昧，无作而成。”①

这是对洪州宗与临济宗禅学思想的继承与发展，事实上，在修习方法上，黄龙慧南承继了二宗的观点：主张不刻意去修行，而是要求在日常生活中修道，不受外在各种欲望的诱惑，保持内心之纯净、本真，做到“不修”“无虑”。

黄龙慧南这种讲究在日常生活中去参禅悟道的做法，与马祖道一与临济义玄的说法有着惊人的雷同。如大寂道一说：“道不用修，但莫污染。何为污染？但有生死心，造作趣向，皆是污染。若欲直会其道，平常心是道。谓平常心，无造作，无是非，无取舍，无断常，无凡无圣。……只于今行住坐卧，应机接物，尽是道。”②又如，临济义玄言：“道流，佛法无用功处，只是平常无事，屙屎送尿，著衣吃饭，困来即卧。愚人笑我，智乃知焉。”③

（二）黄龙派禅宗美学思想

黄龙慧南在扬弃马祖道一与临济义玄禅学思想的同时，提出了著名的“三转语”，后人称之为“黄龙三关”。他以“三转语”④来检验其弟子参禅悟道的情况。有关“三转语”之内涵，众说纷纭，黄龙慧南

---

①［宋］普济著，苏渊雷点校：《五灯会元》卷第十七《黄龙慧南禅师》，中华书局1984年版，第1107页。

②［宋］道原撰，尚之煜点校：《景德传灯录》卷第二十八《江西大寂道一禅师语》，中华书局2022年版，第1135—1136页。

③［宋］赜藏主编集，萧萐父、吕有祥、蔡兆华点校：《古尊宿语录》卷第四《镇州临济（义玄）慧照禅师语录》，中华书局1994年版，第59页。

④［宋］普济著，苏渊雷点校：《五灯会元》卷第十七《黄龙慧南禅师》，中华书局1984年版，第1108页。

本人的偈诗曾对此做了提示：

> "生缘有语人皆识，水母何曾离得虾？但见日头东畔上，谁能更吃赵州茶。我手佛手兼举，禅人直下荐取。不动干戈道出，当处超佛越祖。我脚驴脚并行，步步踏著无生。会得云收日卷，方知此道纵横。"总颂曰："生缘断处伸驴脚，驴脚伸时佛手开。为报五湖参学者，三关一一透将来。"①

除非是类似于佛祖释迦牟尼，一般人参禅悟道都会有一定的阶段，禅宗所谓的"破三关"就是指禅悟的三个阶段：破初关（破本参）、破重关、破牢关。三关境界各不相同：破初关后感觉一切皆空，此时学道之人感觉外在以及自身之一切都是因缘和合之产物，不存在任何永恒；破重关后产生色不异空、空不异色的景象，此时学人知山是山，知水是水，一切世间万物皆得其所，相辅相成；破牢关后产生一种超越一切的景象，此时学人已能暗合世间万物之规律，看透事物之本质，不再执着于世间万物而能随缘任运，自在洒脱。

可见，"三转语"具体讲的是参禅悟道的三个阶段，在佛家看来，每个人来到世间，都会因尘世间的欲望以及所见所闻而失去自己的本来面目。佛家的参禅悟道就是要求摒弃妄心，去除各种欲望与干扰，使人的本性回归，从而使人们能够依照本来面目生活，回归自然之人性。黄龙派慧南的法孙、宝峰克文的法嗣兜率从悦把"黄龙三关"唤醒生命的要旨说得很明白：

> 室中设三语以验学者："一曰拔草瞻风，只图见性，即今上人

①［宋］普济著，苏渊雷点校：《五灯会元》卷第十七《黄龙慧南禅师》，中华书局1984年版，第1108页。

性在甚么处？二曰识得自性，方脱生死，眼光落地时作么生脱？三曰脱得生死，便知去处。四大分离，向甚么处去？”①

可见，“黄龙三关”的过程就是要求人们把被遗忘了的本性唤醒，让人性得到合理的回归。

（三）“黄龙三关”在禅宗美学思想史上的价值与意义

“三转语”是针对当时禅学已偏离其最初的“不立文字，直指人心”的轨道，修学者皆钻研文字，希望能够从禅宗经典中悟道而提出的一种触机即悟的参禅方法。黄龙慧南明确提出“得意忘言”的禅学原则，以反对当时禅师们“向言中取则，句里驰求。语路尖新，机锋捷疾”②的做法。黄龙慧南“三转语”的提出，就是要求学人领会禅中深意，不要纠结于语言文字方面，不为抽象思维所束缚，由外在事物回归人自身，唤醒自己的本来面目，回归人性之美好。

黄龙慧南之法孙、黄龙祖心的法嗣青原惟信在继承前人说法的基础上，提出了“三般见解”之说，类似于“黄龙三关”。青原惟信说：

“老僧三十年前未参禅时，见山是山，见水是水。及至后来，亲见知识，有个入处。见山不是山，见水不是水。而今得个修歇处，依前见山只是山，见水只是水。”大众，这三般见解，是同是别？③

①［宋］普济著，苏渊雷点校：《五灯会元》卷第十七《兜率从悦禅师》，中华书局1984年版，第1149页。
②［宋］普济著，苏渊雷点校：《五灯会元》卷第十七《泐潭洪英禅师》，中华书局1984年版，第1125页。
③［宋］普济著，苏渊雷点校：《五灯会元》卷第十七《青原惟信禅师》，中华书局1984年版，第1135页。

青原惟信的“三般见解”正是参禅悟道的三个阶段:开悟之前,“见山是山,见水是水”,此乃生命被遗忘时的心境,此时的学人因分别心作怪,看到的只是事物的表象,无法见到事物的本来面目;开悟之后,“见山只是山,见水只是水”,这是生命已经觉醒时的心境,此时,学人不再执着于外在事物,外在事物与人和谐相处:“山是山,水是水,饥来吃饭,困来打睡。”一切随缘任运,无丝毫做作之处。这与“黄龙三关”的破初关与破重关大体一致:“破本参是破除邪见,立一切皆空的正见,进入见山不是山、见水不是水、一切皆空的境界;破重关后是进入山仍是山,水仍是水,物物皆菩提,色不异空、空不异色的境界。”①

(四)黄龙派的美学观点

黄龙派的“真模样”与“相似模样”是其针对艺术审美而提出的衡量艺术作品真实与否的标准。于黄龙派门人看来,艺术作品只能是个体生命或宇宙法性的“相似模样”,因为它们只是真实生命的反映,无法表现生命存在的“真模样”。慧南的法嗣仰山行伟说:“大众见么?开眼则普观十方,合眼则包含万有。……若道不见,与死人何别?直饶丹青处士,笔头上画出青山绿水、夹竹桃花,只是相似模样。设使石匠锥头,钻出群羊走兽,也只是相似模样。若是真模样,任是处士石匠,无你下手处。”②因此,在黄龙派门人看来,“真模样”是艺术家们无法下手的,艺术只是真实事物与生命的象征物而已。

在个体鲜活生命之真实存在的基础上,黄龙派门人提出了“真乐”审美观。宝峰克文指出“真乐”包含“二乘寂灭之乐”“法喜禅悦之乐”与“慈悲喜舍之乐”三种。所谓“寂灭之乐”指的是心静、无思无虑之乐;“法喜禅悦之乐”指的是见佛法而生欢喜,禅定时心神俱

①皮朝纲:《禅宗美学史稿》,电子科技大学出版社1994年版,第170页。

②[宋]普济著,苏渊雷点校:《五灯会元》卷第十七《仰山行伟禅师》,中华书局1984年版,第1119页。

乐;“慈悲喜舍之乐”指的是有着“能与乐之心”“能拔苦之心”“祝贺他人脱苦之心”以及虽“有此三心却不保存”之乐。宝峰克文的法嗣宝华普鉴指出学人一旦悟道就能获得无比之喜悦,即审美快感。“参禅别无奇特,只要当人命根断,疑情脱。千眼顿开,如大洋海底辊一轮赫日,上升天门照破四天之下。万别千差,一时明了,便能握金刚王宝剑,七纵八横,受用自在,岂不快哉!”①此处,宝华普鉴描绘了学人参悟后的审美愉悦之状况,在参悟者眼中,这是一种自由之状态。

值得一提的是,针对审美鉴赏,其门人慧洪觉范有意思的“鼻观”说提出了“入此鼻观,亲证无生”的命题,具备丰富的哲学与美学意蕴。他认为,通过“鼻观”可以悟道,指出嗅觉器官在禅宗体验中有着重要作用。鼻观就是依赖嗅觉器官鼻子来获得禅悟与审美体验,体认外在客观现象世界之不真实,破除我法二执,从而体悟佛法。

慧洪的“鼻观”说揭示了五官的心理通感现象,在人之身体,五官相互依存,互相会通,参悟时利用这种通感现象,就会获得一种直觉的空灵境界。这种关于嗅觉在禅悟中的作用,被明末清初的文学家钱谦益引用至文学理论之中,在当时形成了依靠嗅觉来进行审美鉴赏的风气,并把嗅觉作为主要的鉴赏器官。他认为欣赏诗歌用眼睛看不如用鼻子闻,眼睛的视线不可穷尽,鼻子闻以香为主,这与文章的品第相似,并且认为鼻子兼具声、色、香、味四者。钱谦益于此处同样运用了通感的手法,把五官的感觉相互融合于鼻感。

此外,黄龙派门人还提出了艺术欣赏与创造的“格外”说,就是以不合常理的语言来描述奇特境界。所谓“格外谈”“格外句”就是禅宗大师为学人斩断正常语言的逻辑思维而设置的奇特语句。比如黄

---

①[宋]普济著,苏渊雷点校:《五灯会元》卷第十七《宝华普鉴禅师》,中华书局1984年版,第1158页。

龙慧南的法孙、大沩怀秀的法嗣大沩祖琇上堂说:“雨下阶头湿,晴干水不流。鸟巢沧海底,鱼跃石山头。众中大有商量,前头两句是平实语,后头两句是格外谈。”①“格外句”在禅宗典籍中到处都有,最多的是在曹洞宗门人那里,这种“格外句”的运用,使得禅宗思想能够以非正常的思维来理解禅法,类似于现在的“脑筋急转弯”“逆向思维”等。这种语句由于脱离常规思维,对学人悟道很有帮助。黄龙派门人基于“得意忘言”的原则,指出应在“无意无不意”中理解禅理,这种表现手法是由禅师们运用诗偈“绕路说禅”而形成的。“无意无不意”类似于老子的“无为无不为”,这是要求学禅者不必刻意去钻研禅理,而应在具体的生活中随处修行。后来学者把“格外”说引进了诗学,丰富了“格外”法则的审美意蕴。可以说,寓禅于诗,可以使学人因象寻意,得意忘言,更好地领悟玄微的佛理。

二、杨岐派美学思想

出自杨岐派大师五祖法演门下圆悟克勤所著的《碧岩录》,标志着中国禅宗史发展到开始对公案进行研究的阶段。圆悟克勤于《碧岩录》中所写的大量“垂示”“著注”及“评唱”显示了他的禅学与美学思想。

(一)“得意忘言”的审美方式

圆悟克勤指出,公案(及一切言辞、文字和举止)都只是禅师们接引学人的方便法门即手段与工具而已。因此,尽管杨岐派主张对公案进行研究,但并不是要求在公案、语言及文字中修行,而只是把它们作为了解禅法的一种途径,把众生本来的佛性呼唤出来的一种方便法门。

---

①[宋]普济著,苏渊雷点校:《五灯会元》卷第十八《大沩祖琇禅师》,中华书局1984年版,第1166页。

慧能曾言："一切经书，及诸文字，小大二乘，十二部经，皆因人置，因智惠性故，故然能建立。若无世人，一切万法，本元不有。故知万法，本因人兴；一切经书，因人说有。缘在人中有愚有智，愚为小人，智为大人。迷人问于智者，智人与愚人说法，令彼愚者悟解心开；迷人若悟解心开，与大智人无别。故知不悟，即是佛是众生；一念若悟，即众生是佛。故知一切万法，尽在自身中，何不从于自心顿现真如本性。"①因此，在慧能看来，世人有愚有智，智者利用语言文字为愚者说法，令其开悟，语言文字只是唤醒众生的工具，本身不是佛。正如过河需要渡船一样，船只是到达对岸的工具。

克勤指出，语言只是载道的工具，但佛法的宣扬却离不开语言文字，对于未开悟的门人而言，禅门的一切语言、举止等都是必不可少的。如果没有语言文字，大家就没有办法进行交流，也就无法使学人感悟。克勤的意思是要求学人不可受制于语言文字，要通过语言文字参透领悟其中的禅法。正如依靠船来过河一样，到了对岸船就没有用处了，参佛也是如此，一旦悟道，就必须"得意忘言"，只有这样，才能反观自己的真如本性，获得美感。

圆悟克勤指出，禅是众生之本性，乃是人性之灵光，超越一切理论思维、概念，参禅悟道的过程是摒除妄心把握真心的过程，唯有离却妄缘之约束，才能见到真如本性。可见，在禅悟者眼中，禅是第一性的，其他万物皆由此产生。在禅中，无所谓现实社会之真实与虚妄，一切皆是圆融自在，在这里，宇宙法性与个体自性获得了统一。正如日本学者日种让山所言："法，就是宇宙的生命；同时，也就是个人的生命。宇宙，是法之大者；个人，是法之小者。得到这大生命和

①［唐］慧能著，郭朋校释：《坛经校释》，中华书局2012年版，第71页。

小生命浑一融合，总能安住在绝对无限的生命里。”①禅所追求的就是这样一种宇宙法性与个体自性圆融一体的境界。在欣赏大自然景物时，克勤也强调与大自然打成一片，要求审美主体不去计较一切情识，与大自然融为一体，注重在日常生活中求启迪，从中获得感悟与超越。

（二）道由悟达

继承慧能的“道由心悟”，克勤提出了“道由悟达”，并对悟的内涵作了更为详尽的阐述。铃木大拙指出，何时能开悟？怎样才能开悟？这些都在每个人自己心中，这些必须依靠平时的各种积累，只有内心的准备成熟了，才能依靠外在的机缘；外在的机缘也因人而异，并没有固定的内涵，比如飞鸟、铃声等都可以引起参禅者开悟②。克勤曾指出，每个人都具备佛性，只是受到理性与知识的束缚，一旦遭遇一定的机缘与得到宗师的开导，就会顿悟成佛。禅家虽然主张顿悟，但并不忽略渐修。克勤指出：“理须顿悟，事要渐修。”③即是说，悟是瞬间的，但悟是离不开平时长时间的参禅与领会。并且参禅者一定要修习到一种“无心境界”，“养得如婴儿相似，纯和冲淡”④。这种“如初生婴儿相似”是这样一种情况：对外界的好恶是非不曾分别，于外界的荣辱功名、顺境逆境都能泰然处之。同时，参禅者必须摒弃一切“妄想见解”如“大死底人”：“以铁石心，将从前妄想见解、世智

①［日］日种让山：《禅学讲话》，释芝峰译，河北佛协《禅》编辑部 1992 年版，第 147 页。

②［日］铃木大拙：《禅者的思索》，未也译，中国青年出版社 1989 年版，第 63—64 页。

③［宋］圆悟克勤著，明尧、明洁校注：《圆悟克勤禅法心要·示胡尚书悟性劝善文》，金城出版社 2017 年版，第 276 页。

④［宋］圆悟克勤著，明尧、明洁校注：《圆悟克勤禅法心要·示成都雷公悦居士》，金城出版社 2017 年版，第 481 页。

辩聪、彼我得失，倒底一时放却，直下如枯木死灰，情尽见除，到净倮倮、赤洒洒处，豁然契证。”①“弃却从前学路、得失、窠臼，似向万仞悬崖撒手，拌舍性命，从他气息一点也无，如大死底人。”②克勤认为，参禅者只有具备这种心如死灰、波澜不惊的心态，才能悟见真如本性。而这种心态必须经过长期的参究才能达到“桶底子脱”的顿悟境界。

关于禅宗直觉与审美直觉的关系，克勤指出，学人对禅宗文字、公案、举止的领悟，是一种摒弃理性思维的直觉顿悟，这是一种独特的个体直觉领悟，与审美直觉有着相似相通之处。禅宗的直觉领悟需要在冥然虚静、玲珑透体的心境中，这与艺术思维中的“灵感”来源一致，灵感亦是在虚静的审美心境中产生，同样需要依靠个体的悟性。这即是说文学创作也要去除外在的杂念，形成虚空的审美心境，艺术家在顿悟后获得灵感，创造出优美的艺术形象。当然，禅宗的直觉顿悟与艺术的审美直觉是有区别的：禅宗顿悟后，心境一片空明；艺术家顿悟后获得灵感，形成审美意象。二者皆可因顿悟而形成审美心理活动。

第六节　“看话禅”与“默照禅”的美学思想

一、“看话禅”美学思想

（一）“看话禅”禅学思想概况

圆悟克勤的《碧岩录》着重于对公案进行研究，通过其研究，使得

①[宋]圆悟克勤著，明尧、明洁校注：《圆悟克勤禅法心要·示谐知浴》，金城出版社2017年版，第200页。

②[宋]圆悟克勤著，明尧、明洁校注：《圆悟克勤禅法心要·示达禅人》，金城出版社2017年版，第387页。

后人在理解公案时不再觉得晦涩难懂，但却有违禅之“不立文字，直指人心”的宗旨。为了纠正这一弊端，其弟子大慧宗杲创立了“看话禅”，对后世产生了深远的影响。

宗杲的禅学思想，主张自悟，主张道无处不在，参禅者应当在日常生活中参禅悟道。非常反对“把公案当作正面文章来理解、诠释，而主张提出公案中的某些语句，作为‘话头’（即题目）来进行内式者的参究，以此为入门，进而达到开悟的目的”①。宗杲“看话禅”实际上就是以问题、疑问为对象来进行参究，从中找寻自己的本心，见到自己的本来面目。他建立“看话禅”的目的就是要探求宇宙人生的奥秘与本质，特别是“生死大事”。

宗杲非常喜欢对人生意义与价值进行探讨，并提出明确的原则与方法，强调在“无”字上直观、内省。他认为宇宙的本质是无，当然，他指出“无”不是有无之无，而是真无的无。“这个无，既不是思想，也不是概念，更不是抽象的玄理，这是成为真实自己的生命，是活生生地存在的事实。”②这个“无”不是依靠抽象思维进行逻辑推理而来的，而是依靠生命体验与探究而来。

在“看话禅”中，宗杲还非常强调意志与信仰的作用，只有具备坚定的意志与信仰才能在参禅悟道中获得“大休歇大解脱境界”。当然，这种“决定志”与“决定信”是在实践过程中产生的，一旦形成之后，就会以巨大的意志力来控制自己参禅悟道，使参禅悟道更为自觉，更能持之以恒。“从上诸佛诸祖，真实为人处，先教立决定志。……无决定之志，则无决定信矣。……‘信能增长智功德，信能必到如

①皮朝纲：《禅宗美学史稿》，电子科技大学出版社 1994 年版，第 199 页。

②［日］日种让山：《禅学讲话》，释芝峰译，河北佛协《禅》编辑部 1992 年版，第 77 页。

来地。'"①

（二）"看话禅"的审美原则与方法

对于如何参究体悟，宗杲有着自己具体的原则与方法：

首先，他提出"疑"的观点，指出只有对人生怀有疑问，才有可能参究，只有通过参究，才能开悟，通过不断的参究与否定疑情，才能彻底开悟，见到自己的本心。他指出：

> "千疑万疑，只是一疑。话头上疑破，则千疑万疑一时破；话头不破，则且就上面与之厮崖。"若弃了话头，却去别文字上起疑，经教上起疑，古人公案上起疑，日用尘劳中起疑，皆是邪魔眷属。②

"禅所说的大疑团，即是要注其全力准向自己存在的根本源头颠覆过去而逼拶出来的疑团；所谓大死一番者，可说是大疑团的极尖端处绝对否定。"③宗杲强调禅宗学人只有在不断怀疑，然后不断打破疑团的过程中，才能悟得禅宗真谛。这种悟道之方法，鼓励学人大胆怀疑，打破了经典的权威性，为普通大众修行提供了基础。

其次，宗杲强调在参禅悟道时要全身心地投入，在修行中反复强调"提撕""举觉"④。反对于参禅悟道中采取注解、理性分析的做法，

---

①潘桂明释译：《大慧普觉禅师语录》卷二十二《示妙智居士（方敷文务德）》，东方出版社 2018 年版，第 218 页。

②潘桂明释译：《大慧普觉禅师语录》卷二十八《答吕舍人（居仁）》，东方出版社 2018 年版，第 290 页。

③［日］日种让山：《禅学讲话》，释芝峰译，河北佛协《禅》编辑部 1992 年版，第 164 页。

④潘桂明释译：《大慧普觉禅师语录》卷二十一《示吕机宜（舜元）》，东方出版社 2018 年版，第 213 页。

认为这种理性思维不但对参禅悟道无益，还会引起不必要的纷争。因此，宗杲要求修行者“时时提撕，时时举觉”，排除一切有关理性的知识与分析，采取直觉顿悟的思维方法，获得开悟，感觉一切都是非常平常与自在。在参悟过程中，会出现一种恰“如大死人相似，百不知、百不会”①的心理状态，这时参禅者必须继续努力，打破大死一番的“无始无明”状态，才可能最终开悟，见到自己的本来面目。

总之，宗杲以九个“不用”、八个“不得”来阐述其禅学观：

> 看时不用博量，不用注解，不用要得分晓，不用向开口处承当，不用向举起处作道理，不用堕在空寂处，不用将心等悟，不用向宗师说处领略，不用掉在无事甲里。但行住坐卧，时时提撕。②

可见，“看话禅”这种采取直觉内省式的方式进行体验修行，把审美意志作为其内在动力，疑情作为前提条件，以提撕、举觉作为深入体悟的心理准备，在般若体验过程中主张先大死后复苏的过程，都对禅宗美学进行了增补。

（三）“道由心悟”的重新提出

“道由心悟”自慧能提出之后，一直被视为禅宗美学思想的主心骨。至宗杲所处时代，文字禅出现了泛滥，为了纠正这一弊端，回归禅宗“不立文字，直指人心”的顿悟思维阶段，宗杲重新倡导南宗禅“道由心悟”的主张。

---

①潘桂明释译：《大慧普觉禅师语录》卷十三《普说》，东方出版社 2018 年版，第 107 页。

②潘桂明释译：《大慧普觉禅师语录》卷二十一《示吕机宜（舜元）》，东方出版社 2018 年版，第 213 页。

宗杲指出，般若体验在本质上是个体的，只有依靠自己本人才能证悟。好比“如人饮水，冷暖自知”，只有自己亲身体验，才能真正明白开悟后的喜悦。即使思维再敏捷之人，也无法通过逻辑思维来获得开悟，除非自身经历，否则永远达不到开悟之境界。与此同时，宗杲强调，禅悟既无法相互传授，亦没有办法用言语交流，是一种“只可意会不可言传”的境界；禅悟依靠自证，外来可传之法，皆是邪法。这就好比学习游泳，尽管理论知识如何如何丰富，但如果一直不下水，是永远无法学会游泳的。

可见，禅体验只有自己亲身体验才能明白，他人既不能传授，更无法替代，是自我领悟到一种生命感受。在宗杲看来，专心致志地参究话头，终有开悟之时，但何时开悟却是无法预期，亦无须等待。“莫怕落空；亦莫思前算后，几时得悟。若存此心，便落邪道。”①

宗杲所倡“妙悟”之说，对中国古典美学产生了重要的影响。他极力反对与指责曹洞宗僧人正觉禅师的“默照禅”为“邪禅”，因为“如此等辈，不求妙悟，以悟为落在第二头，以悟为诳呼人，以悟为建立。自既不曾悟，亦不信有悟底”②。宋代美学家与文论家严羽于《沧浪诗话》中极力提倡“妙悟”说：“大抵禅道惟在妙悟，诗道亦在妙悟。且孟襄阳学力下韩退之远甚，而其诗独在退之之上者，一味妙悟而已。惟悟乃为当行，乃为本色。”③严羽常自比宗杲，其著作无疑受到了宗杲“妙悟”说的影响。

---

①潘桂明释译：《大慧普觉禅师语录》卷二十八《答吕舍人（居仁）》，东方出版社2018年版，第295页。

②潘桂明释译：《大慧普觉禅师语录》卷三十《答张舍人状元（安国）》，东方出版社2018年版，第317页。

③严羽著，郭绍虞校释：《沧浪诗话校释》，人民文学出版社，第12页。

二、“默照禅”美学思想

（一）“默照禅”的禅学思想

两宋时期，“默照禅”以注重坐禅为主而闻名，其创始人为宏智正觉，他倡导的“默照禅”以静坐默究为手段，在静坐默究中体悟人生。宏智正觉要求不要迷恋语言文字，而主张在静坐中自悟本心。在他看来，人人皆有成佛之本性，只是由于后天的恶习而使人心与佛祖阻隔，因此，只要“静坐默究”①，就能与佛祖平等一如。宏智正觉的“默照禅”诸多方面体现了石头宗——曹洞宗禅学思想的影响，如“普遍无情”“明暗交参”“偏正回互”“理事圆融”“物我同体”等思想。

宏智正觉“默照禅”的主要内容于他的《默照铭》和《坐禅箴》里阐述得很清楚。在宏智正觉看来，参禅修行的途径是抛开语言文字静坐默究，以直达生命之本源；指出了坐禅与开悟之间的联系是通过坐禅默照，就能成祖成佛，同时，“默”与“照”是相互依存的，不可分割的，只有“默照理圆”，才能如“莲开梦觉”，从黑暗王国进入光明世界。总之，“默照禅”主要说明：“应以清净之心，默照内观，彻见法源，无纤毫障碍，廓然亡象，如澄净的秋潭水，如静夜的明月光，澄净孤明，自在无双。”②

宏智正觉于《坐禅箴》中指出，坐禅是开悟的唯一手段，通过坐禅可以达到消灭物我、主客之间的差别，领悟人生之真谛。可以说，正觉的“默照禅”为南宗禅内部的坐禅悟道方式提供了理论依据。

（二）“默照禅”的美学意蕴

“默照禅”的美学意蕴主要体现在审美体验的探讨方面，在正觉看来，只有静坐默默究才能摒除外界干扰，获得内心的宁静，从而达

---

①杜寒风释译：《天童正觉禅师语录》卷六，东方出版社 2018 年版，第 363 页。

②正果：《禅宗大意》，中国佛教协会 1990 年版，第 107 页。

到成佛的目的。“真实做处，唯静坐默究，深有所诣。外不被因缘流传，其心虚则容，其照妙则准；内无攀缘之思，廓然独存而不昏，灵然绝待而自得。得处不属情，须豁荡了无依倚，卓卓自神始得。不随垢相，个处歇得。净净而明，明而通，便能顺应，还来对事，事事无碍。”①可见，静坐默究在正觉那里是十分重要的，可以“外不被因缘流传”，“内无攀缘之思”，排除一切外在干扰，进入澄明之境。于是正觉要求在静默中治心、磨心，认为只有这样，才能进入审美心境。在此基础上，他提出了“默游”说：“学佛究宗家之妙，须清心、潜神、默游、内观。彻见法源，无芥蒂纤毫作障碍。廓然亡像，如水涵秋；皎然莹明，如月夺夜。”②“默游”指的是于静坐中产生的一种直观的想象活动，正觉多次使用“默游”一词，指出只有通过“默游”才能达到“内观”，进入审美境界。另外，正觉还使用了“独游”“神游”“禅游”“道游”“智游”等词。正觉在使用“游”这一概念时，受到了庄子“坐忘”与“游心”说的影响。

因为人类是离不开想象的，人类的生活可以分为三个部分：过去、现在和未来，过去是回忆，现在是目前，未来则只有通过想象才能形成。在正觉的“默照禅”那里，“默游”就是在静默中的想象，是形成人类未来不可缺少的阶段，亦是探讨人生的必经阶段。只有通过这个阶段，才能进入般若体验即审美体验之中。

正觉“默照禅”默坐的目的是为了“照”，“照”才是审美体验的目的与结果，只有通过自身的自我观照，才能探究生命的本源，获得独特的审美体验。同时，正觉指出：“在南禅那里，般若观照并没有观与被观之别，它是超越主客二分的一种智慧洞察，是将能所消融于自心

①杜寒风释译：《天童正觉禅师语录》卷六，东方出版社 2018 年版，第 363 页。
②杜寒风释译：《天童正觉禅师语录》卷六，东方出版社 2018 年版，第 382 页。

(自性)的一种审美体悟。"①

总之,在正觉看来,"默"与"照"、"默游"与"内观"是紧密联系在一起的,参禅者既要求静坐默究,又要求般若直观。静默的目的是保持内心的宁静与流畅,以便内观。不少创作证明,只有"默游内观"才能唤起作家的创作灵感。"学禅见性本,学诗事之余。二者若异致,其归岂殊途。方其空洞间,寂默一念无。感物赋万象,如镜悬太虚。不将亦不迎,其应常如如。向非悟本性,未免声律拘。"②此乃于沉思中获得灵感的生动描绘。可以说,正觉的"默照禅"与宗杲的"看话禅"一样对宋代及以后的文学创作产生了较大的影响。

第七节 禅宗美学的总体特征

以上从纵向具体阐述了禅宗"五家七宗"的美学思想,这些禅宗流派既相互独立,同时相互影响,共同形成了禅宗美学的发展历程。事实上,就整个禅宗体系内部而言,禅宗的心性论、思维论与修行观都蕴含着极为丰富的美学思想。可以说,整个禅宗思想就是一部活泼泼的生命美学思想。

一、心性本体论

心性本体论决定了禅宗及其美学之根本。心性论是禅宗成佛理论的基础,是禅宗思想的核心,也是了解禅宗思想实质和禅修实践的切入点。心性论是慧能的思想核心、理论基础,也是慧能心目中的宇宙实体、世界本原。有关慧能的心性之说存在诸多说法,比如佛性、

①皮朝纲:《禅宗美学史稿》,电子科技大学出版社1994年版,第225页。

②[宋]史浩撰,俞信芳点校:《史浩集·鄮峰真隐漫录》卷一《古诗·赠天童英书记》,浙江古籍出版社2016年版,第13页。

法性、自性、本心、本性等等，事实上都是一个意思，在佛教指的是至高无上的精神本体，慧能却看作是一切万法之根源。

禅宗美学以心体作为本体范畴，强调“即心即佛”。正如《坛经》所言：“故知一切万法，尽在自身中，何不从于自心顿现真如本性。”① 正是由于强调以“心”为本体，从而使得向外求佛转为向内心体悟，这种对内心的体悟极大地强调了主体精神上的自由，强调禅宗美学对人终极价值的关怀，从而使得禅宗美学极富人文关怀精神，追求人生的绝对自由。

二、禅悟思维论

禅宗的思维方式以“悟”为主，由于禅宗的认识论主张“不立文字，教外别传，直指人心”，这意味着认识禅宗不能依靠逻辑思维，只能依靠主体亲身体悟。中国的佛教禅宗不同于国外宗教的传播，由于中国古代教育主要集中在上流社会，并且以私塾为主，可以说能够成为读书人或者知识分子的都是家中颇有资产或有社会地位的贵族阶层。普通老百姓不仅无法接受教育，就连基本的生活都无法保障，“朱门酒肉臭，路有冻死骨”的现象时常存在。因此，外来的宗教想要在古代中国流行，就必须另辟蹊径，如果想通过经书来传播宗教知识，就只能止于士大夫之流，普通老百姓根本无法领会其意蕴。这也就是佛教与基督教虽然都是外来宗教，但佛教教徒远超于基督教教徒的原因。因为基督教《圣经》，不是普通老百姓能够理解的，就是一般的知识分子都需要有专人讲解。因此，基督教在古代中国的流传范围比较狭窄，基本上是一般的士族阶层。而佛教则不一样，由于其传教不拘泥于文字，采取的是“不立文字，以心传心”的方式，这对于当时普通的劳苦大众非常适用。能否成佛就看修行者是否具备顿悟

①［唐］慧能著，郭朋校释：《坛经校释》，中华书局2012年版，第71页。

之心，就连南宗禅的创始人慧能本人都是目不识丁，其领悟禅法完全依赖顿悟。

禅宗的修行就是希望能够悟道，悟道之前，由于修行者被无明所蔽，受各种欲望的驱使，因而是不自由的，这是一种非本真的、非诗意的栖居。开悟之后，修行者才能获得自由的生命状态，获得审美体验。此时修行者犹如醍醐灌顶，以前不解之处，此时豁然开朗，不再纠结前尘往事，不再执着于世俗名利与欲望，心中一片澄明。

禅悟即是通过“顿悟”的方式达到对心的直观感悟，这从禅宗著名的“世尊拈花，迦叶微笑”可见一斑。世尊之“拈花示众”不言一语，全凭众教徒自己感悟，这是用逻辑的方式无法说明的。因为在当时的情况，展示给众人的只是一幅“世尊拈花”的形象图，众人无法进行逻辑推理与分析，亦不容许人们冥思苦想，只能依赖平时的经验进行直觉体悟。审美体验即直觉体悟，在审美体验过程中，主体同样无法用知性进行分析，而只能依靠主体内心的体验，对审美对象进行含蓄、模糊的把握，从中获得审美快感。

总之，审美活动“尽在不言中”，真正的美感是万象融入心中，人与自然融为一体，这种情形只有亲身体验者才能感受这一切，外人是无法理解的。这种情形在文学作品中随处可见，禅悟具备非逻辑性、整体性等特征，这与审美直观是相通的。历代许多文学作品都是以禅入诗之作，其审美特征亦与禅悟无差别。

三、随缘修行论

佛教禅宗与其他宗教不同之处在于并未设置一个完美无缺的外在本体，而是强调佛在心中，并且对每个人而言，佛性平等。圣人之心本体自完满，故为人处世随性而为，自当得体。常人则为世间欲望所迷，心本体受到遮蔽，必须通过修行才能达到“明心见性”，恢复心本体之明净，故六祖再三强调：“不修即凡，一念修行，自身等佛。”同时禅宗之修行强调出世而不离世。于是禅宗就把以往对宗教的顶礼膜拜转换为现实中的心内修行，主张于担柴运水、饥餐困眠的日常生活中修行，提出“平常心是道”的观点，从而彻底将佛教世俗化、生活化了。正如马祖道一说：“若欲直会其道，平常心是道。……只如今行住坐卧，应机接物，尽是道。”①

禅宗修行要求随缘任运，不执着，做任何事情不要带功利目的。在禅中，万物各安其位，人的自性与外在现象合而为一，此时人与万物和谐相处。人在自然界本真、诗意地栖居，自然界的万事万物毫无保留地展现在人们眼前。这是一种诗意的境界、审美的境界，审美主体“随心所欲而不逾矩”，虽然生存环境没有产生变化，但心境却是超越平和的。在禅宗开悟者眼中，自心即佛，不必像其他宗教徒一样顶礼膜拜，谦卑恭敬地活着，把未来与希望寄托于遥不可及之彼岸世间，而是在现实中，从自心中进行修行。禅宗从人的内心出发寻找解脱，指出一切欲望与烦恼皆因心起，故要求修行者起般若观照，以达“明心见性”之目的。可见，禅是一种自由之人生，它与生命、生活融为一体，极大地拓展了个体的审美体验，在这种体验中，个体生死问题与烦恼都不存在，人凭借自身智慧消灭了烦恼，突破了生命之界限，从而实现了真正的自由，达到了至美之境。

①[宋]道原撰，尚之煜点校：《景德传灯录》卷第二十八《江西大寂道一禅师语》，中华书局2022年版，第1136页。

第四章　心学美学对禅宗美学思想的融摄

阳明心学美学与禅宗美学都注重个体的体验与感受,二者都是一种具有诗性智慧和强烈精神性特征的美学思想。阳明哲学强调生命的体验,主张“知行合一”,他的美学思想同样提倡真性情真体验。关于人生问题,禅宗思想蕴含着丰富的生命美学、人生美学意蕴。二者都表现为缘机体认、直觉顿悟的“体验美学”。禅宗美学思想对整个中国古代美学思想产生了重大的影响。禅悟与传统的艺术思维存在诸多相通之处;禅境与意境都属于境外之境、象外之象,都具备韵味无穷的审美特质;禅机与诗法于许多方面如出一辙。阳明心学美学作为中国古典美学思想之一,毫无疑问受到了禅宗美学思想的影响。王阳明对禅学思想的偏爱,同样表现于美学思想方面对禅宗美学思想的融摄。王阳明对禅宗美学的性空论思想、顿悟的思维方法、不执着的修行论等都进行了吸收与改造。也正因为阳明心学美学对禅宗美学思想的借鉴,二者的美学思想存在诸多相同或相似之处。

第一节　审美本体的同一性:心性本体论

阳明心学美学与禅宗美学都是以“心”为本体,都提出了“心性论”的观点,是典型的主体性美学,强调的是主体内心的自由。对客观的外在事物以是否与主体内心相符为主,认为只有适合主体生命自由的客体才能成为审美的对象,审美就是审美主体情感的投注,一切事物都以进入主体世界为准,美与不美都以是否适合主体之"乐"为主。

一、儒道二家之心性论思想

心性问题与天人合一问题是中国哲学研究的主要问题,心性问题最早源于先秦时期,其前提条件是以人作为中心,是对人的存在与价值问题的探讨。蒙培元先生认为中国的心性学说有四个特点:一、与神本主义相对立的人本思想,以人为中心,确立人的存在有根本任务。二、与认知理性相对立的实践理性,表现为直觉、体验等存在认知以及对感性的超越与压抑。三、突出'心'的能动作用,强调自我实现与自我超越。四、实现人和自然界的和谐统一目的的整体思想,最高理想是'天人合一'的精神境界①。

中国哲学对于心性问题的研究一直没有间断,儒释道三家对心性论有着不同的诠释。儒学的心性论思想始于孔子,心、性作为概念就是孔子提出的,如对于性的探讨就始于《论语·阳货》中"性相近,习相远"。关于心的理解,在孔子当时还没有上升至哲学的概念,主要指的是人之情感与意志的活动,如"七十而从心所欲,不逾矩"(《论语·为政》),"其心三月不违仁"(《论语·雍也》)等。之后,在《性自命出》中,比较深入地探讨了心、性问题②:

> 凡人虽有性,心无定志,待物而后作,待兑而后行,待习而后定。喜怒哀悲之气,性也。及其见于外,则物取之也。性自命

①蒙培元:《中国心性论》,台湾学生书局1990年版,第2页。

②荆门市博物馆编:《郭店楚墓竹简·性自命出》,文物出版社2002年版,第68—71页。

出，命自天降。（《郭店楚墓竹简·性自命出1—3》）

道始于情，情生于性。……善不善，性也。所善所不善，势也。（《郭店楚墓竹简·性自命出4—5》）

仁，性之方也，性或生之。（《郭店楚墓竹简·性自命出39》）

未言而民信，有美情者也。未教而民恒，性善者也。未赏而民劝，贪福者也。未刑而民畏，有心畏者也。贱而民贵之，有德者也。贫而民聚焉，有道者也。（《郭店楚墓竹简·性自命出51—53》）

可以说，《性自命出》自道德本身而言心性，这是儒家孔孟仁学之根本；同时也有自自然之生意言“自然本性”，这是道家之“道法自然”的基本表现。其后，心性论思想之后继续演变、分化与发展，先后形成儒家、佛家、道家各自不同的心性论思想。

（一）儒家心性论思想

“儒家心性论从人与自然的关系出发，研究人的本质、本性和自我价值，说明人的自然属性和道德属性的关系，人性论构成心性之学的理论基础。”①儒家思想中的“心性”思想主要探讨人如何成为“圣人”，主张“修身养性”。儒家心性论思想有性善与性恶两种，前者如孟子所言：“尽其心者，知其性也，知其性，则知天矣。存其心，养其性，所以事天也。夭寿不贰，修身以俟之，所以立命也。”（《孟子·尽心上》）在这里，孟子主张人性本是向善的，无须后天的改变，只要存心养性即可，这里的“心”与“性”是同一的，指的是先天性的本质。荀子则认为人生来就有趋利避害、饥而欲饱、寒而欲暖的本性，需要用后天的礼仪制度来规范，从而提出“化性起伪”的观点。

①韩强：《儒家心性论》，经济科学出版社1998年版，第210页。

1. 孟子的心性论

儒家的心性论思想最早见于孔子，其后孟子提出了“性本善”的观点，他的心性论思想体现于以善论性，是对孔子仁学思想的继承与发展，也是对前人“善”与“不善”理论观点的总结与超越：

> 公都子曰：“告子曰：‘性无善无不善也。’或曰：‘性可以为善，可以为不善；是故文武兴，则民好善；幽厉兴，则民好暴。’或曰：‘有性善，有性不善；是故以尧为君而有象，以瞽瞍为父而有舜；以纣为兄之子且以为君，而有微子启、王子比干。’今曰‘性善’，然则被皆非与？”（《孟子·告子上》）

从中可以看出，在当时关于人性善恶的观点是众说纷纭的，孟子并不是一味地否定他人的观点，而是从内在的道德本心来讨论人性，以善来论人性，修正了以前的人性论观点。在其与公子都的对话中，全面阐述了性善的观点：

> 孟子曰：“乃若其情，……恻隐之心，人皆有之；羞恶之心，人皆有之；恭敬之心，人皆有之；是非之心，人皆有之。恻隐之心，仁也；羞恶之心，义也；恭敬之心，礼也；是非之心，智也。仁义礼智，非由外铄我也，我固有之也，弗思耳矣。”（《孟子·告子上》）

孟子从道德的角度来阐述性善问题，突出了人的道德主体地位，指出人人皆有善性，只是有的没有表现出来而已。孟子由心善而论性本善，由人之不为善而论本心之善的不显，通过存心养性方能尽心知天，最终完成即心言善的心性论的性命合一。就孟子而言，外在的环境与遭遇并不一定带来人之为善、人之为恶的结果，只是人的本心被外在的物欲所牵引，遮蔽了原本善良之心，所以要修心养性。

2. 荀子的心性论

如果说孟子认为人的价值是从内在道德上体现，从而提出人性善的观点，继承了孔子“仁”的传统，那么荀子则是从儒家礼仪出发，提出了“天人相分”“化性起伪”之心性理论。

荀子认为人世间之一切，与自然之天没有什么关系，自然之天遵循自身的规律而运行，世间的吉凶祸福乃是人为之结果，是“基于人与人之间关系上的社会分工论”。于是，从价值意义上来说，荀子提出了与孟子不同的心性论思想：“唯圣人不求知天”而“自守其道”的儒家天人相分的心性论，进而提出性恶论。在荀子看来，人性是生而有之，但并不是生而即善的，人的善良是后天形成的。《荀子·性恶》言：“……不可学、不可事而在人者，谓之性；可学而能、可事而成之在人者，谓之伪。是性伪之分也。”于是，相对于孟子而言，荀子否定了孟子人性本善的观点，肯定后天社会规范与礼仪对人性的教化作用，即主张通过后天之“伪”来改变先天“恶”之本性，从而达到“化性起伪”的目的。

对于“心”的理解，荀子亦不同于孟子，孟子是“以仁识心”，而荀子是“以智识心”。荀子把心的能知看作是人的本性，心可以决定向善或者向恶，是人的社会行为的准则。荀子在《修身篇》言：“见善，修然必以自存也；见不善，愀然必以自自省也”，就是要求人能见善道而修，反思自己的不善之举，通过学习礼仪使得内在的情欲得以克制，从而达到向善的目的。

（二）道家自然本性的心性论

儒家主要有以道德为主体的心性论和以认知为主体的心性论，而道家既不以道德来论本心也不以认知来论本心，从形而上的“自然”的角度来探讨人的心性问题，形成了自己独特的以自然为本性的心性论。可见，道家的“心性”主要在于“保性”与“显性”，使人保持自然的本性，不为社会规则所束缚，从而返归人的原初状态。

老子认为人的本性是无欲无求的，与道同体，自然无为。道的失落是由于人心的欲求，要想重新进入道的怀抱，不必向外追求，只要通过主体的“致虚守静”，把人心从各种物欲中解救出来即可。

心性论问题在庄子那里得到了较为全面的发展，他在老子之“自然无为之道”的基础上提出了“性者，生之质也”的观点。庄子之性建立在万物生的基础之上，是万物自然生存与存在的根本。他把心分为世俗之心与清静无为之心两种，认为世俗之心是识心、嗜欲心、喜怒哀乐之心与道德心，这是对心的一种束缚。要想人性自然，就必须解除这种束缚，《庄子·齐物论》有曰：“夫随其成心而师之，谁独且无师乎？奚必知代而心自取者有之？愚者与有焉。未成乎心而有是非，是今日适越而昔至也。”在庄子看来，只有去掉“成心”，取消是非，才是认识道的开始。为了到达心性合一，庄子提出了“心斋”与“坐忘”两种方法，通过此两种方法来去掉是非善恶与功利之心，形成清静无为之心。

这是一种超越儒家伦理道德的心性，是一种自然之心性。因此，先秦道家以自然为本性的心性论虽然讲天人合一，但以天道为主，人道次之，主张自然无为，失了人的主体精神，就是丢失了人，结果只剩下自然。

二、禅宗美学的本体论

第一章对禅宗思想体系的核心内容心性论进行了阐述，指出禅宗心性论继承与发展了儒道两家的心性论思想，尤其是孟子与道家的自然无为思想。中国禅宗的心性论思想既有印度佛教心性思想的影响，更吸收了中国本土文化中儒道两家的思想而具备中国特色。此处着重从禅宗美学思想的角度阐述其本体论思想。

（一）禅宗审美本体之前身

有关禅宗的本体论，从以下达摩“考试公案”中可见一斑：

> 迄九年，已欲西返天竺，乃命门人曰："时将至矣，汝等盍各言所得乎？"时门人道副对曰："如我所见，不执文字，不离文字，而为道用。"师曰："汝得吾皮。"尼揔持曰："我今所解，如庆喜见阿閦佛国，一见更不再见。"师曰："汝得吾肉。"道育曰："四大本空，五阴非有，而我见处，无一法可得。"师曰："汝得吾骨。"最后，慧可礼拜后，依位而立。师曰："汝得吾髓。"①

这是达摩授法于慧可的对话情景，至慧可，已有"心是佛"的萌芽。僧璨曾问慧可："今见和尚，已知是僧，未审何名佛、法？"慧可答道："是心是佛，是心是法。法、佛无二，僧宝亦然。"②

自此之后，禅宗各种有关"心是佛"的观点以各种不同的表达形式体现出来，有"即心即佛""即佛即心""心即是佛"等。当然这种观点在达摩、慧可之前就已存在，梁朝时期的傅翕受到《楞严经》与《金刚经》的影响，在其《心王铭》中就已提出了"是心是佛，是佛是心"的观点。

《金刚经》与《楞伽经》对慧能有关禅宗美学的本体论产生了直接的影响，这从《坛经》中可见一斑。《楞伽经》确定了一个"自心见"的本体论，此经指出世间之本体乃如来藏心——如来藏心无相寂静境界叫真如，契悟内证真如的智慧叫正智或圣智。这三者本来是同一的，原不须分析为三，作为佛家所追求的最高境界是无分别的，只是为了便于说明才如此分。既然不能分，就只能是一心，这就隐伏着禅宗的所有本体性命题。

---

①[宋]道原撰，尚之煜点校：《景德传灯录》卷第三《第二十八祖菩提达磨》，中华书局2022年版，第89页。

②[宋]道原撰，尚之煜点校：《景德传灯录》卷第三《第二十九祖慧可大师》，中华书局2022年版，第93页。

《楞伽经》强调“修行内法，莫着外义”①，“我不依‘汝如是之说’，境界是无唯自心见。我说不觉‘唯是自心’。见诸外物‘以为有无’。是故智慧不见‘境界’；智不见者不行于心”②。这就强调佛法向心内求，不理会外在的一切，只是“自心见”，如果以外在的实相有无来衡量是否觉悟，就是不觉，是不能契合真如的智慧。这种“自心见”的观点正是禅宗本体论的基础。

此外，《楞伽经》强调如来藏为一心，同时，此经将佛三身（法身、报身、应身）与佛智统一在修行获取圣智的静坐禅法中。

《金刚经》对慧能影响亦深，慧能曾说：“若欲入甚深法界、入般若三昧者，直修般若波罗蜜行，但持《金刚般若波罗蜜经》一卷，即得见性，入般若三昧。……经中分明赞叹，不能具说。此是最上乘法，为大智上根人说。”③《金刚经》以诸多悖反命题表述了自性空的唯心主义本体论思想，慧能将《金刚经》中的思想融化为禅学的主要部分，他对《金刚经》做了如下阐释：“虚空能含日月星辰、大地山河，一切草木、恶人善人、恶法善法、天堂地狱，尽在空中。”“心量广大，犹如虚空，……世人性空，亦复如是。”④前者说空，指的是客观世界之虚妄不实，一切皆是因缘和合之结果，故世间万物皆为“空”；后者说心空，指的是“世人性本自净，万法在自性”⑤。于是慧能从中概括出禅宗美学的本体论思想：“故遇善知识开真法，吹却迷妄，内外明彻，于自

①［北魏］菩提留支译：《入楞伽经·请佛品》，《大正新修大藏经》第16卷，第516页。

②［北魏］菩提留支译：《入楞伽经·佛心品》，《大正新修大藏经》第16卷，第546页。

③［唐］慧能著，郭朋校释：《坛经校释》，中华书局2012年版，第66页。

④［唐］慧能著，郭朋校释：《坛经校释》，中华书局2012年版，第59页。

⑤［唐］慧能著，郭朋校释：《坛经校释》，中华书局2012年版，第47页。

性中，万法皆见。”①

（二）慧能之禅宗审美本体论

禅宗发展到慧能，其美学本体才真正完成。在他这里，彻底完成了将三身（清静法身、千百亿化身、圆满报身）、四智（大圆镜智、平等性智、妙观察智、成所作智）统归于一心之工作。慧能在回答僧人智通有关“三身四智”问题时，不仅将三身同一为一体，身智为一心，而且强调不受外界污染，即心即佛。在慧能看来，一切外在的刻意修行都是妄动，只有回归自心，才能“超然登佛地”。

1. 禅宗美学之“心”本体

慧能是中国禅宗的真正创始人，创立了以心性为本体的禅学体系，与神秀对禅法的主张渐修不同，慧能主张顿悟，主张“不立文字，教外别传”，形成了完整的心本体思想。

首先，在“心”的论述方面，慧能运用了“心”“自心”“本心”“自本心”“妄心”“真心”等。他所指之“心”，不是像朱熹的“天理”一样悬置于人心之外的世界本体，不是抽象的，而是具体的个人的主观意识，是具体之心，又名“自心”“本心”。慧能非常重视本心的重要性，说：“不识本心，学法无益，识心见性，即悟大意。”②“若识本心，即是解脱。”③

《坛经》对于心之分析，亦是从体用两个方面进行的，慧能指出，本心是体，现实之心是用，心于现实生活中，有善心与恶心，前者与本心一致，后者则与本心不同。“世人性本自净，万法在自性。思量一切恶事，即行于恶；思量一切善事，便修于善行。”④慧能要求世人清

①［唐］慧能著，郭朋校释：《坛经校释》，中华书局2012年版，第48页。

②［唐］慧能著，郭朋校释：《坛经校释》，中华书局2012年版，第18页。

③［唐］慧能著，郭朋校释：《坛经校释》，中华书局2012年版，第73页。

④［唐］慧能著，郭朋校释：《坛经校释》，中华书局2012年版，第47页。

净自心,以防被外界物欲感染。

在慧能这里,性与作为本体意义上之心一致,从个人的角度而言,慧能指出,作为人心之本质的性,称为自性,与之相关者,是人的本性,即人固有之德性。众生如能证见自我本性,即可成佛。从法的观点来看,万法之本性,称为法性。慧能指出,法性与佛性是一致的,佛性即是众生之本性、生命之本然。“善知识!各自观察,莫错用意。经中只即言自归依佛,不言归依他佛;自性不归,无所依处。”①这里,慧能把个体之心与宇宙之心合二为一了,指出悟道在于自心,佛性即是自性所作。“佛是自性作,莫向身求。自性迷,佛即众生;自性悟,众生即是佛。”②慧能肯定了自家本心即是清净之心,自家之性即是真如佛性,万法归于一心,这样就把宇宙精神与自我精神合二为一了,解决了现实性与超越性、个体性与整体性及相对性与绝对性的对立,佛我归一,达到了一种最高的精神境界。

有关自性的特征,慧能认为有清净与空寂两方面。《坛经》说:“自性常清净”③“自性不染著,名众中尊。”④但于现实生活中,自性常常会被妄性遮盖,正如乌云遮盖了太阳一样,事实上,太阳是一直存在的。关于空寂的特征,慧能说:“心量广大,犹如虚空,……世人性空,亦复如是。”⑤指的就是自性没有具体的规定性,有着超越时空的绝对性。

性、心是统摄与依存的关系,慧能以人体本身做比喻:“世人自色身是城,眼、耳、鼻、舌、身即是城门,外在五门,内有意门。心即是地,

①[唐]慧能著,郭朋校释:《坛经校释》,中华书局2012年版,第56页。
②[唐]慧能著,郭朋校释:《坛经校释》,中华书局2012年版,第82页。
③[唐]慧能著,郭朋校释:《坛经校释》,中华书局2012年版,第47页。
④[唐]慧能著,郭朋校释:《坛经校释》,中华书局2012年版,第56页。
⑤[唐]慧能著,郭朋校释:《坛经校释》,中华书局2012年版,第59页。

性即是王，性在王在，性去王无。性在，身心存；性去，身心坏。”①

慧能心性论的目的是强调众生即佛，众生在佛性面前是平等的，无东南西北之分，无高低贵贱之分。同时，慧能指出，佛性不是形而上之理论实体，而是存在于众生心中，这样，他把佛性与人性关联起来，把佛性论转化为了人性论，增强了佛教对众人的影响。

2. 顿悟之审美意蕴

于修行方面，慧能主张“不立文字，直指人心”的“顿悟”修行之法，认为只有“一闻言下大悟，顿见真如本性”②，才是真正的修行，反对一切烦琐仪式的渐修。慧能认为，既然人人皆有佛性，佛性就在自心之中，只是被凡尘遮蔽了，正如乌云遮蔽了太阳一样，要想成佛只需返归本心，即所谓“自识本心，自见本性”③，“法以心传心，当令自悟”④。慧能强调佛性即本性，众人无须向外求佛，只须寻求自身本心本性即可。这种返归本性的过程，无须打坐念经，亦不必讲求渐修，而是只要心之顿悟即可，“一念愚即般若绝，一念智即般若生”⑤。“菩提般若之知，世人本自有之，即缘心迷，不能自悟，……遇悟即成智。”⑥由于一切法皆由心生，所以只要觉悟到自己的本性，就算开悟，即所谓“不悟，即佛是众生；一念若悟，即众生是佛。故知一切万法，尽在自身中，何不从于自心顿现真如本性”⑦。至于为何存在佛与众生之差别，是在于悟与不悟，这种觉悟无法用逻辑思维来推理与分析，也无须用语言文字去表达，只能直觉顿悟。

---

①［唐］慧能著，郭朋校释：《坛经校释》，中华书局2012年版，第82页。
②［唐］慧能著，郭朋校释：《坛经校释》，中华书局2012年版，第73页。
③［唐］慧能著，郭朋校释：《坛经校释》，中华书局2012年版，第37页。
④［唐］慧能著，郭朋校释：《坛经校释》，中华书局2012年版，第22页。
⑤［唐］慧能著，郭朋校释：《坛经校释》，中华书局2012年版，第62页。
⑥［唐］慧能著，郭朋校释：《坛经校释》，中华书局2012年版，第28页。
⑦［唐］慧能著，郭朋校释：《坛经校释》，中华书局2012年版，第71页。

禅宗顿悟思维的提出，把佛教真正地从外在宗教完全转化为内在宗教，这种转化，彻底改变了以往宗教对神灵的崇拜，陶冶、培育和丰富人的精神世界和心灵境界。它可以让人看淡世间之名利得失，追求一种怡然自得的生活，融入大自然，从大自然中获得美感；禅宗还可以给人们以精神上的安慰，暂时忘却人生的苦难与心灵的创伤。

禅宗这种对主体内在精神的强调，并不是说必须离世修行，相反，禅宗顿悟的审美意蕴强调佛法在世间，修行不必远离尘世，只须在现实生活中对任何事情都做到顺其自然即可。唐长庆大安禅师曾曰："汝诸人总来就安，求觅什么？若欲作佛，汝自是佛。担佛傍家走，如渴鹿趁阳焰相似，何时得相应去！汝欲作佛，但无许多颠倒攀缘、妄想恶觉、垢净众生之心，便是初心正觉佛，更向何处别讨所以？安在沩山三十来年，吃沩山饭，屙沩山屎，不学沩山禅，只看一头水牯牛，若落路入草，便把鼻孔拽转来，才犯人苗稼，即鞭挞。"①这里一方面指出佛在众人心中，无须外求，另一方面要求修行者在现实生活中自我修行，文中的水牯牛好比修行者自身，只要在生活中顺其自然，不做作，就可达到明心见性的目的，即可成佛。因此，禅宗主张以知觉作用为性，主张"一切现成""平常心是道""任心成佛""触目是道""即事而真""无作无修""任其自然"。

总之，禅宗思想一方面保持了印度佛教禅修思想中的"心性"因素，另一方面吸收了中国儒道两家的心性论思想，形成了自身独特的心性论理论。禅宗美学从一开始就以"心性"作为本体，注重修行个体的自悟。它的心性本体论以"心性自在"和"心性本净"为主旨，是一种不假外求，回归本心、本性的理论，是一种体悟、亲证的理论。与儒道两家的心性论相比，禅宗更强调"心性"的重要性，因为"儒道两

①［宋］普济著，苏渊雷点校：《五灯会元》卷第四《长庆大安禅师》，中华书局1984年版，第191页。

家提出人的心理变化可以从所对应的外物得到解释,佛家则认为人的心理产生与外界的变化,心理是更为本源的东西,人心即便没有应对外物,也可能生起妄念和执着的烦恼"①。

三、心学美学心性本体论对禅宗心性本体论的借鉴

心性论同样是阳明心学美学的核心理论,也是其美学思想的本体论。这种心性本体论思想乃是从禅宗美学思想借鉴而来。王阳明在其论著中多次提道:"心外无物,心外无事,心外无理,心外无义,心外无善"②;"万事万物之理不外于吾心"③。提倡求理须从自己心上体认,不假外求始得,"物理不外乎吾心,外吾心而求物理,无物理矣"④。关于心与物的关系,王阳明指出:"心之所发便是意,意之本体便是知,意之所在便是物。如意在于事亲,即事亲便是一物;意在于事君,即事君便是一物;意在于仁民爱物,即仁民爱物便是一物;意在于视听言动,即视听言动便是一物。所以某说无心外之理,无心外之物。"⑤在王阳明看来,心是世间万物产生的根源。他将与心之发动的意相对应的任何事物都理解为物,从不脱离心来言物,强调一切事物只有进入人本心才有意义,对于那些没有进入人的视野之中,与人没有关联的事物是不存在美与不美的。因此,王阳明认为无心外之物,无心外之美。这从其"观花"这一著名的问答中即可看出,"先

①张节末:《禅宗美学》,北京大学出版社 2006 年版,第 68 页。

②[明]王守仁撰,吴光等编校:《王阳明全集》卷四《文录一·与王纯甫二》,上海古籍出版社 2011 年版,第 175 页。

③[明]王守仁撰,吴光等编校:《王阳明全集》卷一《语录二·传习录中》,上海古籍出版社 2011 年版,第 52 页。

④[明]王守仁撰,吴光等编校:《王阳明全集》卷一《语录二·传习录中》,上海古籍出版社 2011 年版,第 48 页。

⑤[明]王守仁撰,吴光等编校:《王阳明全集》卷一《语录一·传习录上》,上海古籍出版社 2011 年版,第 6—7 页。

生游南镇,一友指岩中花树问曰:‘天下无心外之物,如此花树,在深山中自开自落,于我心亦何相关?’先生曰:你未看此花时,此花与汝心同归于寂。你来看此花时,则此花颜色一时明白起来。便知此花不在你的心外。”①于此,王阳明先生指出审美体验是心与物发生关系时才有,对于未能进入主体的自在之物,阳明先生不予考虑。这也即是王阳明心本体的意义世界。

王阳明的这种心性本体论观点与禅宗的心性本体论是一致的。事实上,阳明心学美学的心性论就是对禅宗美学思想心性本体论的借鉴与吸收。禅门大师视心为天地万物之根本,并以此为逻辑起点来建立自己的理论体系。王阳明提出“性一”的观点克服了朱熹的心性二元论。他说:“性一而已:自其形体也谓之天,主宰也谓之帝,流行也谓之命,赋予人也谓之性,主于身也谓之心。心之发也,遇父便谓之孝,遇君便谓之忠,自此以往,名至于无穷,只一性而已。”②这里王阳明把天命与人性、天理与人心融为一体,并强调了心之根本,他说:“人者,天地万物之心也;心者,天地万物之主也。心即天,言心则天地万物皆举之矣,而又亲切简易。”③于是,王阳明就形成了以心为主的主客一体、天人合一,从而建立以“良知”为本体的心学体系。

心学美学之“心外无物,心外无理”就是借鉴了禅宗思想中洪州宗的创建者马祖道一的“万法皆从心生,心为万法之根本”④。同样

①[明]王守仁撰,吴光等编校:《王阳明全集》卷三《语录三·传习录下》,上海古籍出版社2011年版,第122页。

②[明]王守仁撰,吴光等编校:《王阳明全集》卷一《语录一·传习录上》,上海古籍出版社2011年版,第17—18页。

③[明]王守仁撰,吴光等编校:《王阳明全集》卷六《文录三·答季明德》,上海古籍出版社2011年版,第238页。

④[宋]道原撰,尚之煜点校:《景德传灯录》卷第二十八《江西大寂道一禅师语》,中华书局2022年版,第1136页。

以心作为本体的论述，在禅宗美学思想中比比皆是。四祖道信曰："夫百千法门，同归方寸，河沙妙德，总在心源。一切戒门、定门、慧门，神通变化，悉自具足，不离汝心。"①

具体而言，王阳明的心性本体论思想主要借鉴与吸收了禅宗灵知说的体用一源论。

荷泽宗心性思想的核心范畴是灵知，指的是众生之本性，其内涵主要包含空寂之知与无住之知。宗密就寂和知的关系指出：寂是知寂，知是寂知。寂是知之体，知是寂之用。宗密于此突出了体用一源的思想：以寂为体、知为用，寂知沟通体用之关系，强调了主体之智慧。针对无住之知，《金刚经》有云："应如是生清净心。不[应]住色生心。不应住声香味触法生心。应无所住而生其心。"②神会加以阐释说："应无所住，本寂之体；而生其心，本智之用。"③又说："无住体上，自有本智，以本智能知。常令本智而生其心。"④神会强调无住乃本寂之体，本寂之体具备本智，本智产生作用生清净之心。这也即是认为无住之体能起知的作用，"湛然常寂，应用无方。用而常空，空而常用"⑤。这种体用一源的思想指出了无住之知之体是空寂的，其用是直觉的，超越逻辑与理性的自我体证。

总之，荷泽宗之灵知具备空寂、自然与无住等方面的特性，是对

---

①[宋]普济著，苏渊雷点校：《五灯会元》卷第二《牛头山法融禅师》，中华书局1984年版，第60页。

②《荷泽神会禅师语录》，石峻等编：《中国佛教思想资料选编》第2卷第4册，中华书局1983年版，第85页。

③《荷泽神会禅师语录》，石峻等编：《中国佛教思想资料选编》第2卷第4册，中华书局1983年版，第107页。

④《荷泽神会禅师语录》，石峻等编：《中国佛教思想资料选编》第2卷第4册，中华书局1983年版，第85页。

⑤《顿悟无生般若颂》，石峻等编：《中国佛教思想资料选编》第2卷第4册，中华书局1983年版，第117页。

本心最原始状态的觉知，这种觉知被认为是对人心的初相、人生的实相、生命的真相的觉悟，这种觉悟被认为是成佛的根据和成佛的标志。

王阳明的良知本体就是对禅宗荷泽宗之灵知心体的借鉴与吸收。良知本体具备知是知非的善恶判断能力，它本是聪明睿智的，是人的至善之性，同时是这种善性之知在众人中的落实与体现。良知是心之本体与其发用的统一，是体用一源的，这与荷泽宗的灵知一样是即体即用的，良知即是“致良知”，心外亦无理。心体如不受外界干扰，其发用皆是天理；人心如受外界物欲影响，就须致良知，通过致良知，人心得以净化，而生清净心，这与灵知之用亦是一致的。对于良知本体之体用一源的观点，陈来教授对此有一段评说：“‘良知’具有比‘本心’更接近意识活动的性格，也更加强调道德主体作为活动原则的一面。……良知即天理，是强调良知作为立法原则的一面，良知为天理之昭明灵觉，是强调良知作为践履原则的一面，两者虽是体用的关系，但却是即体即用、即用即体的。”①

另外，关于人之本性善恶问题，王阳明吸收了慧能有关善恶都是人的本性的观点。王阳明在晚年提出“无善无恶心之体”，在他看来，善恶都是良知本体的发用，本体之心是无善无恶的，这与他的“性一”观点是分不开的。他说：“性一而已，仁、义、礼、智，性之性也；聪、明、睿、知，性之质也；喜、怒、哀、乐，性之情也；私欲、客气，性之蔽也。质有清浊，故情有过不及，而蔽有浅深也。私欲、客气，一病两痛，非二物也。”②王阳明的这种将至善之性作为道德本体之“一性”的观点，

①陈来：《有无之境——王阳明哲学的精神》，生活·读书·新知三联书店 2009 年版，第 211—212 页。

②[明]王守仁撰，吴光等编校：《王阳明全集》卷二《语录二·传习录中》，上海古籍出版社 2011 年版，第 77 页。

吸收并克服了朱熹将天理与人性所做的形上与形下的二重划分，从而结束了朱熹的体用二元思想。

总之，心学美学与禅宗美学都以心性论为本体，这种心性本体具有无限的包容性、超越有无是非等二元世界的无分别性、不生不灭的永恒不变性。当然，心学美学之“心”与禅宗美学思想之“心”于内涵方面是存在根本区别的。王阳明先生所言之“心”“含义较广，指知觉、思维、情感、意向等等”①之混合，被提升到了超越现象界的先验高度，其“心”即是本体，亦是发用，二者相辅相成。禅宗思想之“心”在作为本体论时指的是抽象的“人性”或者“心性”，针对个体而言，指的是现实的具体的人的当下之心，是未被污染的清净的“本心”，亦即活泼泼的生命流程。

第二节　审美体验的相似性

审美体验以生命体验为基础，但生命体验并不都是审美体验，只有以追求自由与超越为主并带给主体情感愉悦的体验才是审美体验。因此，审美体验的本质在于超越，它具备情感性、整体性、直觉性、创造性等特征。心学美学与禅宗美学都是在生命体验基础上形成的哲学与美学思想，二者在审美体验的方式与结果方面存在诸多一致性。

一、审美体验的实质

有关于体验的内涵，主要是指主体亲身的体证，包括主体的思想、情绪、想象与联想等，在古代，中西方都有对体验的不同理解。如

①杨国荣：《心学之思——王阳明哲学的阐释》，中国人民大学出版社 2009 年版，第 54 页。

柏拉图的“迷狂说”就是主体的一种体验，柏拉图认为，优美的艺术不是作者依靠技巧模仿出来的，而是主体进入迷狂的一种写作状态，在这种状态下写作，犹如神助。狄尔泰认为体验是主体认识的前提与基础，在文学作品方面，他认为读者要想很好地理解其内涵，就必须对作者尽可能多地了解，这样才能知道作者的写作意图，能更好地参与体验。狄尔泰的体验主要指生命的体验，这种体验以我们自身对客观世界的理解为前提，理解越多，体验越深刻①。

现象学大师胡塞尔认为体验是带有持续性的，它构成一个时间流，他从体验的“时间性”对体验的持续性作了说明。与此同时，胡塞尔认为体验有着“意向性”的特征，正是由于主体的体验具备此特征，从而使得人认识有着目的性，这样人类才能有目的的认识世界与改造世界，不至于盲目行动。海德格尔特别强调体验的重要性，在他看来，体验是人存在于世的根本条件，人生存在现实社会之中，就是依靠体验来感觉到自己的存在与价值。伽达默尔对体验的理解跟前人一样，认为体验是主体亲自参与的事情，强调了体验的直接性与意义。他认为体验有两个特征：一方面，体验是直接性的，即体验在一切解释之前发生，人的一切都是以体验为主；另一方面，体验不是经过推理与思维获得的结果，而是从直接性中获得②。

在国内，中国古典美学与文学都特别重视体验，古人喜欢以“悟”的方式来把握外在的客观事物。如《周易 · 系辞下》有云“古者包牺氏之王天下也，仰则观象于天，俯则观法于地；观鸟兽之文与天地之宜。”这是最早的关于以直观体验的方式来把握“道”的记载。中国

①[德]狄尔泰：《历史中的意义》，艾彦、逸飞译，中国城市出版社 2002 年版，第 9—10 页。

②[德]伽达默尔：《真理与方法》（修订译本），洪汉鼎译，商务印书馆 2010 年版，第 92 页。

古代儒释道三家都特别注重个体的体验,古典文学中的兴会与灵感本身就是一种体验。在我国当代学界,对体验进行阐述者众多,比如童庆炳、李咏吟及王元骧等,他们大多数强调体验情感的强烈性、生动性,指出情感主要是对人的生命价值的感性理解。这种情感是发生于个体内在心理层面的自由感触。

审美体验已成为学术界研究的核心问题,美学已经不再局限于具体事物之美,而开始注重审美主体的心理活动,即审美主体为何感觉对象是美的。这就涉及主体审美体验时的心理内涵,这种审美体验时个体的具体感受,属于审美深层心理学方面的内容,目前已有学者进行了相关研究。国内有关审美体验内涵的界定主要是把审美体验当作是一种特殊的人生体验方式。比如王岳川认为审美体验是人在现实的各种烦恼中所获得的暂时的超越与自由体验。王岳川指出,审美体验作为一种独特的审美经验,具备强烈的情感性、丰富的想象性,同时当主体进入审美体验的过程中,思维活跃,不时爆发出灵感,与审美对象融为一体,有着一种其乐融融之美感①。

目前学界部分学者认为审美体验的本质是“超越”。这些学者认为,主体在现实社会中不存在美感,审美必须超越现实世界,进入主体的精神世界,故他们认为审美体验是主体超越了现实的感性而进入到无限的精神生命之领域。因此,他们认为审美体验具备以下两个“超越”:首先,审美体验超越了时间与空间的局限,进入到一个时空不可分离的虚幻世界;其次,审美体验超越现实,这些学者认为审美境界不存在于现实世界,它超越于现实社会,存在于人的精神世界之中②。

通过以上对审美与体验的论述,我们知道审美是个体的一种情

---

①王岳川:《艺术本体论》,上海三联书店 1994 年版,第 160 页。

②杨春时:《走向“后实践美学”》,《学术月刊》,1994 年第 5 期。

感判断,体验则是主体通过亲身的经历对人生的一种体悟,是主体追求自由与超越的途径之一。生命对于审美体验有着无比的重要性,审美体验就体现在人类对生命的终极关怀中。

审美体验不同于一般的生活体验与道德体验,因为审美有着特定的内涵。康德对审美做过比较全面的界定,他指出审美是与主体情感紧密关联的,是无关功利目的却令人愉快的,是无关概念却具备普遍性的,是无目的却符合心理愉悦目的的。移情学派在关于审美的情感要求方面更是突出,明确指出,审美就是审美主体的情感转移到审美客体之上而已,是审美主体在对象中寻找自身,是对自我的欣赏,这种审美实际上无关对象,只是审美主体的一种感觉。

从庄子与惠施于濠上观鱼的故事可见一斑:庄子与惠子游于濠梁之上。庄子曰:"儵鱼出游从容,是鱼之乐也。"庄子在这里就是以"移情"的态度在观赏鱼。于是,他便在不知不觉中将自己逍遥闲适的情感移入对象,得出了"出游从容,是鱼之乐也"的结论。同样地,前文提到的杜甫诗歌《春望》中的"感时花溅泪,恨别鸟惊心"也是移情作用之效果,就是作者将自己的情感转移到花鸟身上,赋予它们自己对国破的悲伤情感,事实上,花鸟是无法感知作者情感的,有的只是作者自身的悲伤罢了。

由是可知,审美中的情感因素是区分审美体验同生活体验与道德体验的关键因素,生活体验与道德体验也会伴随着情感的存在,但这种情感一方面比较微弱,同时不是审美的,有时甚至是情绪化的。生活中存在各种欲望与烦恼,人们在社会这个大熔炉中体验,多数情况下我们会带有自身的情感,但只有以追求自由与超越为主的情感是令人愉悦的,是审美的。因此,审美体验中的情感活动应当具备以下特征:首先,必须是由审美对象引发的情感活动,生活与道德引发的情感不属于审美的情感,它是一种责任与义务,谈不上自由与愉悦。其次,审美体验中的情感活动是经由审美的心理机制而产生的一种令人愉悦的情感。再次,这种情感活动是与审美理想相联系,带有审美情趣的情感活动,不同于生活中低级趣味的情感体验①。

二、禅宗审美体验

禅宗属于佛教在中国的变种,佛教所追求的是对现实苦难生活的消解与解脱,以达到快乐的彼岸世界。佛教众生信奉来生,通过参佛时的体验来达到人佛一体,从而得到心灵的安慰与平静。禅宗吸收了儒道二家的一些思想,其体验与印度佛教对"神佛"的崇拜不同,它充分肯定了人的地位,特别是对人之心本体的肯定与高扬,因而禅宗既是一种宗教体验,同时亦是一种审美体验。

儒家的心性论思想影响了禅宗心性论思想,从而使得禅宗之心去除了印度佛教心之抽象含义。禅宗已由抽象本体之心转化为现实生活中活泼泼之心,外在之佛转为内心之佛,其修行由对外在神灵的顶礼膜拜转为对内心之体悟。禅宗不像佛教那样把成佛指向遥不可及的彼岸世界,要求修行者"四大皆空",容忍现实世界的一切不满与不公平,祈求来世获得新生,而是讲求平常心是道,悟道不在彼岸世界,而在当下。禅宗大师指出,只要修行者不执着于外物,保持内心清净,以一颗平常心对待外在之一切,于现实生活中不做作,一切顺其自然,随缘任运,即可成佛。因此,修行者只要心静顿悟即可。这其实是要求修行者主观上的超脱与体验,而不是脱离现实世界的虚幻。这种禅宗体验与审美体验时的快感与狂喜一致,因此,诸多学者指出禅宗体验事实上就是审美体验。比如,方立天说,禅宗以对自然与万物平等的态度,主张人与自然万物的和谐相处,这就使得人在与自然的交往过程中能够以直观的态度面对,从而心生愉悦之感,人诗

①彭立勋:《审美经验论》,人民出版社 1999 年版,第 177 页。

意地栖居在大地之上①。李泽厚于《中国思想史论》中说,禅宗体验与审美体验的区别就在于禅宗披着宗教的外衣,其体验带有一种神秘感,内容也存在一定神秘性,除此之外,禅宗体验与审美体验几乎没有什么不同②。

(一)禅宗审美体验包含"虚静""超越""距离"三个方面

首先是虚静,虚静指的是审美主体排除外界干扰所获得的一种内心平静状态。人在此种状态下,不受物欲的影响,去除了一切陈见,主体以一种超功利的心态去面对客观世界,此时,主体最容易获得美感。康德认为,人们在鉴赏判断时内心是虚静的,对外在的对象,不去考虑其功利目的,不以事物的概念与知识为基础,不去做过多的思考,只是以主体快乐与否为目的③。这里康德强调了鉴赏判断的快感要以一种虚静的态度来对待才能获得美感。

禅宗最初要求主体通过静坐等方式排除外在干扰,就是要求主体有虚静的心态,以便化解烦恼,远离欲望,从而获得涅槃。慧能否定了传统禅法中定慧分离的情况,把外在的行为与内在的思想统一起来,强调了定慧体用不二的观点。他说:"定惠体一不二。即定是惠体,即惠是定用。即惠之时定在惠,即定之时惠在定。善知识!此义即是定惠等。"④同时他要求去除一切欲望,达到一种澄明的心境,指出主体之内心如果执着于外在事物之表象,内心就会不安定,反之,内心就平静,只有在心灵平静时才能体验审美之境。宗白华同样强调禅宗体验时虚静的特点,他说,禅宗本身是空寂的,但静之中有

①方立天:《禅宗精神——禅宗思想的核心、本质及特点》,《哲学研究》,1995年第3期。

②李泽厚:《中国古代思想史论》上,安徽文艺出版社1999年版,第214页。

③[德]康德:《判断力批判》上卷,宗白华译,商务印书馆1964年版,第46页。

④[唐]慧能著,郭朋校释:《坛经校释》,中华书局2012年版,第31页。

极动的成分,静指的是禅宗追求寂静的空境,动指的是禅宗对主体生命的高扬,这种"静穆的观照和飞跃的生命构成艺术的两元,也是构成'禅'的心灵状态"①。

由此可见,虚静是审美体验的重要组成部分。中国古代很早就有虚静之说,特别是在老庄那里,更是以虚静作为其审美的重要前提。庄子提出的"心斋"与"坐忘"就是要求通过静坐来达到去除杂念、回归虚静的目的。可以说,中国古典美学中的虚静观同老庄与禅宗美学是分不开的。

在审美体验过程中,"虚静"的心态有利于审美注意,由于排除了外界的干扰,所以主体对所关注的事物就不会考虑其功利目的关系,更多的是对其直观形象的注意,把自己的情感、想象等灌注其中,从而更容易获得审美体验时的快感。

其次,除了要有虚静的心胸之外,更要有一种超越功利目的的审美态度。这种态度要求审美主体对其对象的实用价值与本质等不予关注,而只是关注其外在的形象。禅宗修行者有一种虚静的心胸,同样需要超功利的态度,才能达到审美体验的目的。禅宗是如何要求修行者达到审美体验的超功利审美心态的呢?具体表现在"无念""无相""无住"三种心态。

所谓"无念",就是要求修行者不要执着于任何一个念想。当然,这并不是说不能念想,而是有了念想不去计较它,任由念想自生自灭。在日常生活中,人们必须考虑衣食住行,且人都有七情六欲,有所爱有所憎,遇事会用理智与科学的态度去分析判断,这就难免会执着。而禅宗的审美体验要求我们虽然生活在现实社会之中,却要以"无念"的态度来对待外在的一切,以虚静的心态去感知外物,万事万物于心中穿梭却不留痕迹。

①宗白华:《美学散步》,上海人民出版社 1981 年版,第 76 页。

所谓“无相”，禅宗指出，世间万象皆由因缘和合而成，外在的一切事物都没有实在之相、本体之相，世人往往为外在之相所迷，而产生各种欲望与烦恼。解决烦恼与痛苦的根源在于正确地看待世间万物。禅宗强调“色即是空，空即是色”，就是指出万事万物皆由心生，亦由心灭，是虚幻不实的。因此，人们不必执着于外物而自寻烦恼。慧能主张破除身体的六欲，亦即破除对“相”的迷恋，只有这样，才能去除烦恼，本心才不被欲望所染，才能证悟佛法。

所谓“无住”，就是心无所执着，无所取舍，没有特定的心理趋向，强调心无所系。《金刚经》中指出人应无所住而生其心。确实，人生在世，虽说只有短短几十年，但所经所历之事万千，总会有所牵挂，有所喜憎，长此以往，心中就会产生各种情感与欲望，并且一发不可收拾。而“无住”的说法就是要求修行者不为外在的利害所牵挂，从各种现实的利益中解脱出来，以平常心来对待事物，才能获得审美体验，证悟佛果。

禅宗超功利的审美心态除了“三无”思想之外，还有“不即不离”和“不离不染”，这和审美体验的心理距离说有异曲同工之妙。心理距离说是由心理学家布洛提出来的，内涵就是指人们在审美的时候，应以无功利的态度去欣赏，才能获得审美体验。比如我们欣赏大海中波涛翻滚的景象，会为大自然的威力所折服，但如果碰巧我们有亲人乘轮船从外地回家，我们就会担忧亲人之安危，而无暇顾及大自然崇高之美景。这正如朱光潜指出，大雾来临时，大家顾及的只是自身的安危，只有感觉自身安全不受威胁时，才能欣赏海上之美景①。当然，审美的这种距离说并不是绝对超功利的，人们审美时总是有着选择，因此超功利存在一个度：审美主体既不能太深入审美对象，同时也不能脱离太远。离得太近，就有“不识庐山真面目，只缘身在此山

①朱光潜：《文艺心理学》，复旦大学出版社2005年版，第13页。

中”之感；离得太远，就无法获得正常的审美愉悦。正如朱光潜说：“创造和欣赏的成功与否，就看能否把‘距离的矛盾’安排妥当，‘距离’太远了，结果是不可了解；‘距离’太近了，结果又不免让实用的动机压倒美感，‘不即不离’是艺术的一个最好的理想。”①从这里可以看出，禅宗的“不即不离”已经成为审美体验的一个标准。同时，慧能还提出了“不离不染”的审美体验标准。他说：“见一切法，不著一切法，遍一切处，不著一切处，常净自性，……于六尘中不离不染，来去自由。”②这就要求修行者不执着于外物，在尘世间却超越尘世间。慧能弟子黄檗希运对于如何体认本心、悟道成佛提出了于尘世间不即不离的观点。悟道成佛离不开日常见闻，必须依赖见闻来提升自己的修养，但修行者却不能执着于见闻。如果执着于见闻就会产生分别心，有了执念也就无法识见本心，因此，只有真正做到在日常生活中“不即不离，不住不著”才会发现随处都是悟道之处。

禅宗的“不即不离”体验方式，对我国古典文学与美学有着重大影响。皮朝纲指出：人们进行文艺鉴赏时，既要入乎其内，又要超乎其外。所谓入乎其内指的是仔细阅读作品，进入作品之中，与作品中的人物“主体”进行交流，达到一种物我两忘的境界。同时，人们又必须与作品在心理上形成一定距离，以便冷静客观地审视对象，打破“不识庐山真面目，只缘身在此山中”的距离，这种主体与对象既亲切又分离的关系，即是禅宗的“不即不离”③。

（二）禅宗审美体验的方式

审美体验是主体与客体达成一致所形成的水乳交融的情景与画面，在此情景中，主体达到与宇宙天地的契合，获得精神的高度自由。

---

①朱光潜：《文艺心理学》，复旦大学出版社 2005 年版，第 17 页。

②［唐］慧能著，郭朋校释：《坛经校释》，中华书局 2012 年版，第 73—74 页。

③皮朝纲：《禅宗美学史稿》，电子科技大学出版社 1994 年版，第 281 页。

禅宗在天台、华严渐修渐悟的修行方式上，提出了“顿悟”说，一方面强调修行者的亲证亲历，另一方面突出了心之觉悟的豁然性。悟是一种不涉及概念、无关抽象思维的体验方式，这种审美方式有点类似于灵感，具备爆发性、短暂性、个体性等特征。当然，灵感是针对某一问题或事件而言，比如在写作过程中，思路受阻，百思不得要领，由于某一外物的启发，突然豁然开朗，思如泉涌，这是心理学上的顿悟。而禅宗的顿悟主要是针对人的终极价值与意义而言，二者不可同日而语。禅宗的体悟是一种直观内省的体验，于刹那间领悟世间万象之虚幻不实，证悟佛性，进入一种圆融无碍的境界。当然，禅宗参悟的过程也并不是一蹴而就的，跟普通的顿悟一样有一个从量变到质变的过程。这个过程开始之初，参禅者往往茫然不知所措，对诸多问题百思不得其解，却在一个偶然的情况，突然悟道。所以也就有禅宗五家七宗的多种参禅方式。

禅宗的“顿悟”尽管有反逻辑和语言的特点，但和一般的“顿悟”一样，都是理性思维与直觉思维的结果。正如杜道明所言：“表面看来，禅宗的‘顿悟’思维方式，省略了正常思维形式的许多过程和内容，带有浓厚的神秘色彩，这大概也是有人称它为神秘主义和非理性主义的主要原因。笔者认为，在禅宗那里，理性的和非理性的思维过程实际上都是存在的，不过它最经常和大量使用的是理性思维形式。它有时表现出的非理性思维（顿悟），常常是理性认识过程的最后阶段。人们往往忽略了它从整个思维过程中切割下来时仍保留着的理性联系，加之禅宗自身也只强调直指式的‘顿悟’，而否认‘顿悟’之前的理性思维过程，所以使一些人产生了误解。”①日本学者铃木大拙说：“禅宗的‘瞬间顿悟’有一些前提条件，一是在禅宗意识的逐渐成熟中有了理论与实践的准备，二是解脱自我的强烈愿望，三是对于禅宗终极目的不断的思索，四是在种种思索之后百思不得其解，因而

①杜道明：《禅宗审美的不二法门——顿悟》，《中国文化研究》，1993 年第 1 期。

产生的一种迫切感与危机感。”①所有这些与日常心理学上的“顿悟”是一致的，与灵感的来临更是如出一辙，都需要长时间的准备工作，都会产生一个困扰时空，然后因偶然的机缘才突然证悟。

禅宗的“顿悟”有其特殊的心理学机制。在修行者而言，必须通过前期的准备阶段，即通过参禅或听取禅宗大师的讲经来了解禅宗的内涵。禅宗虽然主张“不立文字，直指本心”，但并不排斥经书的作用，只是要求参禅者不要执着于经书文字而已；悟道是直观感性的，但也并不排斥理性的思索，同样只是要求修行者不要执着于理性与逻辑罢了，而是要回归本性本心。正如方立天指出，禅宗虽然主张“不立文字，直指人心”，但并不是说不要文字，而是要求修行者研究经书时不要执着于文字；过分执着于经书，就会进入抽象思维阶段，无法达到开悟的目的②。楼宇烈同样指出，禅宗尽管主张顿悟成佛，看似不存在任何思考的过程，但实际上，禅宗的开悟是离不开平时的参禅与修行的，只有经历平时的经教与思考，才有可能达到豁然开悟的阶段；反之，如果不去研究经书，就无法了解禅宗的基本内涵，就会陷入盲禅的阶段③。然而，通过文字经书与逻辑思维，修行者是不可能悟道的，于是就会进入一个百思不得其解的阶段，这个阶段用逻辑思维是无法解决的，就会有一种烦躁与焦急的心态，正像铃木大拙所说的：“在种种思索之后百思不得其解，因而产生的一种迫切感与危机感。”④此时意识受阻，潜意识发挥作用，一旦遇到合适的机缘，就能顿悟成佛。王利军在其论文《禅悟对中国诗歌发展的影响》中详细论述了禅悟的手段：“禅宗顿悟的主要手段有两个。一是机锋棒喝。

①葛兆光：《禅宗与中国文化》，上海人民出版社1986年版，第182页。
②方立天：《中国佛教哲学要义》下，中国人民大学出版社2002年版，第1116页。
③楼宇烈：《“不由经教”与“由教悟宗”》，《中国禅学》，2002年第1期。
④葛兆光：《禅宗与中国文化》，上海人民出版社1986年版，第182页。

机锋是利用看似漫无边际、实则含义深刻的语言诱导顿悟的方法。棒喝是以极端手段来警醒人们的迷误,促其顿悟的方法。机锋与棒喝虽形式不同,但都是为了打断人们正常的思维逻辑,使之进入非理性、非逻辑的直觉状态,最终诱发人的潜意识活动。二是虚静默照,即'默照禅'。默照禅,就是要摄心静坐,潜神内观,息虑静缘,即进入一种无思虑的直觉状态,而反对一切感性、理性的认知,最终激发潜意识的出现。"①这就是说,修持者在通过平时长时间的打坐、诵经或日常生活的修行之后,意识受阻,感到困扰与苦恼,激发潜意识起作用,这时通过禅宗大师的机锋或棒喝,从而豁然开朗。

三、心学美学审美体验之禅学痕迹

心学美学与禅宗美学都重视审美体验,在一定程度上可以说,心学美学与禅宗美学都属于生命体验美学。阳明心学是儒学的继承与发展,它关注社会伦理道德,关注人的生存发展,具有不离世的特征。阳明先生明确指出,只要恢复人本身的良知,返回人的本真状态,人人皆可成为圣人。在回归本心良知的过程中,阳明先生提倡坐忘、顿悟,反对刻意为之,这本身就是一种审美体验。因此,阳明心学美学本心的境界,不仅是伦理道德的,更是审美自由与愉悦的。"在王阳明,美的本体即良知,良知呈现即是美;审美是对良知之美的体认,良知之美亦即在体认中澄明,并一切俱落实于人生活动,指归于人生境界,其基本理论旨趣和最高理想追求,即引人进入无入而不自得、与天地浑然为一的至乐境界。"②这也就是说,心学美学是以"乐"为主

①王利军:《禅悟对中国诗歌发展的影响》,《浙江师范大学学报》(社会科学版),1997 年第 3 期。

②潘立勇:《一体万化——阳明心学的美学智慧》,北京大学出版社 2010 年版,第 7 页。

的审美体验。事实上，王阳明就是在体验中悟道的。于贵州龙场悟道时，王阳明感觉自己与万物融为一体，从前格物致知所产生的困扰一扫而空，同时伴随着巨大的兴奋、愉悦。这就是阳明心学最初的审美体验。

阳明心学的审美体验与禅宗思想的审美体验具备惊人的相似。首先，在审美体验的准备阶段，心学美学审美体验过程中的坐忘类似于禅定，坐忘与禅定的目的都是要求审美主体具备一个虚静的心胸。只有这样才能摆脱外界物欲的困扰，摆脱概念、烦恼与欲望等的束缚，进入一种审美体验的集中状态，使审美主体达到一种超功利的审美态度。其次，在审美体验的方法上，心学美学与禅宗美学都要求直觉性的顿悟。杜道明在《禅宗审美的不二法门——顿悟》一文中说："所谓'顿悟'，就是主体通过一种内省体验和直观心领的方式，于刹那间自见真如佛性，领悟到世间的一切有无、生灭、是非、得失等等都属虚幻不实，不应执着的，于是进入通达无碍、绝对自由的'涅槃'境界。"①阳明心学美学的顿悟过程是一种审美体验，与禅宗思想的顿悟过程是一致的。二者都是一种反求诸己的认识，都要经历长期的准备阶段：冥想、静虑，遭遇百般思索，陷入僵局，慢慢地由显意识进入潜意识，然后在外界事物的触发之下，灵光一现，突然豁然开朗，领悟到其中内涵，同时伴随着审美的情感。

心学美学与禅宗美学的顿悟思维都具备直觉性、突发性、偶然性等特征：

首先，顿悟具备直觉性的特点。所谓直觉指的是省略了逻辑推理的一种依靠本能来认识事物的方法。禅宗主张"不立文字，直指人心，见性成佛"，其不立文字就是要求摆脱逻辑思维。语言本身就是一种思维方式，如果我们执着于语言文字方面的逻辑推理，就永远无

①杜道明：《禅宗审美的不二法门——顿悟》，《中国文化研究》，1993年第1期。

法获得真如佛性,因为佛法本在自心,无须外求。因此,禅宗强调“直至人心,见性成佛”。这必须依靠修行主体向内寻求,亲身去体悟,这种体悟的结果是无法用语言文字能够描绘清楚的,他人无法感受,“如人饮水,冷暖自知”。

其次,顿悟具备突发性与偶然性的特点。心学美学与禅宗美学的顿悟体验是突发性与偶然性的,顿悟时没有特定的程序可以遵循,任何时间与地点皆可产生顿悟。王阳明就是在贵州阳明洞龙场悟道,当时的条件与环境非常恶劣,按理说不具备悟道之条件,但也许就是那种恶劣的环境触发了他成圣的内在机制,使得他一夜之间豁然开朗。德山宣鉴禅师的悟道就在燃灭纸烛之间。青原下四世龙潭信禅师法嗣德山宣鉴禅师“一夕侍立次,潭曰:‘更深何不下去?’师珍重便出。却回曰:‘外面黑。’潭点纸烛度与师。师拟接,潭复吹灭。师于此大悟,便礼拜”①。

这是极其平凡的一件小事,却让德山宣鉴禅师悟到黑暗还是光明在自己本心,只有依靠自心的光明才能战胜外在的黑暗。顿悟的突发性与偶然性特征还表现在顿悟不是刻意思考而来,也不是刻意追求而来,它在于意识与无意识之间、思考与非思考之间的突然省悟。可知,顿悟具备突发性,悟道不分场合与时间,只要内心准备充分,外在机缘巧合即可悟道。

禅宗与心学的顿悟审美体验都包含感知、理解、情感、联想四种心理因素。心学美学与禅宗美学一样,认识自心必须依靠外在的感知,尽管二者都要求不执着于外物,但并不是抛弃外物,而是通过对外在事物的感知与理解获得超越,感受到对人生终极本体之体验。

因此,二者的顿悟是离不开感知的。李泽厚对禅悟的现实性做

①[宋]普济著,苏渊雷点校:《五灯会元》卷第七《德山宣鉴禅师》,中华书局1984年版,第372页。

了一个比较详细的说明，指出禅悟虽然是瞬间完成的，但得到的却是永恒的结果。这种永恒建立在瞬间感悟的基础之上，脱离不了现实的时空。禅宗一旦悟道之后，心境完全发生改变，故尽管外在世界没有改变，但在主体眼中其性质与意义跟开悟之前有着根本的不同。这种开悟前后的不同表现于王阳明自身也有着明显的体现。王阳明龙场悟道之前就有着“济世成圣”之理想，却处处受制于外在因素，最后被贬为贵州龙场驿驿丞；悟道后，王阳明学问做得更好，官职更高，却没有出现大的波折，后期可谓一帆风顺。毫无疑问，这与其悟道之后的心态有着必然的联系。

顿悟思维是直觉思维，但同样包含有理解的因素，只不过这种理解是渗透于其他审美心理因素中，主体自身平时不易察觉而已。如志道禅师读《涅槃经》未解，请教于慧能：“诸行无常，是生灭法。生灭灭已，寂灭为乐。于此疑惑。”①志道禅师认为世人本身有生有灭，是无常的，而本体之身（即法身）是不变的，经书上言“生灭灭已，寂灭为乐”，他不明白既然人生无常，到底是色身受乐还是法身受乐。同时，如果世界一切都归于涅槃，那么“乐”又何从谈起。慧能针对志道禅师对涅槃的误解做了详尽的解释，并偈言：“无上大涅槃，圆明常寂照。凡愚谓之死，外道执为断。诸求二乘人，目以无为作。尽属情所计，六十二见本。妄立虚假名，何为真实义。唯有过量人，通达无取舍。以知五蕴法，及以蕴中我，外现众色象，一一音声相。平等如梦幻，不起凡圣见。不作涅槃解，二边三际断。常应诸根用，而不起用想。分别一切法，不起分别想。劫火烧海底，风鼓山相击。真常寂灭乐，涅槃相如是。吾今强言说，令汝舍邪见。汝勿随言解，许汝知

①［宋］普济著，苏渊雷点校：《五灯会元》卷第二《广州志道禅师》，中华书局1984年版，第90页。

少分。”①由此可以看出理解在顿悟过程中的重要性。心学美学中之顿悟同样包含理解的因素,王阳明悟道前之思索,悟道后对良知本体、“知行合一”“致良知”等问题的探讨与解答,都存在着深刻的理解。

顿悟过程中,除了理解之外,还有联想的作用存在,如马祖道一的徒弟百丈怀海在未悟时,一日“师侍马祖行次,见一群野鸭飞过。祖曰:‘是甚么?’师曰:‘野鸭子。’祖曰:‘甚处去也?’师曰:‘飞过去也。’祖遂把师鼻扭,负痛失声。祖曰:‘又道飞过去也。’师于言下有省”②。马祖道一和百丈怀海将佛法与具体事物联系起来,通过具体事物产生联想,从而体悟本心。阳明于龙场悟道时,一通百通,感觉只要回归自心建构的意义世界,外在的一切皆可获得完美的解释,比如之前于格物致知、释道的探索等,这些毫无疑问存在着关联作用。

第三节 审美结果的一致性

禅宗美学要求修行者顿悟后明心见性,达到“万古长空,一朝风月”的境界,于瞬间得到永恒,无拘无束,进入一种身心如一、圆满融合的境界。心学美学亦追求那种“心照万物,万物映心”的圆融审美境界。可见,二者的审美结果存在一致性。

一、禅境

禅宗一方面继承了佛教“空”的思想,另一方面扬弃了佛教对彼

①[宋]普济著,苏渊雷点校:《五灯会元》卷第二《广州志道禅师》,中华书局1984年版,第91页。

②[宋]普济著,苏渊雷点校:《五灯会元》卷第三《百丈怀海禅师》,中华书局1984年版,第131页。

岸世界的追求,把对外在神的敬仰转化为对自己内心的体悟。禅宗追求一种以心为主的“空”,其“空”并不否认外在事物的存在,只是认为万物的存在不具备永恒性与真实性。所谓禅境指的是主体修行者顿悟后的境界。这种境界是万物齐平无差别的境界,是一种回归自我的禅境体验。可以说,禅宗的圆融境界将现实世界与人的精神世界融为一体,这种境界是无法用抽象思维来解释的。事实上,中国佛教有许多宗派具备这种圆融思维方式,比如天台宗、华严宗等。天台宗的“一念三千”指的是在一念之下世界的统一,蕴含着“天人合一”的圆融思想。华严宗中真如门与生灭门亦是互为表里、相互圆融无碍的。

禅宗圆融之境具备空灵与意境之美的特征:

首先,空灵之美。对于佛教禅宗而言,以心为本体,相对于心本体而言,自然界的一切现象都是相对于心而言,通过心而显示出来。禅宗修行者顿悟之后,心本体与自然现象界融为一体,相互依存。“空”是佛教的一个最基本的概念,亦是禅宗的基本思想。据《坛经》记载:禅宗五代传人唐高僧弘忍禅师与徒众论道,寻找继承人传承其衣钵,命各以心得书一偈语,此时上座大弟子神秀书偈曰:“身是菩提树,心如明镜台,时时勤拂拭,莫使有尘埃。”①弘忍认为此偈未悟,只在门前,尚未进入,寻觅无上菩提还谈不上,要他重作一偈呈来。而慧能偶然听到童子唱此偈,也判断出神秀未悟,于是他自己作了一偈曰:“菩提本无树,明镜亦非台,佛性常清净,何处有尘埃!”②慧能由于悟到了禅宗“空”的本质,才成为弘忍的继承人。具体而言,禅宗空的思想继承了龙树的中道空观思想,由于“空”并不是指外物的不存在,而是事物现象的变化无常,不具备本质的属性,因此,主体要想获

①[唐]慧能著,郭朋校释:《坛经校释》,中华书局2012年版,第14页。
②[唐]慧能著,郭朋校释:《坛经校释》,中华书局2012年版,第18页。

得无我与空的思想,必须超越事物的存在与非存在。“由于实体性思维本质上植根于人们日常中自我中心主义的行事方式,所以,若以实践的言词来表示对绝对否定的领悟,就意味着一种对人的自我中心的根本否定,即对无我的领悟。不过此处提到的‘无我’,并非仅指每个人主体上的无我。通过否定主体性思维本身而获得的‘无我’,正是领悟到包括人的自我在内的一切事物的非实体性。”①这也就是禅宗的“诸法无我”“一切皆空”的观点。禅宗的“空”事实上就是对自心的证悟。“当自心直接悟到自心本身时,世界也就同时被悟为世界本身,故世界万物皆按其实相(或无相之相)而被揭示,被认识为自身,而不是被认识为对象化的某种东西。这就是真‘空’被看作‘妙有’、‘真如’和‘事事无碍’的原因。因此显而易见的是,禅宗同处于《般若经》、龙树的真空观及华严‘事事无碍法界’的核心教义的传统之中。”②

因此,禅宗之空,是超越性的空,超越了存在与非存在,超越了主体与客体之间的对立,这种空是主体之心自悟而形成,是主体明心见性的结果。此时,修行者因已悟道,故心中一片空明,排除了一切与理性、物欲相关的东西,直指人的灵魂深处,把人本身应有之灵气引发出来,达到了一种超脱实在的本真之美。在此空灵之中,人的生命体现出本然之美,心中无任何杂念与牵绊,人与万物融为一体。

其次,圆融之美。禅宗美学强调圆成之美是佛性之表现,亦是事物自然之本性。佛教即是一种生命体验,亦是一种审美体验,它提倡“以圆为美”,追求一种“心物圆融”的审美境界。

以慧能为主的禅宗主张以般若智慧认识事物之自然本性,万物

①[日]阿部正雄:《禅与西方思想》,王雷泉、张汝伦译,上海译文出版社 1989 年版,第 122 页。

②[日]阿部正雄:《禅与西方思想》,王雷泉、张汝伦译,上海译文出版社 1989 年版,第 127 页。

圆融自成,禅宗审美体验以“悟”为原则,顿悟所获得的审美体验是永恒的。《坛经》说道:“迷人若悟解心开,与大智人无别。故知不悟,即是佛是众生;一念若悟,即众生是佛。”①因此,禅宗圆融之美还体现于顿圆之美,即通过顿悟而产生的圆成之美,这种直觉式的审美体验看似一蹴而就,事实上是一个日积月累与按部就班的过程。正如青原惟信禅师提到了禅宗审美体验的三种境界:第一种境界“见山是山,见水是水”是认知的,认为外在客观事物是主体认识的客观结果;第二种境界“见山不是山,见水不是水”是对外在事物之否定,是寂灭否定直观的;只有第三种境界“见山只是山,见水只是水”是顿悟的,是审美体验的最高境界,是一种瞬间成就的圆融之美。

最后,意境之美。意境思想基础来源于道家,发展于魏晋时期。意境的提出在王昌龄的《诗格》之中,他指出诗有物境、情境与意境三种境界。此时意境之含义比较模糊,其后于皎然、刘禹锡、司空图等文论家的论述中逐步完善。意境是古代美学与文学作品所追求的审美理想,是一种情景交融的结果,是主观之情与客观之景相互交融而产生。

诗歌中的意境与禅境都主张顿悟之法,二者基本上是一致的,因此,诸多学者认为禅境即是意境。正如薛富兴在《东方神韵——意境论》一书中写道:“至唐,……士人们对佛教的深入消化为诗歌带来新境界,这便是玄言诗与山水诗结合后的禅境之诗,……即《诗格》所言的‘意境’。”②李天道在文章《禅:生命之境和最高审美之境》中也认为禅境就是意境,他说:“就禅宗美学而言,则禅是生命之美的集中体现,为美的生命本原,既是审美体验的过程和途径,又是通过这种审美体验以获得的对生命本旨的顿悟以及由此达到的生命之境和最高

①[唐]慧能著,郭朋校释:《坛经校释》,中华书局2012年版,第71页。
②薛富兴:《东方神韵——意境论》,人民文学出版社2000年版,第26—27页。

审美之境。”①

当然,禅境与意境是不同的,尽管意境在形成过程受到了禅道之影响,禅宗对“空”情有独钟,于是在意境之内容上,增添了空灵清幽之特点。“士人们对佛教的深入消化为诗歌带来新境界,这便是玄言诗与山水诗结合后的禅境之诗,它已超越了山水诗景的单薄和玄言诗理的枯燥,创造出景与理成功结合、总体上以哲理取胜,奉真为圭臬的新境……”②同时,玄学与道学亦渗透到禅境之中,从而使禅境逐步诗意化与艺术化。这主要是由于当时之僧人学习传统文化,与文人合作交流。《世说新语》文学篇第55条就记载了士人与僧人聚会清谈之情景。另外,诗歌出现了玄理与禅理相互融合的情况,比如慧远《庐山诸道人游石门诗》云:“超兴非有本,理感兴自生。忽闻石门游,奇唱发幽情。褰裳思云驾,望崖想曾城。驰步乘长岩,不觉质自轻。矫首登灵阙,眇若凌太清。端坐运虚轮,转彼玄中经。神仙同物化,未若两俱冥。”这就是一首玄禅交融的诗歌。同时,诗歌中出现了玄言诗与山水诗结合的诗歌,许多僧人的诗歌不局限于阐述佛理,而是走向诗歌创作的审美领域,产生了一批表现禅境与意境之佳作。

因此,禅境与意境虽然不同,但由于禅境与意境之相互影响,因而二者表现出来的美感极为相近,即是说禅境具备意境之美,禅宗的心悟、直觉体会都体现为意境之美。宋代僧人守璋有诗《晚春》:“草深烟景重,林茂夕阳微。不雨花犹落,无风絮自飞。”这是有代表性的禅境诗,“……空观下的自然所给予人的就是‘闲’的感性心理经验,它使诗人对自然界的静谧(寂灭)具有极度的敏感,所创作的诗歌往

①李天道:《禅:生命之境和最高审美之境》,《北京大学学报》(哲学社会科学版),2000年第6期。

②薛富兴:《东方神韵——意境论》,人民文学出版社2000年版,第26—27页。

往可以达到非常高的审美境界……”①同时也表达了诗人淡然闲适的心境，具有典型的意境美。

二、心境

王阳明的心学美学在主客体关系上追求心物一体，主张在对外物的观照中体悟本心，达到一种心之明觉状态，类似于禅宗之“空”。阳明心境的形成具体而言表现在以下两个方面：

（一）本心澄明

阳明心学是儒学的新形态，作为儒学历来以“修身、齐家、治国、平天下”为己任，非常注重主体的道德教育，其美学思想亦然。因此，阳明心学美学注意审美主体的净化，希望通过对个体的改造，进而建立一个和谐理想之社会。

阳明心学的“四句教”（“无善无恶是心之体，有善有恶是意之动，知善知恶是良知，为善去恶是格物”②）体现了心之澄明。“无善无恶心之体”指的是“人心本体原是明莹无滞的，原是个未发之中”③。“未发之中”指的是心体之本然状态，此时之心是类似于禅宗之“空”，万物于心而过却不留痕迹。正如王阳明所言：

> “心体上着不得一念留滞，就如眼着不得些子尘沙。些子能得几多？满眼便昏天黑地了。”又曰：“这一念不但是私念，便好

①张节末：《禅宗美学》，北京大学出版社2006年版，第172页。

②［明］王守仁撰，吴光等编校：《王阳明全集》卷三《语录三·传习录下》，上海古籍出版社2011年版，第133页。

③［明］王守仁撰，吴光等编校：《王阳明全集》卷三《语录三·传习录下》，上海古籍出版社2011年版，第133页。

的念头，亦着不得些子。如眼中放些金玉屑，眼亦开不得了。”①

由此可见，心体本是至善无恶的。“这种无先天偏颇、无系累、无缺失的‘心之体’，就不仅是后天道德培养与道德建构之完善的心性原型，而且是人性与人格之审美的精神故乡。后天道德与审美的实现，无一不是向这一心性原型与精神故乡回归。”②

心体是明净的，心不执着于外物，与万物融为一体，只是由于人心有七情六欲，才使得本然之心被遮蔽，这才要求“致良知”，才有“有善有恶意之动，知善知恶是良知，为善去恶是格物”之功夫，通过这种功夫，达到主体之道德完善。这里讲的是心本体纯善无恶，但“意”却不一样，由于受后天环境的影响，存在善恶之分。因此，必须“诚”意，才能达到修身之目的，才能做到“为善去恶”，犹如《中庸》之戒惧。故王阳明言：“盖鄙人之见，则谓意欲温凊，意欲奉养者，所谓‘意’也，而未可谓之‘诚意’。必实行其温凊奉养之意，务求自谦而无自欺，然后谓之‘诚意’。”③所以，王阳明的诚意不只是停留在意念的层面上，且具备“实行”之意。诚意的标准就是良知，“致良知”则表现为依良知而行，“知如何而为温凊之节，知如何而为奉养之宜，所谓‘知’也，而未可谓之‘致知’。必致其知如何为温凊之节者之知，而实以之温凊，致其知如何为奉养之宜者之知，而实以之奉养，然后谓之‘致知’”④。可见，“致良知”就是把良知应用到实践之中。王

①［明］王守仁撰，吴光等编校：《王阳明全集》卷三《语录三 · 传习录下》，上海古籍出版社 2011 年版，第 140 页。
②王振复：《中国美学的文脉历程》，四川人民出版社 2002 年版，第 617 页。
③［明］王守仁撰，吴光等编校：《王阳明全集》卷二《语录二 · 传习录中》，上海古籍出版社 2011 年版，第 55 页。
④［明］王守仁撰，吴光等编校：《王阳明全集》卷二《语录二 · 传习录中》，上海古籍出版社 2011 年版，第 55 页。

阳明的格物事实上即是“正心”，作为本源之心是无须正的，此心纯善无恶，唯有当人们受外界欲望之诱惑，产生为恶之心时，才需要正心，所以“或曰：‘人皆有是心，心即理，何以有为善，有为不善？’先生曰：‘恶人之心，失其本体。’”①

王阳明用镜来比作心，圣人与常人之不同就在于二者在心上所用功夫不同：

> 心犹镜也。圣人心如明镜，常人心如昏镜，近世格物之说，如以镜照物，照上用功，不知镜尚昏在，何能照？先生之格物，如磨镜而使之明，磨上用功，明了后亦未尝废照。②

此处王阳明吸收了禅宗神秀的“拂拭说”，说明圣人与常人之区别就在于是否磨镜。他指出，即使是愚笨之人，只要常做磨镜功夫，亦可成为圣人。“良知无所伪而诚，诚则明矣；自信则良知无所惑而明，明则诚矣。明诚相生，是故良知常觉常照。常觉常照，则如明镜之悬，而物之来者自不能遁其妍媸矣。”③

王阳明的这种“明镜之心”与禅宗的空与无有极大相似之处，事实上，阳明心之明净，就吸收了佛家“无”的观点：“无所住而生其心。”唯其如此，心才能不滞于外物，采取一颗平常心来对待万物。这是一种审美的心境，亦是开悟之前提，只有经过这种超功利的心境，才能开悟而达到审美之境。

①［明］王守仁撰，吴光等编校：《王阳明全集》卷一《语录一·传习录上》，上海古籍出版社2011年版，第17页。

②［明］王守仁撰，吴光等编校：《王阳明全集》卷一《语录一·传习录上》，上海古籍出版社2011年版，第23页。

③［明］王守仁撰，吴光等编校：《王阳明全集》卷二《语录二·传习录中》，上海古籍出版社2011年版，第84页。

（二）心物一体

王阳明于心与物的关系上，建立了一个主客交融的意义世界。在他看来，世间万物只有与主体发生联系，主体才肯定其存在；对于与主体无关的事物，比如山间的花开花落、四季的变迁等，因未能与主体发生关系，故相对于主体而言不存在。王阳明美学的对象是心物统一的意义世界，而不是外在物理或本然的世界。

于《传习录》中，王阳明与徐爱的对话，展示了其"心物论"内涵：

> 爱曰："爱昨晓思'格物'的'物'字即是'事'字，皆从心上说。"先生曰："然。身之主宰便是心，心之所发便是意，意之本体便是知，意之所在便是物。如意在于事亲，即事亲便是一物；意在于事君，即事君便是一物；意在于仁民爱物，即仁民爱物便是一物；意在于视听言动，即视听言动便是一物。所以某说无心外之理，无心外之物。"①

这里明确指出了外在事物的存在总是与心关联，"意之所在便是物"就是指人的意识总是指向一定具体的事物，不存在没有指向的意识。王阳明之意事实上就是指心，他的心外无物，也就是说对于主体而言，只有进入主体、与主体发生关系的事物才有意义，本然世界相对于主体而言是没有意义的。即是说，世界的存在因心才有意义。"天地生意，花草一般，何曾有善恶之分？子欲观花，则以花为善，以草为恶；如欲用草时，复以草为善矣。此等善恶，皆由汝心好恶所生。"②

---

①［明］王守仁撰，吴光等编校：《王阳明全集》卷一《语录一·传习录上》，上海古籍出版社2011年版，第6—7页。

②［明］王守仁撰，吴光等编校：《王阳明全集》卷一《语录一·传习录上》，上海古籍出版社2011年版，第33页。

不只是万物与心相关，就连善恶亦是因心而起。

关于良知与天地万物之关系，王阳明认为：

> 良知是造化的精灵。这些精灵，生天生地，成鬼成帝，皆从此出，真是与物无对。①

可见，良知生出的天地万物是一个源于心体的意义世界，此处的生天生地并不是指世界的本然生成，而是进入心体之天地万物，万物与心之关系是一种万物融合于心的关系：

> 我的灵明，便是天地鬼神的主宰。天没有我的灵明，谁去仰它高？地没有我的灵明，谁去俯它深？鬼神没有我的灵明，谁去辩它吉凶灾祥？天地鬼神万物离却我的灵明，便没有天地鬼神万物了。②

这种境界已经超越了纯粹的道德范畴，是主体的一种澄明之境，一种"天地境界"。在这种境界之中，主体与万物融为一体，二者是一种"心照万物，万物映心"的关系。

（三）万物一体之乐境

孟子于《梁惠王上》中提出了"老吾老，以及人之老；幼吾幼，以及人之幼"的观点，王阳明在此基础上提出君臣、夫妇、朋友和山川鬼神鸟兽草木都是平等的，这是一种不以人类为中心的"齐物论"，此种

---

①［明］王守仁撰，吴光等编校：《王阳明全集》卷三《语录三·传习录下》，上海古籍出版社2011年版，第119页。

②［明］王守仁撰，吴光等编校：《王阳明全集》卷三《语录三·传习录下》，上海古籍出版社2011年版，第141页。

观点自庄子始就已产生，到王阳明发展为以心统万物的一体之仁。“仁”的观点源自孔孟，本为“仁爱”之意，至王阳明体现为一种心灵境界，他指出，圣人以天下为己任，其心以天地万物为一体。这种境界是一种消除了物我界限与隔阂的审美境界，人在这种境界中，抛却了物欲与占有的私念，真正体验到与外在自然的一种亲切感，从而体验到一种“其乐融融”的审美意境，心中所感与自然融为一体，是一种和谐自由的至乐境界。

审美主体达到此一境界时，类似于禅宗之开悟，会于审美体验中获得巨大的愉悦感，在阳明那里，这是一种道德体验与审美体验合二为一的境界。王阳明把“乐”看作是心之本体，是人心之本然状态，这种乐是从道德体验中产生而来。蒙培元指出：“只要道德情感能得到充分的发挥与实现，就自然而然会产生快乐的体验，这不仅是人性的自我实现，而且是一种最完美的自我体验，不仅具有道德价值，而且具有美学价值。”①

王阳明的万物一体之乐于心而言，指的是“安”，于外在事物来说，指的是“不隔”，这种“乐”是一种万物顺其自然、不做作之乐。达到这种至乐之境界，审美主体就能以澄明虚静之心态看待外界事物，忘却尘世间一切欲望与烦恼，与天地万物融为一体，进入一种“无入而不自得”的境界。

三、心学美学体验结果之禅学痕迹

“人者，天地万物之心也；心者，天地万物之主也。”②阳明学说的一个重要特色就是将天地万物统归于一心之中。阳明认为万物与人

①蒙培元：《心灵超越与境界》，人民出版社1998年版，第180页。

②［明］王守仁撰，吴光等编校：《王阳明全集》卷六《文录三·答季明德》，上海古籍出版社2011年版，第238页。

原是一体，人通过心来感应天地万物，使天地万物与人紧密联系在一起。“人的良知，就是草、木、瓦、石的良知。若草、木、瓦、石无人的良知，不可以为草、木、瓦、石矣。岂惟草、木、瓦、石为然，天地无人的良知，亦不可为天地矣。盖天地万物与人原是一体，其发窍之最精处，是人心一点灵明。风、雨、露、雷、日、月、星、辰，禽、兽、草、木、山、川、土、石，与人原只一体。故五谷禽兽之类，皆可以养人；药石之类，皆可以疗疾：只为同此一气，故能相通耳。”①阳明先生认为，人是通过感应与恻隐之心来与天地万物融为一体的，这种万物一体之心，无论是“大人”还是“小人”都一样具备。可以说，王阳明的“心即理”“心外无理”的思想将儒家学说中的“天人合一”高度地结合在了一起。王阳明把《大学》中的亲民思想不仅用于人类，并且扩展至天地万物。因此，阳明心学思想的最终目的是追求天人合一的境界，达到与天地万物为一体的“至乐”境界。这种“万物一体”的观点反对人类中心主义，反对自然的万事万物须服从于人类，倡导人与自然平等和谐相处。在人与自然、人与世界的关系当中，追求“天人合一”的境界。

王阳明这种与天地万物一体的审美至乐境界来自禅宗“梵人合一”的思想。禅宗美学思想作为中国传统美学思想的一个组成部分，充分体现了古代哲学“和”的思想。这种思想消解了西方人与自然、人与世界的二元对立，使人类回归现象与本质未分的浑然一体状态，追求人与世界、人与自然的和谐统一，把人作为大自然一分子，与大自然融为一体。禅宗认为大自然的一草一木都有其存在的价值——“一切众生皆有佛性”。在禅宗美学思想中，没有人类与大自然、事实与价值之间的分别，反对人类把自然作为开发者，利用自然来为人类服务。禅宗关于万物一体的思想分为三个层次：首先，禅宗有关“空”

①[明]王守仁撰，吴光等编校：《王阳明全集》卷三《语录三・传习录下》，上海古籍出版社2011年版，第122页。

的智慧，令世人忘却理性与智慧、烦恼与欢乐，达到一种无思无虑的境界，这是语言无法描述的、人与万物浑然一体的圆融自在的境界。其次，禅宗的“空”能容纳一切，却不执着于事物。人在“虚空”的状态下观看万事万物，一切都是事物本真的状态。这种“空”的思想突破了对象性思维，使人们回归到那种本质与现象未分的境界。最后，禅宗的万物一体思想中人、佛、世界的对立完全被消解，三者之间的关系圆融无碍，人与自然和谐统一，人与自然平等无差别，仿佛又回归到人与自然、世界最本真、原始的状态。这些天地万物一体、反对知解的观点，都被王阳明融摄于阳明心学美学之中。当然，心学美学思想的万物一体统归于人“心”，而禅宗美学思想之万物一体则归之于“空”。

概而言之，王阳明的哲学思想糅合与吸收了禅宗思想，二者的美学思想属于其哲学思想的一部分，心学美学在形成与发展的过程中，同样对禅宗美学进行了吸收与改造。这就造成了二者美学思想上的诸多相同与相似之处：审美本体在心性论思想方面的一致；审美体验的过程都强调必须保持一种虚静的心态、一种超功利的愉悦性；在审美的结果上都追求一种“天人合一”的境界。可以说，从某种意义上来说，阳明心学美学是禅宗美学的现实化延伸。当然，二者毕竟是两种不同的体系，有着不同的学术背景与社会基础。因此，尽管在方法或者思维上存在诸多相似之处，但二者的本质是不同的：心学美学实质上是对传统儒学的继承与发展，关注社会现实，而禅宗美学只注重对人的心灵与精神的关怀。因此，二者在对世界的价值判断、对主体的内在审美要求及历史归宿上都是不同的。

第五章 心学美学与禅宗美学的差异

心学美学在其形成与发展过程中虽然对禅宗美学思想有所借鉴和吸收,但与禅宗美学毕竟是两种截然不同的思想体系。心学美学在其思想体系的实质内容上是传统儒家美学和理学美学思想的继续及合乎逻辑的发展,注重的是儒家的现实关怀,并未混同于禅宗美学的只是关注人的心灵与精神。心学美学以道德至善为美,追求现实社会中真善美的统一;禅宗则以"空"为美,追求超越现实的主体精神的解脱。因此,二者在具体内容方面是完全不同的。

第一节 审美对象内涵不一致

一、心学美学审美对象

(一)心学产生背景

宋明时期,程朱理学获得了巨大的发展,曾经一直于思想界占主导地位,至南宋发展到高峰时期。到了明代,程朱理学虽然仍有一定影响,却已无法调和社会矛盾。比如土地兼并日益加剧,大批老百姓生活艰难、流离失所等。同时,部分统治者打着"天理"的旗号,干着损人利己的勾当。随着农民和统治阶级矛盾的进一步加深,人民对现有制度与程朱理学"三纲五常"的伦理道德极度不满,统治者内部钩心斗角,最终爆发了农民起义,程朱理学也已名存实亡。王阳明有感于此，希望建立一种新的思想体系将人们的思想与行为纳入正常的社会规范之中。对于明代当时的现状，王阳明有着深深的失落，同时感到责任重大。“今天下波颓风靡，为日已久，何异于病革临绝之时，然又人是己见，莫肯相下求正。故居今之世，非有豪杰独立之士的见性分之不容已，毅然以圣贤之道自任者，莫之从而求师也。”①另外，明代当时的政治环境相当恶劣，各种严酷刑法令人不寒而栗。王阳明自己亦是明代政治体制的受害者，正德四年，遭廷杖并被流放至贵州。此时的王阳明对程朱理学完全失去信心，于是另辟蹊径——创立心学，希望以此来挽救衰败的明王朝。

王阳明的心学思想以儒家思想为主，融道家、佛家为一体。他的思想来源有三：其一是对孔子、孟子思想的继承，特别是受到了孟子心学思想的影响；其二是受到了陆九渊、朱熹等思想的影响；其三是对道家与佛家思想的改造与吸收。有关对佛道的借鉴，王阳明曾说：“二氏之用，皆我之用：即吾尽性至命中完养此身谓之仙；即吾尽性至命中不染世累谓之佛。……圣人与天地民物同体，儒、佛、老、庄皆吾之用，是之谓大道。二氏自私其身，是之谓小道。”②

可以说，王阳明一生曲折的为学经历就是其对程朱理学与佛道思想改造与吸收的生动反映。其心学体系的形成经历了“泛滥于词章”“遍读考亭之书”“出入于佛老”的前三变。贵州龙场悟道之后，其理论转向“以默坐澄心为学的”“专‘致良知’三字”“所操益熟，所得益化”的后三变。在后三变中，王阳明的心学体系时时有着程朱理

①[明]王守仁撰，吴光等编校：《王阳明全集》卷二十一《外集三·答储柴墟二》，上海古籍出版社2011年版，第897页。

②[明]王守仁撰，吴光等编校：《王阳明全集》卷三十五《年谱三·嘉靖己丑丧归越》，上海古籍出版社2011年版，第1423页。

学与佛老之学的影响。

(二)个体道德修养——成圣成贤

王阳明建立心学的目的是希望通过个体道德的改造来改造社会,因此个体的成圣成贤就成为道德修养之目标。

何廷仁、黄正之、李侯璧、汝中、德洪侍坐,先生顾而言曰:“汝辈学问不得长进,只是未立志。”侯璧起而对曰:“珙亦愿立志。”先生曰:“难说不立,未是必为圣人之志耳。”对曰:“愿立必为圣人之志。”先生曰:“你真有圣人之志,良知上更无不尽。良知上留得些子别念挂带,便非必为圣人之志矣。”①

1. 王阳明不仅指出要立圣人之志,而且指出了圣人之标准:

人苟诚有求为圣人之志,则必思圣人之所以为圣人者安在?非以其心之纯乎天理而无人欲之私欤?圣人之所以为圣人,惟以其心之纯乎天理而无人欲,则我之欲为圣人,亦惟在于此心之纯乎天理而无人欲耳。②

王阳明强调,圣人与常人之区别就在于圣人为人处世顺乎天理,没有私欲。更为准确地说,圣人能够成为圣人不在于其本心良知不一样,而在于圣人能够“致良知”:

①[明]王守仁撰,吴光等编校:《王阳明全集》卷三《语录三·传习录下》,上海古籍出版社2011年版,第118—119页。

②[明]王守仁撰,吴光等编校:《王阳明全集》卷七《文录四·示弟立志说》,上海古籍出版社2011年版,第289页。

良知良能，愚夫愚妇与圣人同。但惟圣人能致其良知，而愚夫愚妇不能致，此圣愚之所由分也。①

王阳明还以镜子来比喻圣人与普通人的不同，他认为，圣人之心犹如明镜，而普通人的心则如斑垢驳杂之镜一样，二者的本质都是镜子，只是普通人之镜因被外物遮蔽而不能显示镜子之用，因此，圣人与普通人之别就在于其心是否受到遮蔽：

天下之人心，其始亦非有异于圣人也，特其间于有我之私，隔于物欲之蔽，大者以小，通者以塞，人各有心，至有视其父子兄弟如仇雠者。②

因此，圣人之心能以良知为本体，能时时去除物欲，使良知不受私欲之蒙蔽，从而使得内心清净。

当然，在王阳明看来，圣人能以良知为本体乃是生而能知。“圣人无所不知，只是知个天理；无所不能，只是能个天理。圣人本体明白，故事事知个天理所在，便去尽个天理。”③因此，圣人是天生能知“天理”的。

在强调圣人生而能知“天理”之外，王阳明同样强调圣人的“学知”：

①［明］王守仁撰，吴光等编校：《王阳明全集》卷二《语录二 · 传习录中》，上海古籍出版社2011年版，第56页。

②［明］王守仁撰，吴光等编校：《王阳明全集》卷二《语录二 · 传习录中》，上海古籍出版社2011年版，第61页。

③［明］王守仁撰，吴光等编校：《王阳明全集》卷三《语录三 · 传习录下》，上海古籍出版社2011年版，第110页。

先生曰:"圣人亦是'学知',众人亦是'生知'。"问曰:"何如?"曰:"这良知人人皆有,圣人只是保全,无些障蔽,兢兢业业,亹亹翼翼,自然不息,便也是学;只是生的分数多,所以谓之'生知安行'。众人自孩提之童,莫不完具此知,只是障蔽多,然本体之知自难泯息,虽问学克治也只凭他;只是学的分数多,所以谓之'学知利行'。"①

同时,王阳明以"精金"的比喻说明了圣人必须以"本体之心"为目标,时时去除人欲,保持本心之清净:

希渊问:"圣人可学而至。然伯夷、伊尹于孔子才力终不同,其同谓之圣者安在?"先生曰:"圣人之所以为圣,只是其心纯乎天理,而无人欲之杂。犹精金之所以为精,但以其成色足而无铜铅之杂也。人到纯乎天理方是圣,金到足色方是精。然圣人之才力亦是大小不同,犹金之分两有轻重。尧、舜犹万镒,文王、孔子犹九千镒,禹、汤、武王犹七八千镒,伯夷、伊尹犹四五千镒。才力不同而纯乎天理则同,皆可谓之圣人。犹分两虽不同,而足色则同,皆可谓之精金。以五千镒者而入于万镒之中,其足色同也;以夷、尹而厕之尧、孔之间,其纯乎天理同也。盖所以为精金者,在足色而不在分两;所以为圣者,在纯乎天理而不在才力也。故虽凡人而肯为学,使此心纯乎天理,则亦可为圣人;犹一两之金比之万镒,分两虽悬绝,而其到足色处可以无愧。故曰:'人皆可以为尧、舜'者以此。学者学圣人,不过是去人欲而存天理耳,犹炼金而求其足色。金之成色所争不多,则锻炼之工省而功易

①[明]王守仁撰,吴光等编校:《王阳明全集》卷三《语录三·传习录下》,上海古籍出版社2011年版,第108页。

成，成色愈下则锻炼愈难。人之气质清浊粹驳，有中人以上，中人以下，其于道有生知安行，学知利行，其下者必须人一己百，人十己千，及其成功则一。后世不知作圣之本是纯乎天理，却专去知识才能上求圣人。以为圣人无所不知，无所不能，我须是将圣人许多知识才能逐一理会始得。故不务去天理上着工夫，徒弊精竭力，从册子上钻研，名物上考索，形迹上比拟，知识愈广而人欲愈滋，才力愈多而天理愈蔽。正如见人有万镒精金，不务锻炼成色，求无愧于彼之精纯，而乃妄希分两，务同彼之万镒，锡、铅、铜、铁杂然而投，分两愈增而成色愈下，既其梢末，无复有金矣。”时曰仁在傍，曰：“先生此喻足以破世儒支离之惑，大有功于后学。”先生又曰：“吾辈用功只求日减，不求日增。减得一分人欲，便是复得一分天理；何等轻快脱洒！何等简易！”①

王阳明强调圣人之所以为圣人就在于能“纯乎天理”，在理论上，人人皆可成为圣人，只要能“纯乎天理”，保持本心清净即可。于此，王阳明为世人成圣成贤指明了方向，每个人只要肯努力，都可以成为圣人。至于圣人与圣人之间的差别，王阳明认为无可厚非，这是与每个人的聪明才智与悟性有关。

因此，王阳明对于圣人、贤人、愚人的“致良知”工夫进行了说明：

先生曰：“众人亦率性也。但率性在圣人分上较多，故‘率性之谓道’属圣人事。圣人亦修道也，但修道在贤人分上多，故‘修道之谓教’属贤人事。”又曰：“《中庸》一书，大抵皆是说修道的事。故后面凡说君子，说颜渊，说子路，皆是能修道的；说小人，

①［明］王守仁撰，吴光等编校：《王阳明全集》卷一《语录一 · 传习录上》，上海古籍出版社2011年版，第31—32页。

说贤知愚不肖，说庶民，皆是不能修道的；其他言舜、文、周公、仲尼至诚至圣之类，则又圣人之自能修道者也。”①

由此可知，圣人是“天生能知”天理，随时“致良知”，以保持心之清净。而常人却须通过后天的努力，克服外在的物欲，才能达到心灵的清净、对天理的体认。

2. 圣人之区别

王阳明认为圣人与圣人之间的区别主要在于其才能不一样。正如前面王阳明指出：“然圣人之才力亦是大小不同，犹金之分两有轻重。尧、舜犹万镒，文王、孔子犹九千镒，禹、汤、武王犹七八千镒，伯夷、伊尹犹四五千镒。”②他以黄金的重量至多少来比喻圣人才气之大小。不过王阳明并不刻意赞同这种区别，指出这种区别只是外在的，类似于朱熹之格物致知，针对弟子质疑，给予了明确的答复：

德章曰：“闻先生以精金喻圣，以分两喻圣人之分量，以锻炼喻学者之工夫，最为深切。惟谓尧、舜为万镒，孔子为九千镒，疑未安。”

先生曰：“此又是躯壳上起念，故替圣人争分两。若不从躯壳上起念，即尧、舜万镒不为多，孔子九千镒不为少；尧、舜万镒只是孔子的，孔子九千镒只是尧、舜的，原无彼我，所以谓圣。只论精一，不论多寡。只要此心纯乎天理处同，便同谓之圣。若是力量气魄，如何尽同得！后儒只在分两上较量，所以流入功利。

①［明］王守仁撰，吴光等编校：《王阳明全集》卷三《语录三 · 传习录下》，上海古籍出版社2011年版，第111页。

②［明］王守仁撰，吴光等编校：《王阳明全集》卷一《语录一 · 传习录上》，上海古籍出版社2011年版，第31页。

若除去了比较分两的心，各人尽着自己力量精神，只在此心纯天理上用功，即人人自有，个个圆成，便能大以成大，小以成小，不假外慕，无不具足。此便是实实落落明善诚身的事。后儒不明圣学，不知就自己心地良知良能上体认扩充，却去求知其所不知，求能其所不能，一味只是希高慕大；不知自己是桀、纣心地，动辄要做尧、舜事业，如何做得？终年碌碌，至于老死，竟不知成就了个甚么，可哀也已！”①

因此，王阳明关注的只是成圣成贤的“纯乎天理”之心，不去计较外在的事功，强调于心体上用功，认为只有如此，才能做到随机应变。此外，在王阳明看来，圣人并不是超人，能够预测吉凶祸福，相反，王阳明是反对说圣人有“前知”的，因为趋利避害本身就是一种私心，与良知思想不一致。

或问“至诚”“前知”。先生曰：“诚是实理，只是一个良知。实理之妙用流行就是神，其萌动处就是几，诚、神、几曰圣人。圣人不贵前知。祸福之来，虽圣人有所不免。圣人只是知几，遇变而通耳。良知无前后，只知得见在的几，便是一了百了。若有个‘前知’的心，就是私心，就有趋避利害的意。邵子必于前知，终是利害心未尽处。”②

因此，王阳明指出圣人的才能主要体现在“纯乎天理”的心本体

①［明］王守仁撰，吴光等编校：《王阳明全集》卷一《语录一·传习录上》，上海古籍出版社2011年版，第35—36页。

②［明］王守仁撰，吴光等编校：《王阳明全集》卷三《语录三·传习录下》，上海古籍出版社2011年版，第124页。

的发用方面。那么圣人于人于己有何益处呢？也就是说圣人于世是如何与他人及社会相处的呢？

在王阳明看来，圣人首先是无私地对待他人，不能有私心与物欲，达到一种与万物为一体的道德境界。

> 夫圣人之心，以天地万物为一体，其视天下之人，无外内远近，凡有血气，皆其昆弟赤子之亲，莫不欲安全而教养之，以遂其万物一体之念。天下之人心，其始亦非有异于圣人也，特其间于有我之私，隔于物欲之蔽，大者以小，通者以塞，人各有心，至有视其父子兄弟如仇雠者。圣人有忧之，是以推其天地万物一体之仁以教天下，使之皆有以克其私，去其蔽，以复其心体之同然。其教之大端，则尧、舜、禹之相授受，所谓"道心惟微，惟精惟一，允执厥中"。而其节目则舜之命契，所谓"父子有亲，君臣有义，夫妇有别，长幼有序，朋友有信"五者而已。唐、虞、三代之世，教者惟以此为教，而学者惟以此为学。①

故圣人以良知来对待万物，把主体之良知推及万物，从而体现主体的"仁爱"之心。

其次，王阳明眼中的圣人必须以天下为己任，正如张载所言："圣人必须为天地立心，为生民立命，为往圣继绝学，为万世开太平。"所以，圣人除了注重个人修养之外，还必须心系天下，希望天下人都能成为圣人。王阳明的圣人入世的方法并不反对专注于自我内心的修养，在其文章《山东乡试录·禹思天下有溺者，犹己溺之也；稷思天下有饥者，犹己饥之也》中有着明显的体现，例举了多位圣贤的入世思

①［明］王守仁撰，吴光等编校：《王阳明全集》卷二《语录二·传习录中》，上海古籍出版社2011年版，第61页。

想,指出圣人既要忧民救民,又同时必须进行自我的道德修养。在王阳明看来,只有自我道德修养完善,才能教化民众,这完全符合儒家"修身、齐家、治国、平天下"的理念。

(三)心学之政治关怀

王阳明心学美学思想除注重个体的道德审美之外,更注重社会的政治关怀,希望通过改良人性来改变社会之现状,以期建立一个理想的社会。王阳明一生为明王朝立下了显赫的功业,如平定南方民变、宁藩之乱与思田之变等。哲学家的生平事迹无疑会影响其哲学思想,王阳明的这些政绩也同样体现于其美学思想之中。同时,阳明学说是在反对朱子之学的基础上建立起来的,他对朱子之学有着切身的体会,比如"遍求考亭遗书读之"与"亭前格竹"等体验使他对朱子之学的弊端有着比他人更深的理解。于是他必须通过宣讲自己的学说,以取代朱子之学,从革新学术上来挽救明代社会之弊端。王阳明的政治关怀就体现于讲学与从政两个方面:

1. 讲学

王阳明的学术思想有着明确的目的,他指出,在古代周朝时期,礼仪制度完善,人心向善,故社会伦理道德盛行,整个社会尊卑有序,和睦共处;其后,随着功利之说的流行,人们以利相交,欲望膨胀,"满口仁义道德,满肚子坏水"之所谓"君子"者充斥社会。基于此,王阳明提出"知行合一"与"致良知"之说,以让世人明白先圣之学,进而对社会进行改良。

王阳明企图以阳明心学恢复明代的社会制度,向往三代之治。可见,王阳明的美学思想并非只是个人道德修养方面,而是蕴含着强烈的政治关怀于其中。

王阳明建立心学之后,四处讲学,希望以其良知学说教化民众。其弟子邹守益在《阳明先生文录序》里记道:在当时有人称赞王阳明于文章、政事、气节与勋烈四者兼而有之,却不赞同其讲学一事。王阳明明确表示，前四者我都可以不要，只要讲学这一样就行。可见，王阳明对讲学十分重视，即使在戎马倥偬之余与颠沛流离之际都坚持收徒与讲学，从三十四岁开始于京师讲学。被贬贵州后，王阳明的讲学在龙场形成了一定的规模，建立了龙冈书院，向当地诸生传授知识，开辟了黔南的王学。随后，主持了贵阳书院，主讲“知行合一”学说。

王阳明讲学的巅峰时期是在居越期间的六年〔正德十六年(1521)到嘉靖六年(1527)〕。《传习录》当时有记载：

> 先生初归越时，朋友踪迹尚寥落。既后，四方来游者日进。癸未年已后，环先生而居者比屋，如天妃、光相诸刹，每当一室，常合食者数十人；夜无卧处，更相就席；歌声彻昏旦。南镇、禹穴、阳明洞诸山，远近寺刹，徒足所到，无非同志游寓所在。先生每临讲座，前后左右环坐而听者，常不下数百人，送往迎来，月无虚日；至有在侍更岁，不能记其姓名者。每临别，先生常叹曰：“君等离别，不出在天地间，苟同此志，吾亦可以忘形似矣！”诸生每听讲出门，未尝不跳跃称快。尝闻之同门先辈曰：“南都以前，朋友从游者虽众，未有如在越之盛者。此虽讲学日久，孚信渐博，要亦先生之学日进，感召之机申变无方，亦自有不同也。”①

可见王阳明当时讲学的盛况。也正是在这期间，王阳明培养了一大批骨干弟子，使得阳明学在社会上广泛传播。王阳明在讲学上花费了巨大的精力，特别是在悟道之后，形成了其心学体系，希望通过讲

①[明]王守仁撰，吴光等编校：《王阳明全集》卷三《语录三 · 传习录下》，上海古籍出版社 2011 年版，第 134 页。

学来宣扬其“致良知”思想，以便扭转朱子之学的弊端，从而改良社会。

王阳明的讲学与书院紧密相关，他与其弟子主要通过书院来讲学，书院是阳明学传播的主要阵地。王阳明讲学的主要目的是希望通过讲学达到教化民众的目的。陈来先生就指出王阳明的讲学蕴含教化思想：“就嘉靖、万历时代而言，最重要、最有影响的讲会都与阳明学者有直接关系，可以说就是‘王学讲会’。这些讲会在相当程度上成为理学发展的一种组织形式，并常常与地方风俗教化发生联系。因而，它们不仅仅是理学家的个人交游，更具有积极的文化功能与社会功能，事实上，阳明学话语的建立、扩展及在明中后期对整个社会的笼罩，正是通过会讲、讲会的形式得以实现的。”①

除了用讲学来教化民众之外，王阳明还利用各种资源对乡民进行教化。在巡抚南赣时，告谕老百姓要遵守基本的伦理道德，父子、兄弟、夫妇之间必须和睦相处；注意遵纪守法，勤俭持家；心态要平和，多学会忍让，不要随意吵架闹事打官司；见善思齐，见恶敢于见义勇为；等等。通过教化希望形成良好的伦理道德氛围。

与此同时，王阳明于各地建立“社学”“乡约”等制度，以便“共成仁厚之俗”。王阳明每至一处，都感觉当地社会风气不良，教化欠缺，在南、赣时建立“社学”，专门请老师来教化百姓，教育他们学习诗歌、礼仪等，告谕他们要相互监督，防止犯错，通过长时间的教化，终于形成了基本的社会道德规范。在《南赣乡约》中，王阳明提出了从内心教化百姓之说：

故今特为乡约，以协和尔民，自今凡尔同约之民，皆宜孝尔

①陈来：《中国近世思想史研究》，商务印书馆2003年版，第338页。

父母，敬尔兄长，教训尔子孙，和顺尔乡里，死丧相助，患难相恤，善相劝勉，恶相告戒，息讼罢争，讲信修睦，务成良善之民，共成仁厚之俗。①

可见王阳明对教化的重视，他认为只有从思想上改变民众之贪婪与欲望，才能教化民众，达到天下之“至治”。

2. 从政

徐梵澄指出：“王阳明未尝修史，却是以其事功创造历史。”②王阳明的政治事业与其哲学思想是分不开的，他不同于那些专事从政的官员，亦不同于躲避在书斋中的思想家，而是集政治与思想于一身，是做圣贤事业的理想政治家。徐复观指出了王阳明作为圣贤事业政治家与现实的政治家有着完全的不同：现实的政治家以满足自己的权力之欲为主，其目的是为了实现自己的功名，为此，某些现实政治家为达到自己的目的，做事不择手段，损公肥私、损人利己；王阳明则时刻关注民生疾苦，心怀天下，于个人则以“修己”为主，主张“知行合一”与“致良知”，所有这些是现实某些政治家无法相比的③。因此，王阳明以儒者的身份从事政治，关注社会的和平与百姓的福祉，不像那些政客，关心的只是自身的利益。

王阳明很早就对政治有着不一般的热情，这毫无疑问会影响其美学思想。《年谱》上记载王阳明在居庸三关旅游时，就怀有经略四方之志向，针对当时盗窃四起、地方犯上作乱的情况多次上书朝廷。少年的经历决定人生发展之方向，这种对政治事务的关怀与参与加

①［明］王守仁撰，吴光等编校：《王阳明全集》卷十七《别录九·南赣乡约》，上海古籍出版社 2011 年版，第 664—665 页。

②徐梵澄：《陆王学述——一系精神哲学》，上海远东出版社 1994 年版，第 76 页。

③徐复观：《中国思想史论集续篇》，九州出版社 2014 年版，第 570—571 页。

强了他后来从政的决心。

王阳明的政治生涯十分丰富，对他产生重大影响的一次政治件事是1506年由于抗疏援救南京户科给事戴铣、四川道御史薄彦微等人，被贬龙场驿，从此开始了其心学生涯。其后王阳明又于多处做官：1510年三月，离开贵州，升任江西庐陵县知县；十二月，升任南京刑部四川清吏司主事。1511年正月，调任吏部验封清吏司主事；二月，担任会试同考官；十月，升任文选清吏司员外郎。1512年三月，升任考功清吏司郎中；十二月，升任南京太仆寺少卿。1514年四月，升任南京鸿胪寺卿。1516年底，升任右佥都御史巡抚南赣、汀、漳。1517年九月，改授提督南赣、汀、漳等处军务，给旗牌，得便宜行事。1518年六月，升任都察院右副都御史，荫子锦衣卫，世袭万户，再进副千户。1519年六月，宁王朱宸濠在南昌反叛起事；七月二十七日，王守仁生擒朱宸濠与“其世子、郡主、将军、仪宾及伪太师、国师、元帅、参赞、尚书、都督、都指挥、千百户等官”。1521年六月，升南京兵部尚书，不就；十二月，加封光禄大夫、柱国、爵新建伯。1527年五月，朝廷命王守仁以原官兼任都察院左都御史，前往广西征讨思恩、田州少数民族之乱。朝廷命王守仁总督两广及江西、湖广军务。

在任职期间，王阳明开始在实际政治中有所作为，特别是在巡抚南赣时，由于当地民心不稳，盗贼四起，王阳明经历了一年多的时间，平息了各种动乱，发现教化民众的重要性，抒发了“破山中贼易，破心中贼难”的感言。

王阳明非常重视从内心对民众进行教化，他制定的《南赣乡约》就是希望通过民众的自我约制来维护乡村秩序，强调在思想上为善：

> 尔等父老子弟毋念新民之旧恶而不与其善，彼一念而善，即善人矣；毋自持为良民而不修其身，尔一念而恶，即恶人矣；人之

善恶,由于一念之间,尔等慎思吾言,毋忽!①

阳明哲学最大的特点就是将儒家道德学说的外在本体归为"心体",将外在的格物致知转化为内在的个人修为,即将外王之学转为内圣之学。然儒学除修身之外,主要以治国平天下为己任。于是除了个人道德修养之外,国家政治问题更是儒家首要关注之点。

王阳明"致良知"说就是其政治思想的集中体现,自龙场悟道后建立了其良知学说,他把自己的哲学思想归结为"致良知"三个字:

吾"良知"二字,自龙场以后,便已不出此意,只是点此二字不出,于学者言,费却多少辞说。今幸见出此意,一语之下,洞见全体,真是痛快,不觉手舞足蹈。学者闻之,亦省却多少寻讨功夫。学问头脑,至此已是说得十分下落。②

王阳明的哲学思想是意义世界与道德修养的结合,因此,其良知学说既有心之本体论,亦有道德修养之工夫论,同时还有其政治向度。他自己曾说:

仆诚赖天之灵,偶有见于良知之学,以为必由此而后天下可得而治。③

①[明]王守仁撰,吴光等编校:《王阳明全集》卷十七《别录九·南赣乡约》,上海古籍出版社 2011 年版,第 665 页。

②[明]王守仁撰,吴光等编校:《王阳明全集》卷四十一《序说·序跋·刻文录序说》,上海古籍出版社 2011 年版,第 1747 页。

③[明]王守仁撰,吴光等编校:《王阳明全集》卷二《语录二·传习录中》,上海古籍出版社 2011 年版,第 90 页。

可以说,王阳明建立良知之说,最开始就与道德修养有关,与社会现实有关,因而,良知说从一开始就具备政治向度,其亦是治世之说。

首先,良知是个体处世的准则,具备行为范导的意义,平日里的各种行为都是良知的发用流行而已。

尔那一点良知,是尔自家底准则。尔意念着处,他是便知是,非便知非,更瞒他一些不得。尔只不要欺他,实实落落依着他做去,善便存,恶便去。他这里何等稳当快乐。①

王阳明在《答欧阳崇一》一文中,更是强调了良知行为的指导含义,认为日常生活中,所有的一切都是良知之发用流行,故君子在日常生活中为人处世顺其自然,不做作,不做力所不逮之事,这一切都是"致良知"的表现。

良知既然作为世人处世之准则,就必须具备普遍性,即是说良知不只是圣人才有,普通人亦必须有良知,必须"致良知"。只有这样,良知才能成为社会准则。王阳明指出,良知存在每个人心里,无论此人是圣人还是愚人,是古人还是今人,衡量一个人是圣人还是普通人,不在于此人是否具有良知,而是在于其良知本体是否被遮蔽。本心时时明净之人即是圣人,反之即是普通人。

当然,良知毕竟不比法律条文,可以以各种形式明文规定,良知的行为准则只是社会伦理规范于人内心的反映,只是儒家思想在人们心中的一种约定俗成而已。因此,王阳明说:

盖良知只是一个天理自然明觉发见处,只是一个真诚恻怛,

①[明]王守仁撰,吴光等编校:《王阳明全集》卷三《语录三・传习录下》,上海古籍出版社2011年版,第105页。

便是他本体。故致此良知之真诚恻怛以事亲便是孝,致此良知之真诚恻怛以从兄便是弟,致此良知之真诚恻怛以事君便是忠。只是一个良知,一个真诚恻怛。①

于此,王阳明把真诚恻怛的良知作为人的社会准则,认为君臣父子各种伦理关系都是以它作为标准,良知本体体现于各种事物上各得其所。

王阳明认为天下任何事情,只要以良知为准则,皆可处理妥当,小至个人修养与伦理,大至社会事物,都须以良知为基准。王阳明体现为社会作用方面的良知事实上就是儒家的尧舜之道与社会伦理准则。

其次,良知学说的政治蕴涵。王阳明在其良知学说中,明确强调了对良知的政治效用:

世之君子惟务致其良知,则自能公是非,同好恶,视人犹己,视国犹家,而以天地万物为一体,求天下无治,不可得矣。②

王阳明认为只要天下人都"致良知",就能实现理想的社会,达到同尧舜三代之治一样的时代。当然,王阳明的这个理想多少带有乌托邦的特性,基本上是不可能实现的,因为人性并非如孟子所言都是善良的,即使本性是善良的,由于外在各种欲望的引诱,人的本性也会改变。所以自古而言,社会都是善良正直与丑陋邪恶同时存在,不

①[明]王守仁撰,吴光等编校:《王阳明全集》卷二《语录二·传习录中》,上海古籍出版社2011年版,第95—96页。
②[明]王守仁撰,吴光等编校:《王阳明全集》卷二《语录二·传习录中》,上海古籍出版社2011年版,第90页。

可能存在人人都能“致良知”的美满社会。

即使如此，王阳明依然为之努力，以救世之心面对，希望能改变当时社会民风衰败的现状。针对当时明代之社会现状，王阳明乃是明知不可为而为之，希望尽自己微薄之力，身体力行，以“致良知”思想启发民众。尽管未能最终改变明代衰败的现状，但也确实影响与感化了他所到之处的百姓。这些在其著作及阳明后学中可见一斑。

此外，王阳明的心学思想还蕴含了现代的平等与自由的政治思想。比如他的“满街人都是圣人”“人胸中各有个圣人”的说法，反映了在王阳明心中，圣人与愚人在精神上平等，二者在本质上没有什么区别。

> 自己良知原与圣人一般，若体认得自己良知明白，即圣人气象不在圣人而在我矣。①

王阳明有关人人自有良知的观点，并且把良知作为人生在世的主要依据，就充分表明了其学说中蕴含着众生平等的思想。

自由的思想同样蕴含于阳明心学美学思想之中，审美的本质就是自由，心学作为美学思想毫无疑问存在着精神上的极大自由与快乐，他的“狂者”心态即是自由与审美的心态。因此，王阳明曾自信满满地说：

> 良知是造化的精灵。这些精灵，生天生地，成鬼成帝，皆从此出，真是与物无对。人若复得他完完全全，无少亏欠，自不觉

①[明]王守仁撰，吴光等编校：《王阳明全集》卷二《语录二·传习录中》，上海古籍出版社2011年版，第66页。

手舞足蹈，不知天地间更有何乐可代。①

正是有了这种对内在良知自信的心理，王阳明在遭受打击时，才能做个真正的狂者：

我今信得这良知真是真非，信手行去，更不着些覆藏。我今才做得个狂者的胸次，使天下之人都说我行不掩言也罢。②

王阳明心学美学的这种自由的思想在明代末期掀起了一股自由的风气，于当时的社会风气产生了一定的影响。

二、禅宗美学审美对象

心学作为儒学的发展，是入世的学说，对佛教的进入持批判与吸收的态度。禅宗最初由菩提达摩创立，中间经历了慧可、僧璨、道信、弘忍，其后分为南北二宗，南宗禅以慧能为主，北宗禅以神秀为主。北宗禅主张渐修，南宗禅主张顿悟。这里探讨的主要是慧能的南宗禅，强调直指本心，顿悟成佛。佛教不论给禅宗美学留下多少可资借鉴的理论成果，但宗教终归是宗教，主要特征是宗教性、程式化与象征性，其目的是解决人的宗教信仰问题。禅宗继承了佛教“空”的思想，主张一切随缘任运，以一颗平常心处世，以个体自身为主，注重的只是个体精神方面的修行。

①［明］王守仁撰，吴光等编校：《王阳明全集》卷三《语录三·传习录下》，上海古籍出版社2011年版，第119页。

②［明］王守仁撰，吴光等编校：《王阳明全集》卷三《语录三·传习录下》，上海古籍出版社2011年版，第132页。

（一）禅宗形成的过程与背景

法国艺术史家丹纳在其《艺术哲学》指出，自然界有它的气候，气候的变化决定这种那种植物的出现；精神方面也有它的气候，其变化决定这种那种艺术的出现。禅宗思想的形成同样受到了当时中国社会大气候的影响。

禅宗之形成与中国强大的文化背景相关，魏晋时期可以说是禅宗的发展时期。此时期是历史上比较动荡的朝代之一，这一时期，国家中心离散，据史料记载："河内为魏宗室所居，魏废帝齐王曹芳，也居于此，隐然是当时洛阳以外的一个政治中心。如果把洛阳看作司马氏所控制的政治中心，则河内（尤其是邺），不妨看做曹氏所控制的政治中心。"①"汉末魏晋六朝是中国政治上最混乱、社会上最苦痛的时代，然而却是精神史上极自由、极解放，最富于智慧、最浓于热情的一个时代。……魏晋时代人的精神是最哲学的，因为是最解放的、最自由的。"②玄学思想就是于此时期产生。玄学以道家思想为主，与儒家思想相融合，其核心观点是自然与名教的关系。名教指的是儒家礼乐所引出的一些规章制度，包括名实相符、尊卑有序等，这是与自然相违背的，是人为的规矩。而自然则是不以人力为之："自然规律是不可变更的，所以它们既不能被打破，也不能被强制施行。它们超越了人类的控制之外，尽管它们可能会被我们为技术目的而加以运用，并且尽管我们可能因不了解它们或忽视了它们而陷入困境之中。"③自然规律与规章制度本不可能统一，但玄学家有关自然的含义与名教思想并不冲突。这主要体现在王弼的自然观，具备形而上

①侯外庐等：《中国思想通史》卷三，人民出版社 2011 年版，第 141 页。

②宗白华：《美学散步》，上海人民出版社 1981 年版，第 208—215 页。

③［英］卡尔·波普尔：《开放社会及其敌人》，陆衡等译，中国社会科学出版社 1999 年版，第 131 页。

的特性，强调自然的重要性，但他并不排除名教的存在，指出二者是可以和谐统一的。可见，玄学的自然是一种人为的自然，是一种规范了的自然。这种自然之本性与圣人的人格于本质上是一致的，这种自然观认为社会制度的存在与人性相符，人性的最高境界是自然性，于是就把名教与自然统一起来了。

魏晋南北朝时期的玄学之风与当时士大夫对理论研究的兴趣，促进了佛学与中国文化的结合。这一时期士大夫追求适意自在的生活趣味使得佛教的禁欲主义思想转向社会生活。受道家思想的影响，禅宗依附玄学而产生。“佛教正在尽力寻找能与中国人的心灵相沟通的途径。在这期间，沙门多有深明世典者，士大夫中，亦不乏通达释教之人，故高僧名流常禅玄互证，以般若比附老庄，以外书注释内典，或内典外书，递互讲说。通达《庄子》的支遁（道林）以《庄子》思想为媒介，找到了理解佛教的关于‘空’的思想的线索。……慧远在讲学中引‘《庄子》为连类，于是惑者晓然’（《高僧传·慧远传》）”①除了受到玄学的影响之外，佛教本身的“不立文字，直指人心”的传教方式也是禅宗得以产生的重要原因。

禅宗盛行于唐宋，特别是中唐以后，禅宗兴盛，衍出五家七宗诸派。同时，唐代是诗歌的繁荣时期，禅宗的顿悟思维方法对唐代诗歌产生了重要的影响，大部分的诗人多少对禅有所涉及，这亦是禅宗兴盛的原因之一。唐朝是一个奇特瑰丽的时代，因此，这个时代的禅，也必然带有这个时代的特点，如所谓临济喝，所谓德山棒，所谓赵州茶等。宋代禅宗逐渐成为融合型的中国佛教的主体，以文字禅为主，禅宗将修行分为三个境界，对宋代文化特别是尚意书风等产生了影响。明代禅宗逐渐衰退，到了中晚期，禅宗与阳明心学互相影响，共

①皮朝纲、董运庭：《静默的美学》，成都科技大学出版社 1994 年版，第 20—21 页。

同构成了明代中晚期绚丽的思想图景，乃至于影响了明清时期整个的社会人文。

1. 心性论思想的形成

禅宗是佛教于中国的变种，但其形成有其自身的过程。佛教的般若空观思想与《涅槃经》对中国文化都产生了重大影响：前者主张万物皆空，既否定了现象界，也否定了本体界；后者否定了现象界却肯定了本体世界的存在。

禅宗的产生主要来源于梁时真谛所译的《大乘起信论校释》，书中将不变与随缘、不动与动、净法与染法相沟通，使真如本体不只是消极意义上的诸法实相，而成为积极意义上生成万象的本源，人们将它的本体论模式称为真如缘起论是相当贴切的。真如既获得了生成万象的积极意义，和它对应的觉也就使得佛性概念由消极意义上的清净心变为积极意义上的本觉。真如和无明的结合具体是在阿赖耶识中完成的，阿赖耶识具足一切现象和本体，这样，心识终于具有了一定意义上的本体地位。但《起信论》中的阿赖耶识并不是成熟的禅学本体，阿赖耶识之上还有最高本体心真如门。于是在《起信论》中就存在双重本体的现象，此时心还不是最高本体，佛学真正心性化是在《坛经》之中。

《坛经》将人心作为最高本体，提出了“无念为宗，无相为体，无住为本”的思想：

> 何名无相？无相者，于相而离相；无念者，于念而不念；无住者，为人本性，念念不住，前念、今念、后念，念念相续，无有断绝；若一念断绝，法身即离色身。念念时中，于一切法上无住，一念若住，念念即住，名系缚；于一切上，念念不住，即无缚也。此是以无住为本。善知识！但离一切相，是无相；但能离相，性体清净。此是以无相为体。于一切境上不染，名为无念；于自念上离

境，不于法上生念。若百物不思，念尽除却，一念断即死，别处受生。学道者用心，莫不思法意。自错尚可，更劝他人迷，不自见迷，又谤经法，是以立无念为宗。①

《坛经》还指出，本心不能着境，必须念念不断："世人性净，犹如青天，惠如日，智如月，智惠常明。于外著境，妄念浮云盖覆，自性不能明。故遇善知识开真法，吹却迷妄，内外明彻，于自性中，万法皆见。"②

心的本体是念念不断的活动，于现实生活中，心会受到欲念之遮蔽，解脱的目的也即是去除欲念，回归心的念念不断的活动。可见，禅宗的全部思想，皆可由《坛经》得以诠释。

禅宗先后形成了以慧能为首的南宗禅与以神秀为主的北宗禅。慧能之后，南宗禅出现了分化，先后形成了五家七宗。其中荷泽系与南岳系对《坛经》思想有进一步的深化，特别是于心本体论方面。

禅宗的心本体论是对佛学本体论的吸收与改造：首先，禅宗吸收了佛教空宗的思想，心本体具备空寂之意；其次，禅宗心本体吸收了涅槃学的思想，心具备法性、真如等含义。由于禅宗心性本体论对佛学心性本体论的改造，使得禅宗之心本体具备自然、无造作的特性，这主要体现于南岳一系的禅风；同时禅宗的心本体认为万物皆由心生，都是心的显现，万物与我为一体，这主要体现于青原一系的禅法。

2. 禅学修行论的形成

佛教的最终目的是解脱，事实上不只是佛教，所有宗教都追求解脱。因为在他们看来，人们受各种欲望的诱惑时会产生无穷尽的痛苦与烦恼，要想去除这些烦恼，就必须获得解脱。各宗教求得解脱的

①［唐］慧能著，郭朋校释：《坛经校释》，中华书局2012年版，第39页。
②［唐］慧能著，郭朋校释：《坛经校释》，中华书局2012年版，第47—48页。

方式不一样，比如基督教提出了原罪说、赎罪说与来世说的观点，认为人生来带有原罪，降临于世是来赎罪的，赎罪的目的是希望来世能过上美好的生活。基督教把解脱寄托于至高无上的神，向神求宽恕罪过，向神求永生，这是一种向往求得解脱的方式。佛教与基督教不一样，佛教把世界与人生看作是烦恼的自我创造，因而解脱的方式重在改变自身。

佛教改变自身需要现证，就是修行者对特定内容的体验与感受，即定与慧，或止与观，都是指集中精力倾注观察对象，在此基础上进行思维，得出佛教的理论。禅一样包含了这两个方面。小乘禅法的修行就是以调身、调息等方法求得心境专一，在此精神状态下，观想人身、外物或污染或无常，由此证得小乘义理。在此基础上再去重新观察世界，可得到众生皆苦、诸行无常等感受，从而心灰意灭得到解脱。可见，小乘禅法以寂灭为解脱的方式。大乘禅法追求对诸法实相的观解。《般舟三昧经》称通过念佛可见阿弥陀佛，同时，《般舟三昧经》以般若性空为诸法实相，修行者不能执着，经中记载：

> 佛从何所来？我为到何所？自念：佛无所从来，我亦无所至。自念：欲处色处无色处，是三处意所作耳，我所念即见。心作佛，心自见，心是佛心，佛心是我身。心见佛，心不自知心，心不自见心，心有想为痴心，无想是涅槃。①

可见，大乘禅法不以寂灭为解脱方式，而以修行者证解实相为修行目的。

一般认为，达摩为禅宗之祖，其后经慧可、僧璨、道信和弘忍，禅学形成了一定规模。北宗禅法坚持了达摩禅法以安心为主的精神，

---

①［后汉］支娄迦谶译：《佛说般舟三昧经》，《大正新修大藏经》第13卷，第899页。

主张于内心修行，指出无心即不起执着之心。因此，北宗禅认为只有无心才能做到无执，才能无妄念，息妄才能显示真。

所以，北宗禅反对执有，针对执有强调：

> 有文有字，名曰生死，无文无字，名曰涅槃；有言有说，名曰生死，无言无说，名曰涅槃；有修有学，名曰生死，无修无学，名曰涅槃；有智有慧，名曰生死，无智无慧，名曰涅槃。

同时北宗禅法反对执无，针对执无强调：

> 断烦恼名曰生死，不断烦恼名曰涅槃；见解脱名曰生死，不见解脱名曰涅槃；见涅槃名曰生死，不见涅槃名曰涅槃；厌世间名曰生死，不厌世间名曰涅槃；乐大乘名曰生死，不乐大乘名曰涅槃。①

可见，禅法到了北宗，反对一切固定的修行方法，以不修为修，修行只是明心见性、自证自悟而已。

南宗禅在北宗禅的基础上，对心本体给予了正面肯定含义，强调了心是念念不断的活动，突出了心的自然特性。与北宗禅息妄渐修不一样，南宗禅主张顿悟成佛。对于“定”与“慧”，南宗禅赋予了全新的含义。首先，“定”在小乘禅法中是寂灭之意，于大乘禅法指的是与义理契合的心理状态，北宗禅中的“定”又偏于寂灭之意。在南宗禅“定”已是人心本已有之的、自然的本心活动。所谓“定”者，“于一切时中，行、住、坐、卧，常行直心是”②。其次，“慧”在大小禅法中指的是对义理于意识中的物象化或以义理为内容进行心理暗示。在禅

①佚名：《大乘北宗论》，《大正新修大藏经》第85卷，第1282页。

②［唐］慧能著，郭朋校释：《坛经校释》，中华书局2012年版，第33页。

宗中的“慧”指的是念念不断的心的发用，只要发挥本心的智用，体认本心，就能获得解脱。而要获得这种解脱，《坛经》认为除了需要明师的开导外，其解脱更讲求自悟，“不能自悟，须得善知识示道见性；若自悟者，不假外善知识。若取外求善知识，望得解脱，无有是处。识自心内善知识，即得解脱”①。

（二）禅宗美学关注的问题

人生问题历来是宗教关注的核心，原始佛教认为人生是痛苦的，不能自由自主，人生有各种痛苦，如生老病死、怨憎会、爱别离、求不得、五取蕴等痛苦。

在佛教看来，世界上的一切都是由色、受、想、行、识等五种元素相互组合而成。五蕴本身就需要一定的条件才能存在，是变易无常的，因而由它们组成的一切现象也是虚妄无常的，没有独立的实体，即是无我的。世人却被这种现象所迷惑，执着于各种物欲，因而产生欲求不得之痛苦，同时因人各有自己喜欢的人，希望与自己喜欢或相爱之人相聚，却因种种原因无法相聚而产生爱别离之苦。此外，还有无法远离诸种烦恼的怨憎会苦等。因此，五取蕴苦是人产生痛苦的根本所在。原始佛教认为，人要去除这些痛苦，必须克制对世间的各种欲望与执着，达到无欲无求的境界。因此，原始佛教所要求的这种涅槃境界，是一种消极的人生境界。

大乘佛教为修行者提供了一个美好的彼岸世界，即我们平常所说的西方极乐世界，在这个世界里，黄金铺地，气候宜人，环境优美，众生长生不老。在追求解脱方面，大乘佛教除注重个人的修行之外，还注重普度众生，倡导“我不入地狱，谁入地狱”的个体为众生着想的精神。成佛之后除慈祥仁爱之外，应注重对众生痛苦的关注，普度众生。可见，大乘佛教已经从小乘佛教的寂灭走向了世间。

①［唐］慧能著，郭朋校释：《坛经校释》，中华书局2012年版，第73页。

禅宗否定了通过外在实相的认识获得解脱的方法，亦不把普度众生、广积功德作为修行的途径。它把大小乘佛教的向外追求解脱转为对本心的回归。禅宗认为只有主体自身的转变才能获得解脱，因此，禅宗并不追求所谓的彼岸世界，而是把解脱的重心完全放回人世间。《坛经》指出："迷人念佛生彼，悟者自净其心。所以佛言：'随其心净，则佛土净。'"只要能够做到"心但无不净，西方去此不远；……但行直心，到如弹指"①。因此，禅宗要求对任何事物都必须无执着，对于大小乘佛教的寂灭与彼岸世界的向往持反对态度。禅宗指出修行者在日常生活中的任何时间任何地点都可以修行。禅宗自慧能之后，更加强调修行的世俗化，于对答中，各种启示学人的俚俗用语都用上了，临济宗始祖义玄常开示众人，"佛法无用功处，只是平常无事，屙屎送尿，著衣吃饭，困来即卧"②，其道友普化亦是以日常用语开化众生。据《五灯会元》卷第十一记载：

> （义玄）同普化赴施主斋次，师（义玄）问，"毛吞巨海，芥纳须弥，为复是神通妙用，为复是法尔如然"。化趯倒饭床。师曰："太粗生！"曰："这里是甚么所在，说粗说细？"次日又同赴斋，师复问，"今日供养，何似昨日？"化又趯倒饭床。师曰："得即得，太粗生。"化喝曰："瞎汉，佛法说甚么粗细？"师乃吐舌。③

其实，不止临济义玄与普化，其他禅师亦如此，后来几乎形成了呵佛骂祖的风气，当时就有"德山棒，临济喝"之说。德山宣鉴曾对众

---

①［唐］慧能著，郭朋校释：《坛经校释》，中华书局2012年版，第81页。

②［宋］赜藏主编集，萧萐父、吕有祥、蔡兆华点校：《古尊宿语录》卷第四《镇州临济（义玄）慧照禅师语录》，中华书局1994年版，第59页。

③［宋］普济著，苏渊雷点校：《五灯会元》卷第十一《临济义玄禅师》，中华书局1984年版，第649页。

人说道：

> 这里无祖无佛，达摩是老臊胡，释迦老子是干屎橛，文殊普贤是担屎汉。等觉妙觉是破执凡夫，菩提涅槃是系驴橛，十二分教是鬼神簿、拭疮疣纸。四果三贤、初心十地是守古冢鬼，自救不了。①

这种外在的棒喝、呵骂之风后来愈发严重，各禅师多逞口舌之快，胡说乱道者比比皆是，把整个禅学弄得几近儿戏。可以说，在此期间，于禅宗中，没有什么外在的偶像与权威，有的只是内心的任运自然。

王阳明指出："佛氏不着相，其实著了相。……佛怕父子累，却逃了父子；怕君臣累，却逃了君臣；怕夫妇累，却逃了夫妇：都是为个君臣、父子、夫妇著了相，便须逃避。"②在王阳明看来，君臣、父子及夫妇都是最为基本的伦理道德，而佛禅却逃避这些，可说正是对平常心的违背，是一种自私的表现，是另一种执着。

王阳明认为佛禅不仅于伦理道德上逃避，对于国家大事更是不管不顾，他指出："佛氏着在无善无恶上，便一切都不管，不可以治天下。"③事实上也正是如此，由于禅宗热衷于人们的内在世界，也就无心于外在的实践，更无纵横驰骋中的激扬豪猛，奋发上进中的大开大阖，而是一种看破红尘后的淡然。因此，禅宗与道家一样是主张清静无为的，要求不执着于外物，随缘任运，这与阳明心学"修身、齐家、治

①[宋]普济著，苏渊雷点校：《五灯会元》卷第七《德山宣鉴禅师》，中华书局1984年版，第374页。

②[明]王守仁撰，吴光等编校：《王阳明全集》卷三《语录三·传习录下》，上海古籍出版社2011年版，第112页。

③[明]王守仁撰，吴光等编校：《王阳明全集》卷一《语录一·传习录上》，上海古籍出版社2011年版，第33页。

国、平天下”的入世思想背道而驰。这即是说,阳明心学美学与禅宗美学在审美对象的内涵上是完全不同的。

第二节　对于世界的美学价值判断不同

阳明心学美学与禅宗美学思想在高扬主体性方面存在一致性,有着相通的审美体验,相似的审美结果,但二者毕竟是两种不同的体系:禅宗是佛学的变种,佛学是出世之哲学,关注的是人的生死问题;心学是儒学的革新,儒学是入世之哲学,关注民生与社会问题。因此,二者的美学价值判断是完全不同的。

一、禅宗美学之超越性

(一)超越现实

禅宗由于是佛学中国化的成熟形态,因此跟佛教一样超越现实、超越生命。禅宗要求不为世间物欲所累,而主张超越尘世间的痛苦与烦恼。禅宗认为世间万物的存在都必须具备一定的条件,不存在永恒的事物。人们依赖“十八界”来了解与认识外在世界。(“十八界”包括“六根”“六境”“六识”。“六根”指的是眼根、耳根、鼻根、舌根、身根及意根等认识功能。具体而言就是指我们依靠眼睛来观看外在事物,通过耳朵来聆听万物之声,外在的气味通过鼻子来闻,美味佳肴依靠舌头来品尝,身根指的则是触觉器官及其能力,意根指的是我们的思维器官及其能力。与之相对应,有作为认识对象的六境,即色、声、香、味、触、法,以及由此而生起的六识:眼识、耳识、鼻识、舌识、身识、意识。)而身体的这些器官都会产生欲望,有欲望就会有烦恼和痛苦。并且通过“十八界”认识到的世间万物只是事物的表象,外在事物都是虚幻变化的,是空的,无法触及事物的本质。于是禅宗要求随缘任运,不执着于外物。这正如朱光潜对审美距离说的理解:

“好比站在陆地上远看海雾，不受实际的切身的利害牵绊，能安闲自在地玩味目前美妙的景致。看正身、看现在、看自己的境遇、看习见的景物，都好比乘海船遇着海雾，只知它妨碍呼吸，只嫌它耽误程期，预兆危险，没有心思去玩味它的美妙。持实用的态度看事物，它们都只是实际生活的工具或障碍物，都只能引起欲念或嫌恶。要见出事物本身的美，我们一定要从实用世界跳开，以‘无所为而为’的精神欣赏它们本身的形象。总而言之，美和实际人生有一个距离，要见出事物本身的美，须把它摆在适当的距离之外去看。”①这是朱光潜对审美距离说无关功利目的的见解，禅宗的空观更是于六尘中，无染无杂，来去自由，通用无滞。禅宗基本解决了人类主客二分的思想，让我们进入一种自在自如之境界。在此基础上，禅宗是超越自我、超越世界的。

因此，在禅宗看来，世界万物都是空，整个世界亦是空。禅宗的思想基础来源于大乘佛教的空宗。缘起性空属于大乘佛教的主要思想，指的是世间万物相互关联，却都无自性，其存在由众因缘而定，缘聚而生，缘散而灭。僧肇曾说，事物不能自己决定其本质，而是依靠因缘聚合而成，因而是不真实的。就连“空”本身，亦是依赖于“实”（事物）而存在的，无所谓绝对之“空”。同时，不仅万事万物皆为空，就连事物之概念与命名亦是空。这从神秀与慧能的故事可见一斑：禅宗大师弘忍想从弟子中选取一人继承衣钵，就命弟子们各做一首偈子，择优选拔，神秀的呈法偈说：“身是菩提树，心如明镜台，时时勤拂拭，莫使有尘埃。”②这里表明在神秀眼中，“空”并未彻底，还须时时勤拂拭才能做到，还存在有佛有心之境界。慧能当时只是一名伙头僧，并不识字，听到神秀的偈子之后，亦做了一首：“菩提本无树，明

①朱光潜：《谈美》，北京大学出版社2008年版，第23—24页。

②［唐］慧能著，郭朋校释：《坛经校释》，中华书局2012年版，第14页。

镜亦非台,佛性常清净,何处有尘埃。"[①]在慧能这里,不仅无我,而且无佛无心,是一切法空的般若思想。禅宗透过现象看本质,指出万象万法皆空。《坛经》云:"心量广大,犹如虚空。……一切草木、恶人善人、恶法善法、天堂地狱,尽在空中;世人性空,亦复如是。"[②]禅宗的最终目的使修行者能够明心见性,破除对外在的执着,回归人之本心本性。禅宗的缘起性空观就是将人从外在的精神羁绊中解脱出来,使人获得一种自在无碍的感觉,进入澄明之境。

(二)超越生死

除超越现实之外,禅宗还主张超越生死。据《五灯会元》记载,释迦牟尼很早就思考人的生死问题,他于十九岁时在城东、西、南、北四门去游观,分别见到老人、病人、死人、沙门这象征生老病死的四种情形,心中莫名悲喜,开始思考:这些痛苦终有一天可得超越[③]。禅宗属于生命体验的美学,要解决的问题就是要了解生从何处来,死往何处去。要发掘生命的基因,捕捉到自己生命的永恒相。可以说,生死问题是禅宗最为关心的问题。

有关生死问题,佛教很早就为修行者构建了一个极乐世界,在这个世界中,修善行者可以进入极乐世界享受。禅宗亦建构了一个极乐世界:"世尊在舍卫国,说西方引化,经文分明,去此不远。只为下根说近,说远只缘上智。人有两种,法无不一。迷悟有殊,见有迟疾。迷人念佛生彼,悟者自净其心。所以佛言:'随其心净,则佛土净。'使君!东方人但心净无罪,西方人心不净有愆。迷人愿生东方、西方者,所在处,并皆一种。心但无不净,西方去此不远;心起不净之心,

①[唐]慧能著,郭朋校释:《坛经校释》,中华书局2012年版,第18页。

②[唐]慧能著,郭朋校释:《坛经校释》,中华书局2012年版,第59页。

③[宋]普济著,苏渊雷点校:《五灯会元》卷第一《释迦牟尼佛》,中华书局1984年版,第3页。

念佛往生难到。”①只是这个极乐世界与西方佛教的极乐世界不一样，西方极乐世界是一个美丽繁华没有痛苦的地方，而禅宗的极乐世界指的是不为外界所迷的清净的心境。

禅宗的超脱生死指的就是本性清净，不执着于外在的形式。《坛经》有言：“若欲修行，在家亦得，不由在寺。在寺不修，如西方心恶之人；在家若修，如东方人修善。但愿自家修清净，即是西方。”②当然，禅宗的超越生死并非肉体上的永恒，而是指修行者在精神方面的超脱。在禅宗修行者看来，只要能够顺其自然，随缘任运，于己能够自见本性，于外能够“看山是山，看水是水”，就能够超脱人的生物境界。这时人对生命的无常、外在的祸福已经能够平淡地看待了，不再为外在的东西所羁绊，从而获得内心的快乐与自由。只有这时，人们才能真正地达到审美的最高境界。

因此，禅宗要求众人勤于修行，以早日脱离生死轮回的限制。禅宗认为，要想超越生死，首先必须破除对现实之“我”的执着。因为在现实世界中，万物都是以“我”为中心，因“我”的存在而有意义，“我”与外在事物是占有与对立的关系，“我”会对自身的衰老与肉身的死亡而感到恐惧。故只有破除现实之“我”之执见，才能与万物融为一体，见到真实自在之本我。佛陀将入涅槃之际，为众生讲说“非常、苦、空之教”，并说明其宣说无我法的真实原因。佛言无我法只是为了破除执着于外在现象界之“我”的错误见解而设的方便法门。破除现实之“我”，达到真“我”，才能达到超越生死之涅槃境界。

在禅宗看来，一切众生皆有佛性，亦即皆可超越生死，只是由于物欲与烦恼所至，众生才会产生迷妄，这时只有由智者帮其拨开迷雾，返见本心，才可解脱。《佛说大般泥洹经》中佛陀亦指出众生皆有

①[唐]慧能著，郭朋校释：《坛经校释》，中华书局2012年版，第81页。
②[唐]慧能著，郭朋校释：《坛经校释》，中华书局2012年版，第86页。

佛性，只有开悟不开悟之区别。佛性是人生来就有的，只是由于外界烦恼影响，未能显示出来而已，一朝顿悟，即能超越现实，超脱生死。

（三）否定价值论

禅宗通过缘起论证实事物之存在是由因缘和合而成，进而指出万物变化无常，没有任何永恒不变之本质。于是禅宗主张出离世间，当然，出离世间并不是指躲避社会——从世俗社会逃离至深山老林之中，而是指从根本上去除无明、我执及贪欲，才能达到出世之目的。在禅宗看来，修行者之出家并不是出世，但只有出家才能达到出世之目的，因为世俗之家乃是滋长无明、我执、贪欲之所在，人们在世俗的家庭之中，各种利益、亲情都是令人执着之因。禅宗不仅主张出世，并且对现实世界采取否定的态度。在他们看来，既然现象界的一切都是因缘和合而成，且各种现象之间彼此联系，互为因果，因此，世间万物是不真实的，整个世界不存在永恒不变的事物。禅宗的三法印"诸行无常，诸法无我，涅槃寂静"就是其对世界存在的统一性的否定体现。

所谓诸行无常就是指现实世界没有任何东西能够永恒不变，无所谓独立的实体，事物都是相互关联，变动不居。人不能两次踏入同一条河流，今天的我们与昨天的我们不一样。诸法无我指的是人由五蕴（色、受、想、行、识）聚合而成，五蕴时刻处于变化之中，因此人本身亦时刻处于变化之中，无所谓独立不变的人之实体，其他所有事物亦是如此。由此可见，诸行无常与诸法无我指的是世间万物变动不居，不存在统一性；同时，对于任何一个单个的事物，由于其存在是与其他事物相互关联，因缘和合而成，于是，禅宗否认单个事物存在的合理性与可能性。因此，禅宗认为整个世界由各种变动不居的现象组成，世界是混乱无序的，不存在统一性，不存在实体。涅槃寂静是对人的终极价值的要求。尽管世界是由各种变动不居的现象组成，但人们却往往被现象所迷惑，执着于现象界的利益与感官享受，有欲望就会有烦恼,欲望越多,烦恼越多,于是形成人生的各种痛苦。佛教认为人生有八大苦:生苦,人的出生本身就是一个痛苦的过程,出生后生活在人世间,痛苦更是无边无尽;老苦,人从出生开始,就在等待死亡,随着时间的推移,青春不再,迟暮之年很快到来,人就会感受到日渐衰老之痛苦;病苦,人生在世,避免不了会受到疾病之折磨,随时有可能遭受疾病之苦;死苦,现实之人都害怕死亡,不管死亡是否痛苦,但这种对死亡的恐惧之心本身就令人痛苦;爱别离苦,有聚就有散,生死离别,人间惨事,青春丧偶,中年丧子,固然悲痛万分,"乐莫乐兮新相知,悲莫悲兮生别离",即使不是死别,或为谋求衣食,或因迫于形势,与相亲相爱的人生离,也将感到痛苦;怨憎会苦,这是指与利益冲突或气味不相投之人在一起而产生的痛苦;求不得苦,指的是上下求索而不可得之痛苦;五阴炽盛苦,即是指五蕴集聚于身,如火炽燃,前七苦皆由此而生。人只要活着,这些痛苦永无尽头,禅宗认为,人生要想脱离这些痛苦,明智的选择就是出离世间,破除各种现象界虚妄的引诱,回归本心之清净,达到寂灭之境界,这就是佛教的涅槃寂静。

总之,禅宗从缘起说出发,指出现象界之不真实,进而认为人为现象所迷,产生各种烦恼与痛苦,人要摆脱痛苦,就必须离世寂灭。这是典型的对世界统一性的否定,对积极人生价值的忽视。

二、心学美学之现实性

心学是对传统儒学的继承与发展。儒家对世界的看法是井然有序的,物物各有其理,众神各归其位,天子与庶民同乐。《周易·序卦传》指出:"有天地,然后有万物;有万物,然后有男女。"《周易·系辞上》亦道:"《易》有太极,是生两仪,两仪生四象,四象生八卦。……刚柔相摩,八卦相荡。……乾道成男,坤道成女。乾知大始,坤作成物。"这里明确指出,世间万物生生之有序。儒家思想不仅承认万物之生有序，而且在朱熹那里，认为天地万物统一于天理，陆王心学指出万物统一于吾心。可见，在儒家思想里，世界是统一的、有序的。同时，世界是和谐的，这从中国“天人合一”思想即可看出。《论语·为政》中记载了孔子的言论：“吾十有五而志于学，三十而立，四十而不惑，五十而知天命，六十而耳顺，七十而从心所欲，不逾矩。”这是指人与自然的和谐。孟子把孔子的“天命”发展为“天道”“人道”，指通过“亲亲、仁民、爱物”来达到宇宙万物之和谐统一。荀子则从人类应尊重自然规律来阐述人与自然的和谐，从生态伦理方面阐述了“天人合一”思想。《荀子·王制》有云：“圣王之制也，草木荣华滋硕之时，则斧斤不入山林，不夭其生，不绝其长也。鼋鼍、鱼鳖、鳅鳣孕别之时，罔罟毒药不入泽，不夭其生，不绝其长也；春耕、夏耘、秋收、冬藏，四者不失时，故五谷不绝，而百姓有余食也；污池、渊沼、川泽，谨其时禁，故鱼鳖优多而百姓有余用也；斩伐养长不失其时，故山林不童而百姓有余材也。”张载首次提出了“天人合一”思想，指出人在认识天道的过程中，达到与天道融为一体。程颐程颢明确指出了万物统一于天理。至王阳明则提出了“心外无物，心外无理”的统一思想，这种统一是以人心作为根本，整个世界因与人发生关系而形成意义世界，人与天地万物融为一体。王阳明心学思想的有序统一，一方面有利于形成个体正确的道德观，这是儒家“修身、齐家、治国、平天下”的根本。《礼记·大学》有云：“自天子以至于庶人，一是皆以修身为本。”另一方面，有利于促进人与社会关系的和谐，王阳明心学体系构建的目的是希望通过恢复人性之良知，来改造个体，进而达到改良社会之目的。因此，社会的和谐统一是王阳明追求的目标。在这个社会中，人人重视伦理道德，“不独亲其亲，不独子其子，使老有所终，壮有所用，幼有所长，矜、寡、孤、独、废疾者皆有所养，男有分，女有归”（《礼记·礼运》）。最终引导人们进入儒家大同世界，这是一种天下为公、平等与和谐统一的世界。

因此,儒家思想追求与天地万物为一体的和谐境界,这种境界与佛教禅宗完全不同,是一种有差等的和谐,人类社会按照严格的伦理与等级制度和谐有序地共存。与此同时,不同于佛教禅宗之出世,儒家思想是积极入世的。前面已经提到,王阳明曾批评佛禅出离世间的修养追求违背了基本的伦理道德,是为着相。因此,王阳明心学思想极力主张"致良知"与"知行合一"思想。旨在通过二者以达到改变个体进而改变社会的目的。其心学思想最终目的乃是达到成圣成贤,他的圣人观有其独特之标准——为善去恶,恢复良知本体,主张"知行合一"。成圣成贤就要求做到知行合一,为此,王阳明提出了实现"知行合一"的几点要求:首先,必须"立志为学",这是成圣之人必须做的第一步,要想成为圣人没有远大的志向与目标是不可能的。只有树立成圣成贤的远大目标,才能一步一个脚印往前走,即使遇到困难也不会妥协,而会克服困难继续前进,直到完成目标为止。有了"志"还必须努力学,如果没有脚踏实地的学习精神,志向远大只能成为空谈。王阳明的"为学"指的是他的心学思想,"圣贤之学,心学也"①。他把圣人之学由朱熹的向外格物转化为向内探究,指出只要专一其心,持之以恒,最终回归"心"之本然状态,就能达到"知行合一"。其次,必须经历事上磨炼,对此,王阳明提出了"静坐"的修养方式:"教人为学,不可执一偏。初学时心猿意马,拴缚不定,其所思虑多是人欲一边,故且教之静坐、息思虑。"②即是说,初学者由于受到外在物欲与各种烦恼的干扰,无法安心静下来学习,只有像佛教禅宗一样通过"静坐"来息心静虑,在此基础上"人须在事上磨,方立得

①[明]王守仁撰,吴光等编校:《王阳明全集》卷二十三《外集五·应天府重修儒学记》,上海古籍出版社 2011 年版,第 991 页。

②[明]王守仁撰,吴光等编校:《王阳明全集》卷一《语录一·传习录上》,上海古籍出版社 2011 年版,第 18 页。

住，方能‘静亦定，动亦定’”①。王阳明指出，要想成圣成贤必须在现实生活中磨炼，正如孟子所言：“故天将降大任于是人也，必先苦其心志，劳其筋骨，饿其体肤，空乏其身，行拂乱其所为，所以动心忍性，曾益其所不能。”（《孟子·告子下》）只有经历现实的道德实践磨砺意志，才能不断“日三省吾身”（《论语·学而》），进而完善自心，达到圣人之境。最后，躬身践行，“人人皆可成为圣人”，但圣人不是天生的，而是经历无数次现实磨炼而成。比如孝子，不仅必须学习孝的理论，更应该体现在实际行动中，古往今来的忠孝之道，都是无数次具体事迹累积而成。

总之，心学哲学是入世的哲学，王阳明不仅承认世界存在的统一性，并且其心学体系的建立就是为了维护现存秩序的。王阳明有感于明代程朱理学对解决现实问题的无奈而建立了良知学说，以通过“致良知”来改变人性，进而改变社会，维护社会的统一与安定。王阳明曾想于佛老处求得解脱，却因放心不下家人而再度入世。“思离世远去，惟祖母岑与龙山公在念，因循未决。久之，又忽悟曰：‘此念生于孩提。此念可去，是断灭种性矣。’明年遂移疾钱塘西湖，复思用世。”②因此，相比于佛禅的超越现实、超脱生死而言，阳明心学是紧密与现实相关的，是解决现实问题、解决社会矛盾的。王阳明提出的“致良知”与“知行合一”思想不仅对当时明代的社会现状有着改良的作用，对现代社会同样有着指导与启示意义。

心学美学的审美主体由于与社会联系紧密，特别是要求通过改善人性来改良社会，它的审美除具备一般审美的特征之外，还具有一

①［明］王守仁撰，吴光等编校：《王阳明全集》卷一《语录一·传习录上》，上海古籍出版社2011年版，第14页。

②［明］王守仁撰，吴光等编校：《王阳明全集》卷二十三《年谱一·自成化壬辰始生至正德戊寅征赣》，上海古籍出版社2011年版，第1351页。

种文人的超脱与改善人性后的成功喜悦。王阳明认为人的最高境界就是成圣成贤后与万物一体的融合之美。禅宗美学虽然要求于生活中修行,但其审美却是超脱现实的,是一种顿悟后的返璞归真之美。它和心学美学一样,都追求万物一体,但心学美学的万物一体是一种有等级秩序的甚至是人为的美。事实上,心学是儒学的发展,儒学是等级森严的,要求"君君臣臣父父子子"的和谐相处,心学虽然改造了传统的儒学,但其入世的本质并未改变,因此,心学思想的和谐是有等级有差别的和谐,它的统一亦是和谐有序的统一。而禅宗的万物一体则是人与自然的融合,在这种融合之中主张绝对的平等——种姓差异的平等、人佛关系的平等、众生佛性的平等以及众生业报的平等。可以说,这种要求绝对平等的一体世界在现实社会是不存在的,只可能存在于人类的理想世界之中,这进一步说明了禅宗美学的超越性与理想化。

第三节 对主体的具体审美要求不同

禅宗与心学都非常重视主体的作用,二者都旨在通过改变主体内心来改变人的生存状况,这种改变与外部世界无关。佛教禅宗反复强调佛性就在人的心中,不用向身外求。"菩提般若之知,世人本自有之,即缘心迷,不能自悟。……遇悟即成智。"①"善知识!各自观察,莫错用意。经中只即言自归依佛,不言归依他佛;自性不归,无所依处。"②可以说,在佛教禅宗这里,佛即是我,我即是佛。阳明心学美学同样高扬主体的地位,指出心外无理,心外无物。王阳明说:"人者,天地万物之心也;心者,天地万物之主也。心即天,言心则天

①[唐]慧能著,郭朋校释:《坛经校释》,中华书局2012年版,第28页。
②[唐]慧能著,郭朋校释:《坛经校释》,中华书局2012年版,第56页。

地万物皆举之矣，而又亲切简易。”①另外，在修身与修心方面，二者都注重主体内在精神的培养，但二者在修养的内容与方法方面有着本质性的区别。

一、禅宗与心学之本体与工夫

（一）禅宗主体本体与工夫

禅宗强调每个人都有佛性，这种佛性使得每个人都有成佛之可能。禅宗修行之目的在于认识诸法实相。众生生活在世间，通过“十八界”感受到世间万物现象之存在，为其“相”所执。佛教自大乘空宗以来，就反对小乘佛教之万物实有观。“然则宇宙之实相，本无相可得。宇宙之本体，亦非超然物外。非超然物外，故穷物之源，更无所出，因曰‘无本’（《维摩注》六）。非无相可得，故能所双忘，是非齐泯。非超然物外，故非可执实有镜花水月，反以无为有（若如此执，则反落空，所谓恶取空），无相可得，故曰‘一切法毕竟空寂，同泥洹相，非有非无，无生无灭，断言语道，灭诸心行’（《义章》十二）。然则一切法无相绝言者，非谓万物之外别有一独立秘密之自体也。”②此处明确指出，诸法实相即是“无相可得”。

禅宗大师认为只要证得诸法实相，即可成佛，而要认识诸法实相，必须起般若观照。所谓般若指的是大智慧，这种智慧在禅宗看来是所谓无分别智，这种无分别智与用语言文字及概念表达的分别智是不同的。诸法实相的认识是无法用语言与概念来表达的，因为在佛家禅宗修行者这里，世间万物都是因缘和合而成，并无任何独立存在之实体，必须依靠内心的体验与感受才能完成认识的目的。并且

①［明］王守仁撰，吴光等编校：《王阳明全集》卷六《文录三·答季明德》，上海古籍出版社 2011 年版，第 238 页。

②汤用彤：《汉魏两晋南北朝佛教史》，商务印书馆 2015 年版，第 256 页。

在禅宗这里,世间万物都是平等无差别的对象,修行者对外在现象亦不应做是非与爱恨之判断,只有如此,才能认识事物真相,得以回归清净本心。总体而言,由于在禅宗修行者眼中,外在的世界既不是真实存在的,但又作为现象而存在,这就要求其具备般若智慧,通过般若观照来洞察世间万物,还万物与人心之本然状态,从而使得修行者能以"平常心"来对待一切。禅宗大师达到的最高境界是一种心地澄明之境,是对诸法实相的认识,这是一种"不以物喜,不以己悲"的境界。于此种境界,修行者不仅内心一片澄明,看待万物不再带有任何功利目的与喜恨之情,在他们眼中,万物自有其存在之合理性,无须人为地去改变它们。故禅宗无论是修行主体还是外在客体,不存在人为之秩序,尽管禅宗有其心性论基础,以心为本体,但其心要求不执着于外物,故并不对外在事物进行改变,而是顺其自然。慧能主张"无念为宗,无相为体,无住为本"①,这就是要求主体以一种自然的心态对待万物与社会,一切顺其自然,不做作,只有这样才能认识诸法实相。

禅宗对诸法实相的认识主要是依靠顿悟思维,这就是禅宗常说的"顿悟成佛"之说。禅悟是一种纯粹的心灵体悟,这种体悟虽然是一触而发,实际上是长时间参禅修行之结果,类似于中国古代文学作品中之"灵感",是百思不得其解后遇到机缘突然感悟所得,具有爆发性、个体性等特征。禅宗的这种"悟"排除了任何逻辑关系的先入之见,无法用分别智来解释,只有主体自身体验方知。禅宗大师常以答非所问、棒喝等手段引导修行者顿悟。修行者一旦悟道,顿觉欣喜若狂,心地一片空明,此时,"刹那即永恒"。

(二)心学美学主体本体与工夫

心学是对儒学的继承与发展,儒学对主体的内在要求是"修身、

---

①[唐]慧能著,郭朋校释:《坛经校释》,中华书局 2012 年版,第 39 页。

齐家、治国、平天下”,心学对主体的要求是成圣成贤。要成为圣人,就是要在伦理道德方面达到至善,这与佛教禅宗的出世是完全不同的,心学要求学人积极干预改造社会,使个体与社会日趋完善。这个社会是一个依据伦理道德形成的有等级秩序的社会,万物于此各得其所。为此,王阳明并不主张像墨子一样无差等的爱,“墨氏兼爱无差等,将自家父子兄弟与途人一般看,便自没有发端处;不抽芽便知得他无根,便不是生生不息,安得谓之仁?孝弟为仁之本,却是仁理从里面发生出来”①。因此,心学与禅宗在主体自心与社会实用方面的内涵都是不一样的,禅宗要求依靠主体的内心体验来认识诸法实相,对自身与社会都不要求改变,而是顺其自然。而心学却是要求主体自身符合社会伦理道德,这是一种人为的改变,这种改变不只是包含个体体验在内,同时还有理智与认识在起作用。有利于当时社会需要的品德就坚守,反之则放弃,只有区分伦理道德方面的差异,才能区分等级,建立有差等的社会和谐。在社会实用方面,心学的目的是改造社会,希望建立一个大同时代。这与禅宗不执着于万物是两种完全不同的观点:一个要改造社会,使之符合社会发展与伦理道德的需要,一个是主张自然无为,顺应自然。于是心学要求以天下为公,“先天下之忧而忧,后天下之乐而乐”(范仲淹),“为天地立心,为生民立命,为往圣继绝学,为万世开太平”(张载)。这种积极入世的思想要求摒弃个人私心。王阳明的“致良知”思想就是主张去除私欲。他认为良知本心是至善的,但由于在现实世界中受到各种物欲与烦恼的干扰而遮蔽了至善之良知,这就要求“致良知”,即时时学习与实践,去除遮蔽良知的屏蔽,回归良知本心,从而达到以天下为公的至善境界。可见,王阳明对禅宗的不执着并不赞同,认为他们追求

①[明]王守仁撰,吴光等编校:《王阳明全集》卷一《语录一·传习录上》,上海古籍出版社 2011 年版,第 30 页。

绝对的不执着,抛弃了父母,抛弃了妻儿,连最基本的伦理都抛弃了,这种自私自利的思想本身就是一种执着。

王阳明早期对佛教禅宗思想是非常崇拜的,自身也有着丰富的佛禅理论,这从他对佛禅的吸收与改造可见一斑。随着对佛禅知识的进一步了解,他发觉佛禅与其改造社会的思想完全不一致,才创立了心学思想。在主体的修养方面,王阳明提出渐修的诚意说,即是要求依据社会的伦理规范标准,自己一步步地加以学习,最终达到自身与社会伦理规范融为一体。王阳明并不是不主张"顿悟"式的修养方式,而是要求通过渐修以达到顿悟,这与南宗禅的只重视顿悟而反对渐修是不一样的。由于王阳明的心学给予了伦理道德的规范标准,并要求按部就班地勤修,于是其理论具备广泛的应用性,无论上中下根人皆可受益。而南宗禅只重顿悟法的修行方式,中下根人无法领悟到开悟后的审美境界。

二、主体对现实的态度

任何的学术思想最终只有与社会生活联系,解决人们的思想或行动才能产生影响与效应。心学与禅学都对学习者的精神生活有所改变,在后世产生了巨大的影响。但二者也存在不可避免之局限性,主要体现于本体与工夫之间的矛盾无法得以解决。

禅宗以其心性论为本体,要求心不执着于外物,才能达到心性清净,认识诸法实相。这体现于工夫方面,就是要求修行者通过禅悟来达到无执着的境界,但禅悟并不一定能做到真正的无执着,即使南宗禅的祖师慧能一时也无法做到绝对的不执着,如果真是那样,他也就不会在作偈"菩提本非树,明镜亦非台,本来无一物,何处染尘埃"获得五祖弘忍的青睐之后,因害怕其师兄神秀等的陷害而外出躲避多年了。日常人们所说的"四大皆空""无欲无求"都只存在于理想状态,现实生活中无法真正做到。于是禅宗学人形成不同于世俗的一种独特的思维与看法，这种思维方式与看法在现实中找不到归宿，却在文学艺术中占据了重要的地位。比如严羽的《沧浪诗话》是典型的“以禅喻诗”的文艺作品，另外，意境说更是受到了“禅境”之影响。与此同时，禅宗美学对中国古典美学产生了巨大影响，在现当代美学思想上也存在着对禅宗美学的借鉴与改造，这将于下一章详细论述。

相比禅宗思想而言，心学思想具备较强的现实性，因其是儒学合乎逻辑的发展，故以改造现实与社会为目的。但王阳明把良知作为其追求的最终目的，并且认为人的这种至善就存在于本身，这一方面否定了个体差异，另一方面这种至善本身跟禅宗之无执着一样无法达到，就连孔子都只能做到“从心所欲不逾矩”的境界。其弟子颜回可以说很注重修身了，孔子曾非常赞赏他，可就是像颜回这样的君子也只能做到“其心三月不违仁”（《论语·雍也》）而已。所以要真正做到纯善无恶的境界，一般人是不可能的，因为在现实生活中，充满各种欲望，人们不可能做到真正的无所欲求。就连王阳明自己亦是宁愿选择心之所属，而不愿做一个刻板之善士，这从其对狂狷者的赞赏及对弟子们因材施教即可看出。他十分欣赏狂狷者，认为这是真实心灵的表现，应根据自心的需要来选择所学才能发挥其所长。王阳明的这种对真实心理的重视，与其至善之本体是矛盾的，同时因个体差异而造成本体之高不可攀。这就要求在现实世界中调整理想，使之符合现实之真实性与需要。

于是王阳明的心学美学走向自然人性一路，阳明后学或多或少对王阳明的思想做了改造。泰州学派更是强调了圣人之道的现实性。李贽认为，日常的穿衣吃饭，即是人伦物理。并且他把礼仪与性情结合起来，不但反对礼仪对性情的压制，且指出礼仪是性情的自然流露，继而言之，除了心之至善之外，还承认私心存在之合理性。所有这些，使得王阳明通过诚意以达到良知的要求，转为良知在现实生活中的自然体现，这种自然人性论的观点是阳明心学思想在现代社会的另一条出路。

第四节　心学禅学动静特性各异

佛教禅宗从开始的“默坐静心”至成佛后的涅槃寂静，都以排除外在干扰达到明心见性为目的，总体而言以“静”为主，故皮朝纲、董运庭又称禅宗美学为“静默的美学”①。阳明心学开始亦主“静”，其龙场悟道就是打坐静思之后豁然开悟而得。但心学在其形成之后，主要以“致良知”“知行合一”等为主，由于心学属于儒学合乎逻辑的发展，其主要任务乃是“修身、齐家、治国、平天下”，故必须服务于个人与社会。因此，心学思想在其后期则是“动”“静”兼宜。

一、禅宗美学“静”之特性

禅宗认为世间万物乃因缘和合而成，事物之间相互联系与作用，其存在需要一定的条件，失去一定的条件，事物之本质特性就会发生变化，故禅宗认为世间万物皆为“空”。人由五蕴（色、受、想、行、识）组成，五蕴变化无常而引起人之变化莫测，当五蕴消失时，人亦失去其存在，因此，人本身亦是“空”。“佛教是用‘虚空’‘清净’等概念来规定实相本体的目的是让人们不要将此本体本身作实体化和对象化的理解。”②这种“空”之本心是清净的。从这个角度而言，禅宗美学属于静默的美学，这种“静”贯穿于禅宗美学之始终。

（一）“静”与“动”之界定

“静”在中国哲学中有着极其重要的作用，是人们成为圣人之基

①皮朝纲、董运庭：《静默的美学》，成都科技大学出版社1991年版。
②徐小跃：《禅与老庄》，江苏人民出版社2010年版，第8页。

础，是宇宙本体之根本属性。“静”与“动”是相互的，没有永远之动与静，根据辩证法的观点，世间万物都是运动变化与发展的，没有绝对静止之事物。从这一角度而言，“静”只是事物运动的一种特殊形式。《周易》中指出万物因动静之规律而生生不息，“夫易广矣大矣！以言乎远则不御，以言乎迩则静而正；以言乎天地之间则备矣！夫乾，其静也专，其动也直，是以大生焉。夫坤，其静也翕，其动也辟，是以广生焉”（《周易·系辞上》）。道家思想则以“静”为主。《老子》十六章：“夫物芸芸，各复归其根，归根曰静，静曰复命。”《庄子·天道》：“圣人之静也，非曰静也善，故静也；万物无足以铙心者，故静也。”其实不只是在理论系统中“静”的特性很重要，在现实生活中，“静”同样显示其重要性，因为“五色令人目盲，五音令人耳聋，五味令人口爽，驰骋畋猎令人心发狂”（《老子》第十二章）。可见，人们只有从繁忙的外在事物中“静”下来，才能去思考人生的价值与意义。因此，“静”乃是成圣的基本前提。

（二）禅宗之静

禅，是一种基于“静”的行为，禅宗修行者又被称为“静者”，他们主张修行以“寂静”为主。佛教禅宗主张色即是空，因此必须排除一切杂念，保持六根清净，才能认识诸法实相。佛教禅宗以人的心灵解脱为最终目的，提出了“八正道”的解脱方法，具体体现于戒、定、慧三个方面。其中“定”是进入禅悟最基本的阶段。修行者只有进入“禅定”，才能明心清净。禅宗的“无念为宗”，即是要求去除干扰内心的各种烦恼，进入一种澄明之境。

禅宗通过坐禅默照来达到明心净性之目的。禅宗分为“五家七宗”，都不反对坐禅默观，并且大多认为静坐修禅乃是获得禅法的主要方式。“禅宗坐禅古来有两种，一为吉降坐，也叫半跏趺坐，以左脚置于右脚上，牵来靠近身，令左脚指与右膝齐，右脚指与左膝齐；二为降魔坐，也叫全跏趺坐，即先将右脚置于左膝，再将左脚置于右膝上。"①一般来说，禅宗坐禅形式不拘，主要以吉降坐为主。

禅宗坐禅默照之目的，一为净心，二为顿悟。净心指的是去除外在干扰与内心烦恼，进入"虚静"的境界；顿悟指的是修行者通过长时间的参禅，刹那间达到无心无念、物我两忘的境界，此境即是佛境。关于默照，曹洞宗药山惟俨禅师的对话体现了其内涵："师坐次，僧问：'兀兀地思量什么？'师曰：'思量个不思量底。'曰：'不思量底如何思量？'师曰：'非思量。'"②这是一种没有羁绊与烦恼的自由境界，是修行者一种内心的审美体验，这种体验是一种"回光返照"。坐禅默照的审美体验在正觉大师的《默照铭》中阐述得非常清楚，文中详细描述了禅宗顿悟时的内心活动情况，可以说是中国古代人与宇宙交融冥契的审美境界。

可见，佛教禅宗是在"静"中觉悟之宗教，这种"静"由己及人，进而推及整个世界。禅师知讷曾将息妄入禅之功夫做了归纳总结：从"静"的方面阐述了心与境如何统一，达到一种灵妙之境界。当然，禅师之"静"并非完全的静，只是相对于动而言，并不是主体进入一种完全无意识、无知觉、无灵性、非理性的愚痴麻木境界。而是虽冥合真体，一味空寂，而于中内隐灵明，乃体即用也；灵明中内隐空寂，用即体也。

禅宗之"静"不仅表现于修行者开始参禅时必须保持"静"的心态，以便进入"虚静"的状态。并且在其具体参禅的过程中亦是以"静"为主，参禅者无须做过多的准备工作，不必举行盛大的仪式，只要达到"思量与非思量"之境界即可。"涅槃寂静"更是"静"之极致。这种涅槃的境界，灭除一切生死的痛苦，无为安乐，故涅槃是寂静的。

①王海林：《佛教美学》，安徽文艺出版社 1992 年版，第 224 页。

②[宋]普济著，苏渊雷点校：《五灯会元》卷第五《药山惟俨禅师》，中华书局 1984 年版，第 258 页。

同时,涅槃又具备无限之快乐与审美。佛经中曾记载这样一个故事:拘萨罗国首都舍卫城有四位比丘在讨论人世间什么最苦,四人的答案各不一样,一人认为是淫欲,一人认为是饥渴,一人认为是瞋恚,一人认为是惊怖。佛陀弘法指出众人痛苦的原因在于有肉身,要想解除这种痛苦,就必须达到涅槃寂静。此种境界极静而蕴含无限快乐。

(三)禅宗之"静"的体现

禅定思想"不仅直接孕育了'虚静生思'的审美论,而且融入在中国美学的创作中,形成了有中蕴空、动中藏静、以'寂静'为特点的禅意画、禅意诗"①。在这方面王维可以作为代表,他巧妙地将禅与诗画结合在一起,使其诗画体现出"空""静"的特点。他以随缘任运的心态,达到一种幽静空澄之境界。

1. 山水诗之禅"静"

王维早年曾于多处研习禅学,中年以后更是用心潜修,淡泊名利,喜与大自然为伍。这种禅学之"空""静"的观点是其山水诗中的主要特色与审美特征。因此,他的作品基本上都是以"虚静"之心态来观照自然山水,以求达到一种幽静空澄之境。

> 言入黄花川,每逐青溪水。随山将万转,趣途无百里。
> 声喧乱石中,色静深松里。漾漾泛菱荇,澄澄映葭苇。
> 我心素已闲,清川澹如此。请留磐石上,垂钓将已矣。
>
> ——《青溪》②

此诗乃是作者仕途失意后之作,青溪淡雅之自然景色与作者内心无

①祁志祥:《佛教美学》,上海人民出版社1997年版,第157页。

②[唐]王维撰,[清]赵殿成笺注:《王右丞集笺注》卷之二,上海古籍出版社1961年版,第34页。

欲无求之心境吻合，故尽管青溪景色一般，但给作者留下较深的印象。

王维的诗歌基本上符合禅宗“静”的思想，他本人亦喜静不喜动，喜欢“自性清净”之境。晚年以后更是如此，“晚年惟好静，万事不关心”(《酬张少府》)。王维的《鸟鸣涧》更是一首关于大自然幽静之颂歌：

人闲桂花落，夜静春山空。月出惊山鸟，时鸣春涧中。

当然，王维的诗歌并不全部是描写幽静之诗歌，亦有动静结合之诗，只是王维写动之目的，亦是为了衬托大自然充满禅意之静美。如他的《山居秋暝》：

空山新雨后，天气晚来秋。明月松间照，清泉石上流。
竹喧归浣女，莲动下渔舟。随意春芳歇，王孙自可留。

作者借助松间之明月、石上之清泉、晚归之浣女及活动之渔舟，描绘了一幅秋天山雨后空寂宁静之画面。

2. 山水画之禅“静”

禅宗对中国的绘画产生了巨大影响，有着“文人画祖”之称的王维，其画更是蕴含着无限之禅意，充分体现了创作过程中的主观能动性以及对自由人生之向往。王维画作共计一百余件，蕴含禅学意蕴之画作诸多，姑举一二证之。

《袁安卧雪图》原作已失传，沈括于其《梦溪笔谈》卷十七《书画》中有载“雪中芭蕉”四字，但这只是其画的一部分。“雪中芭蕉”打破世间之界限，把不同季节的风景画在同一画面上。芭蕉本不该生于冬天，作者却让它在雪中出现。作者作此画明显受禅学思想的影响，其目的在于以芭蕉的青葱郁茂、不畏霜雪，烘衬袁安的坚守义节、宁死不污。整体而言，王维之“雪中芭蕉”只是“袁安卧雪”的陪衬。“袁安卧雪”于《后汉书》中有记载：

> 时大雪积地丈余，洛阳令身出案行，见人家皆除雪出。有乞食者。至袁安门，无有行路。谓安已死，令人除雪入户，见安僵卧。问何以不出。安曰：“大雪人皆饿，不宜干人。”令以为贤，举为孝廉。①

原故事并无芭蕉，王维作雪中芭蕉是从佛教禅宗之角度出发的一个隐喻——雪中芭蕉是以芭蕉暗示袁安的气节。故观“雪中芭蕉”必须要有佛家眼光，对于外在事物，必须“不住于相”。

总之，王维这种打破时空限制的画风，一方面体现了其自由创作的精神，另一方面更突出了其利用禅学思想进行创作的思维。于“不住于相”的创作中刻画不同事物相通的内在本质，显示禅宗寂静思想。

另外，其画作《济南伏生像》也体现了王维禅宗思想的特征。画中儒生之形象明显不符合当时的时代特征，比如其坐姿、书卷等，但这正是王维借鉴禅意“于相而离相”所画之作。于此画中，作者并不过分追求所谓的形似，而是主张以神似为主。

除了王维之外，唐代许多诗人之诗歌都蕴含禅理，并且大都是描写“静”景。如孟浩然《夜归鹿门山歌》：“山寺钟鸣昼已昏，渔梁渡头争渡喧。人随沙岸向江村，余亦乘舟归鹿门。鹿门月照开烟树，忽到庞公栖隐处。岩扉松径长寂寥，惟有幽人自来去。”常建《题破山寺后

①［宋］范晔撰，［唐］李贤等注：《后汉书》卷四十五，中华书局1965年版，第1518页。

禅院》:“清晨入古寺,初日照高林。曲径通幽处,禅房花木深。山光悦鸟性,潭影空人心。万籁此都寂,但余钟磬音。”李白《庐山东林寺夜怀》:“我寻青莲宇,独往谢城阙。霜清东林钟,水白虎溪月。天香生虚空,天乐鸣不歇。宴坐寂不动,大千入毫发。湛然冥真心,旷劫断出没。”韦应物《滁州西涧》:“独怜幽草涧边生,上有黄鹂深树鸣。春潮带雨晚来急,野渡无人舟自横。”柳宗元《江雪》:“千山鸟飞绝,万径人踪灭。孤舟衰笠翁,独钓寒江雪。”等等。这些都是蕴含禅意之诗歌,并且都是通过禅意来描写寂静之景物。

另外禅宗主“静”的风格于宋代苏轼的诗歌、严羽的《沧浪诗话》、江西诗派的诗歌中都有所体现。限于篇幅,这里就不一一列举。

二、心学美学“动静结合”之特性

王阳明的心学思想是儒学合乎逻辑的发展,在其建立之初主“静”,在传播的过程中以“动”为主,最后之天人合一的境界又以静为主。这与心学思想的入世紧密关联,同时亦与其对佛道的继承与吸收息息相关。

(一)儒家哲学及阳明心学之“静”

儒家哲学认为“静”乃是人的天性,后天各种欲望是动,前者为心体,后者为心之用。其后宋代周敦颐亦提出“主静”之说,“圣人定之以中正仁义而主静,立人极焉”①。他强调“静”乃是达到“中正仁义”的最高标准,故主张“无欲”,即认为只要达到无所欲求之境界,即可达到“中正仁义”之境,这与老子与庄子之体道方法相似。朱熹并不像老子与庄子一样完全主静,他说:

①《太极图说》,[宋]周敦颐著,陈克明点校:《周敦颐集》卷一,中华书局1990年版,第6页。

一之问："存养多用静否？"曰："不必然。孔子却都就用处教人做工夫。今虽说主静，然亦非弃事物以求静。既为人，自然用事君亲，交朋友，抚妻子，御僮仆。不成捐弃了，只闭门静坐，事物之来，且曰：'候我存养！'……"顷之，复曰："……动时也有静，顺理而应，则虽动亦静也。……事物之来，若不顺理而应，则虽块然不交于物以求静，心亦不能得静。惟动时能顺理，则无事时能静；静时能存，则动时得力。须是动时也做工夫，静时也做工夫，两莫相靠，使工夫无间断始得。若无间断，静时固静，动时心亦不动，动亦静也。若无工夫，则动时固动，静时虽欲求静，亦不可得而静，静亦动也。……"①

朱熹于此处指明动静相宜，虽不完全主张"静"，但在朱熹看来，"静"仍然是心之根本。他说："敬则自然静，不可将静来唤作敬。"②指出"敬"建立在"静"的基础之上，"静"乃是本。

陆九渊主张不必刻意去区分动与静，他说："《记》曰：'人生而静，天之性也；感于物而动，性之欲也。'若是，则动亦是，静亦是，岂有天理物欲之分？若不是，则静亦不是，岂有动静之间哉？"③他虽然没有刻意主张"静"，但特别重视静于修身过程中的作用。

王阳明与朱熹、陆九渊一样，都注重动静结合，在他心学体系建立之初，特别是龙场悟道之前，是主张以"静"为主，希望通过"静坐"等方式来加强内心修养，以达到成圣成贤之目的。

龙场悟道之前，王阳明有关心学体系的建立经历了泛滥词章与

①［宋］黎靖德编，王星贤点校：《朱子语类》卷十二，中华书局 1986 年版，第 218 页。

②［宋］黎靖德编，王星贤点校：《朱子语类》卷九十六，中华书局 1986 年版，第 2470—2471 页。

③［宋］陆九渊著，钟哲点校：《陆九渊集》卷三十五，中华书局 1980 年版，第 475 页。

出入佛老两个阶段。在第一个阶段，王阳明博览群书，二十一岁中举人，遵照朱熹的格物之说“穷究事物道理，致使知性通达至极”，开始其穷理之道，其最有名的是格竹求理：

> 是年为宋儒格物之学。先生始侍龙山公于京师，遍求考亭遗书读之。一日思先儒谓“众物必有表里精粗，一草一木，皆涵至理”，官署中多竹，即取竹格之；深思其理不得，遂遇疾。先生自委圣贤有分，乃随世就辞章之学。①

王阳明此举意在通过格物以达天理，却发现“圣贤有分，乃随世就辞章之学”，此时王阳明一方面怀疑自己天分有限，无法通达圣人之道，另一方面也开始怀疑朱熹格物致知说的不可行。于“动”与“静”方面，此时王阳明虽然在格物致知过程中动静结合，但仍以“静”思为主。

第二个阶段是出入佛老。王阳明曾醉心于佛道两教，于小时候即被神仙之术吸引，结婚时因与铁柱宫道士讨论养生之术而错过了自己婚礼，二十七岁就看透世事，有隐居之想法，在三十一岁时到九华山问道，并于龙场悟道之前，在阳明洞修炼引导之术。所有这些，充分说明王阳明对佛道有着极深的探讨。

王阳明沉溺于佛道一方面是由于家庭的原因，更主要的是格物致知的失败，从而寄希望于佛道，希望从中悟出圣人之道：

> 早岁业举，溺志词章之习，既乃稍知从事正学，而苦于众说之纷扰疲共，茫无可入。因求诸老、释，欣然有会于心，以为圣人

①［明］王守仁撰，吴光等编校：《王阳明全集》卷三十三《年谱一·自成化壬辰始生至正德戊寅征赣》，上海古籍出版社 2011 年版，第 1348—1349 页。

之学在此矣！[①]

王阳明出入佛老的目的亦是寻求成圣之道，但通过深入佛道二教，发现其于日常伦理存在大相违背之处，这与其成圣成贤之本意不符，几番几思量，终究放不下亲情，放不下最初成圣之愿望，于是"复思用世"。

佛道历来以"静"为主，王阳明在沉溺佛道期间，主要以"静思"为主，希望能从中领悟成圣之法门，但未能找到成圣之道，他曾感叹："吾自幼笃志二氏，自谓既有所得，谓儒者为不足学。其后居夷三载，见得圣人之不若是其简易广大，始自叹悔错用了三十年气力。大抵二氏之学，其妙与圣人只有毫厘之间。"[②]尽管成圣之愿未能实现，但佛道理论为其后来心学体系的建立提供了思维与方法等诸多方面的借鉴。后来，王阳明在萧山答张元冲所问二氏之学时说："二氏之用，皆我之用：……但后世儒者不见圣学之全，故与二氏成二见耳。譬之厅堂三间共为一厅，……圣人与天地民物同体，儒、佛、老、庄皆吾之用，是之为大道。"[③]事实上，终其一生，王阳明都在强调儒释道为我所用。

龙场悟道时，王阳明依旧主"静"。王阳明三十五岁时因抗疏直谏，被刘瑾贬为贵州龙场驿丞，其间，王阳明通过汲取《周易》中的精神来排解自心。在贵阳修文，王阳明在极端困境之中日夜冥思静想，寻求人生的意义，终于在一个晚上获得了对生命意义的突破。"因

①[明]王守仁撰，吴光等编校：《王阳明全集》卷三《语录三・传习录下》，上海古籍出版社2011年版，第144页。

②[明]王守仁撰，吴光等编校：《王阳明全集》卷一《语录一・传习录上》，上海古籍出版社2011年版，第42页。

③[明]王守仁撰，吴光等编校：《王阳明全集》卷三十五《年谱三・自嘉靖壬午在越至嘉靖己丑丧归越》，上海古籍出版社2011年版，第1423页。

念:‘圣人处此,更有何道?’忽中夜大悟格物致知之旨,……始知圣人之道,吾性自足,向之求理于事物者误也。”①这一过程,尽管存在各种外在的因素,但主要还是依赖内心之“静思”而悟道。

(二)阳明心学之“动”

王阳明龙场悟道之后,提出了“心即理”的观点,开始了其心学体系建立的初步阶段。王阳明提出良知乃心之本体、良知即天理之后,并没有停留于此,在此基础上继续探讨成圣成贤之道,提出了“致良知”“知行合一”等具体措施。

“致良知”是王阳明心学思想的一个总结,它包括自我道德修养与行善去恶两个方面。“致良知”是良知本体付诸实践的过程,这个过程主要在“致”这个“动”的方面,就是把良知本体推致到现实生活中的具体事物之中。王阳明的致良知是一个动态的过程,并且不同时期其内涵并不相同。

在早期,王阳明把“致良知”看作是良知本体的“充塞流行”,亦即良知本体表现在日常生活中的方方面面,他说:“知是心之本体。心自然会知:见父自然知孝,见兄自然知悌,见孺子入井自然知恻隐,此便是良知,不假外求。若良知之发,更无私意障碍,即所谓‘充其恻隐之心,而仁不可胜用矣’。然在常人不能无私意障碍,所以须用致知格物之功。胜私复理,即心之良知更无障碍,得以充塞流行,便是致其知。知致则意诚。”②故王阳明认为只要通过格物致知去除私欲,就可使良知充塞流行。王阳明晚年在其著作《大学问》中,对“致良知”做了更进一步的阐述:“‘致知’云者,非若后儒所谓充广其知

①[明]王守仁撰,吴光等编校:《王阳明全集》卷三十三《年谱一·自成化壬辰始生至正德戊寅征赣》,上海古籍出版社2011年版,第1354页。

②[明]王守仁撰,吴光等编校:《王阳明全集》卷一《语录一·传习录上》,上海古籍出版社2011年版,第7页。

识之谓也,致吾心之良知焉耳。良知者,孟子所谓'是非之心,人皆有之'者也。是非之心,不待虑而知,不待学而能,是故谓之良知。是乃天命之性,吾心之本体,自然灵昭明觉者也。……今于良知所知之善恶者,无不诚好而诚恶之,则不自欺其良知而意可诚也已。"①这里王阳明指出"致良知"就是将良知本体之善推及万物,则万物皆得其理。王阳明的良知虽然承继孟子的良知而来,突出良知的先天本性,但并不否认后天知识理性的作用,并且认为良知本体会随着知识的增长而更显活泼泼的状态。

"知行合一"与"致良知"一样是强调"良知"的发用流行,是一个动态的过程,是一个具体到实际中的"做"的问题,它是本体与德行修养相统一的过程。因此,"知行合一"首要的是恢复被外界欲望遮蔽的良知本体。这从王阳明与弟子徐爱的对话可知:

> 爱因未会先生"知行合一"之训,与宗贤、惟贤往复辩论未能决,以问于先生。先生曰:"试举看。"爱曰:"如今人,尽有知得父当孝、兄当弟者,却不能孝、不能弟,便是知与行分明是两件。"先生曰:"此已被私欲隔断,不是知行的本体了。未有知而不行者。知而不行,只是未知。圣贤教人知行,正是要复那本体。"②

良知本身是发用流行的,现实生活中由于被私欲遮蔽了,故许多时候无法发用流行,故必须去除私欲才能使"良知"本体得以复明。王阳明指出,去私欲需"精一"之功:

①[明]王守仁撰,吴光等编校:《王阳明全集》卷二十六《续编一·大学问》,上海古籍出版社 2011 年版,第 1070—1071 页。

②[明]王守仁撰,吴光等编校:《王阳明全集》卷一《语录一·传习录上》,上海古籍出版社 2011 年版,第 4 页。

若尧舜之心而自以为无过，即非所以为圣人矣。其相授受之言曰："人心惟危，道心惟微，惟精惟一，允执厥中。"彼其自以为人心之惟危也，则其心亦与人同耳。危即过也，惟其兢兢业业，尝加"精一"之功，是以能"允执厥中"而免于过。①

良知本体纯善无恶，但现实之人心却存在欲望，"知行合一"的目的就是要去除人的私欲，采取"精一"之功来恢复人本来之"道心"。这就要求真正做到"为善"，能够"躬行践履"。

致知必在于格物。物者，事也，凡意之所发必有其事，意所在之事谓之物。格者，正也，正其不正以归于正之谓也。正其不正者，去恶之谓也。归于正者，为善之谓也。②

故格物致知、正心诚意等都是为了做到为善去恶，保持良知本体之明觉。晚年，王阳明更加重视"知行合一"，强调知与行的同一性。

若知时，其心不能真切笃实，则其知便不能明觉精察，不是知之时只要明觉精察，更不要真切笃实也。行之时，其心不能明觉精察，则其行便不能真切笃实；不是行之时只要真切笃实，更不要明觉精察也。③

如知其为善也，致其为善之知而必为之，则知至矣；如知其

①[明]王守仁撰，吴光等编校：《王阳明全集》卷四《文录一·寄诸弟(戊寅)》，上海古籍出版社2011年版，第193页。

②[明]王守仁撰，吴光等编校：《王阳明全集》卷二十六《续编一·大学问》，上海古籍出版社2011年版，第1071页。

③[明]王守仁撰，吴光等编校：《王阳明全集》卷六《文录三·答友人问(丙戌)》，上海古籍出版社2011年版，第234页。

为不善也，致其知为不善之知而必不为之，则知至矣。知犹水也，人心之无不知，犹水之无不就下也，决而行之，无有不就下者。决而行文者，致知之谓也。此吾所谓知行合一者也。①

从阳明心学的发展历程可知，王阳明的“致良知”与“知行合一”是一个动态的发展历程。尽管王阳明强调“一念发动处即是行”，但这只是在“知”方面的行，并未涉及具体的实际行动，此时的“行”是一个静态的过程。只有把“行”落实到具体的实际中，才能达到真正的“知行合一”。因此，王阳明的“致良知”与“知行合一”思想在其具体的实施过程中，以“动”为主，这与禅宗完全专注于内心的精神活动不同。禅宗美学是尽量排除外在的干扰，做到内心的宁静，心学美学则要求结合现实的伦理道德来实现自身的为善去恶，以达到修行者成圣成贤的目标。

①［明］王守仁撰，吴光等编校：《王阳明全集》卷八《文录五·书朱守谐卷（甲申）》，上海古籍出版社 2011 年版，第 308 页。

第六章　心学美学与禅宗美学的历史归宿与现当代价值

任何学术思想只有与时代相结合时才有其价值与意义，心学美学因以良知为本体，向自然人性论的方向发展，这使得心学美学的基本精神能够在现当代社会中找到归宿之处，且能与目前流行的各种美学思想——如德育、生态美学等结合起来。禅宗美学由于关注人的精神生活，具备超现实性，故其理论主要在艺术实践中体现其基本精神和实现其理想追求。

第一节　心学美学的现当代价值

王阳明的心学美学思想内涵丰富，特别体现于“知行合一”与“致良知”思想上。王阳明的“知行合一”与“致良知”思想不仅在当时社会适用，并且也具备丰富的现当代学术价值。“知行合一”打破了传统的经典学习模式，这种将“知”与“行”紧密结合起来的教学模式，强调了学以致用的重要性，既要求善于思考，同时也要求实际行动。因此，阳明学不仅在明代产生了巨大的影响，于现当代社会亦有其重要的借鉴意义。原因有两方面：一方面是王阳明的“知行合一”与“致良知”的观点具备超时代性，任何时代与社会都要求“致良知”；另一方面是目前社会尽管经济得到了高度发展，物质生活获得了极大改善，但人们的精神生活还没有跟上经济发展的步伐，遇到了与王阳明时代类似的困惑,亟须唤醒人们的良知。这里主要从美学的角度阐述阳明心学美学对现当代美学发展的借鉴价值。

一、心学美学与新实践美学及后实践美学

(一)心学美学与新实践美学

1.新实践美学的理论内核

新实践美学是坚持马克思主义实践观点的美学理论体系,以实践作为本体,阐明人类及其社会的存在本原与方式。马克思把实践作为人的本质的生存方式,认为实践是人们改造自然、征服自然的活动,在对自然进行改造的同时,还必须处理各种关系,因此,马克思的实践是一种现实的生存活动。马克思主义的实践观是辩证发展的,新实践美学家张玉能的实践观比较新颖,对实践的范畴更是做了详尽的阐述与开拓性的创新:实践在类型上可以分为物质生产、精神生产和话语生产三种。同时,张玉能还详细分析了实践的内在结构,他把实践分为三个层面——物质交换层、意识作用层和价值评估层等①。因此,在张玉能看来,"美的存在本体在于人类的实践创造的自由的对象化,审美的存在本体在于人类在自己的自由的实践所创造的对象世界中直观到自己的愉悦"②。新实践美学家周来祥提出了"美是和谐"观点,他指出,美是"人和自然、主体和客体、理性和感性、自由和必然、实践活动的合目的性和客观世界的规律性的和谐统一"③。同时,周来祥对和谐提出了个人独到的见解:任何事物开始之前都是和谐统一的,在其发展过程中会产生分化、变异等,经历长

①张玉能:《论不同类型实践对美和审美的关系》,《河南社会科学》,2008年第3期。

②张玉能:《论不同类型实践对美和审美的关系》,《河南社会科学》,2008年第3期。

③周来祥:《论美是和谐》,贵州人民出版社1984年版,第73页。

时间的运动变化之后，又会形成新的和谐，这种和谐用黑格尔的辩证思维来看，它是一种更高层次的和谐。同时，和谐是事物存在的根据，贯穿事物发展的全过程①。可以说，周来祥关于实践的观点指的就是人的劳动实践。这种和谐的观点除包括人与社会、人与自然、人与人之间的和谐之外，还包括人自身的和谐，并且这种人自身的和谐才是最根本的和谐。

新实践美学对实践内涵的拓展是符合历史发展规律的，因为实践概念的内涵必然是历史性的，随着人们的生存状态和社会环境等外部条件的变化而发生变化，是人类能动地协调自然和社会关系的全部活动，它应包括生产劳动、科学技术、文学艺术等一切物质与精神方面的活动。因此，新实践美学的实践观点认为人类的生存离不开社会实践，终其一生，都在社会实践中忙碌。人们不仅必须通过劳动来获得所需要的物质生活条件，同时，在此基础上，还需要创造精神财富满足人的精神需求，通过话语生产在社会交往中不断提升自己。

新实践美学从人与世界的关系出发界定本体，突破了主客二分的思维模式，在主客的相互关系之中来探讨美与审美。新实践美学认为美与美感是在物质生产的社会实践过程中产生，人类经过无数次的实践，掌握了客观规律，实现了创造的自由性，于是自然带有人为的痕迹。人与自然由实用与认知的关系，转化为审美的关系，从而产生美与美感。美体现在客观对象上，美感体现在主体人心中。因此，在新实践美学这里，美与美感是在社会实践中生成，只是这种实践已经脱离了纯粹的功利目的性，体现了创造的自由性，是人对现实审美关系的体现。美是对美感而言具体事物的审美属性与价值，美感则是人对事物之美的感应与把握，二者相互依存。

①周来祥：《三论美是和谐》，山东大学出版社 2007 年版，第 51 页。

2. 心学美学与新实践美学的关系

新实践美学以实践作为本体,统一了主客体,克服了主客二分的二元对立结构,建立了以实践为本体的一元论;把美与审美建立在审美关系的基础上,摆脱了古代单纯从物质属性界定美与审美的实体性美学的片面性,也克服了后实践美学中主体自由的彼岸性与虚无性;超越了物质与精神、个体与社会、功利与超功利的界限,进入审美自由的境界。

阳明心学美学与新实践美学的实践内涵存在一定的内在联系。实践美学的开拓者李泽厚指出自然的人化说明美来源于实践,自然人化使得自然事物的一些属性具备主体的一些特征,当这种特征与主体的自由与审美相关联时,自然事物也就具备了审美的特性,主体也就产生了美感。可以说,李泽厚对实践的内涵由单纯的人类社会的实践转向了主体性的实践,高扬了主体的地位,这与王阳明心性论中高扬主体的思想不无关系。新实践美学的发起者蒋孔阳在"美在创造中""美是自由的形象"的美学观点中提出了"恒新恒异的创造"和"多层累的突创",指出美是由"自然物质层""知觉形象层""社会历史层""心理意识层"等相互作用的结果①。于是,蒋孔阳对实践的范畴辩证地拓展开来,他指出,实践的范畴是多样化的,不仅仅限于劳动实践,凡是自然与人发生了关系,都可理解为通过实践创造对象世界,这样实践就既包括物质实践,也包含精神活动。并且审美活动主要是一种精神活动,在这种精神活动中,外在的审美对象本来各自独立,互不相干。"但人通过自己的感觉和知觉,却把它们统一起来,不仅成为一个相互关联的自然的整体,成为一个完整的知觉表象:……而且灌注进自己的想象和情思,使它们从单纯的知觉表象,

①蒋孔阳:《美在创造中》,广西师范大学出版社1997年版,第34—40页。

转换成为充满了人情味的艺术形象。"①因此,在蒋孔阳看来,只要自然与人发生了关系,都认可是通过实践创造对象世界,这明显有着王阳明意义世界的影响。张玉能的实践观在前人关于物质实践与精神实践的基础上增加了话语实践,这是纯粹属于审美主体个体的实践,与王阳明的主体性心性论美学是分不开的。周来祥的"和谐美学"与心学美学的内涵亦存在相通之处。王阳明的心学美学强调的是人自身的和谐之美,要求审美主体首先能悦耳悦目,即能达到感官方面的和谐与愉悦;其次要求审美主体能悦心悦意,这是在悦耳悦目的基础上形成的内在心理与精神方面的感受;再次强调审美主体能够悦志悦神,这是最高层级的审美,要求审美主体能够追求最高境界的精神享受。由此可见,心学美学思想同样对和谐美学产生了一定的影响,和谐美学中蕴含了心学美学思想的核心内涵。

(二)心学美学与后实践美学——以主体间性美学为例

后实践美学在与实践美学的论争中逐步发展起来,它的哲学基础引用了国外的生命哲学及存在哲学等作为参考。在其发展过程中,后实践美学形成了不同的派别,比如杨春时的超越美学、潘知常的生命美学、张弘的存在论美学以及王一川的体验美学等。这里主要以杨春时为主的主体间性美学作为一个例证,以说明心学美学与后实践美学之间的内在关联。

1. 主体间性美学的内涵

主体间性是德国现象学哲学家胡塞尔在后期现象学中提出的一个概念,他的主体间性指的是"先验交互主体性",目的在于找寻沟通各先验主体的可能性,以便达成各主体之间的共识。其后海德格尔与伽达默尔对主体间性从本体论的角度进行了阐释。海德格尔提出了"诗意的栖居"思想,对传统的过分强调主体性对自然与地球进行

①蒋孔阳:《美在创造中》,广西师范大学出版社 1997 年版,第 38 页。

粗暴干涉的思想进行了批判与反思，主张天、地、人、神四者相互融合在一起，成为一个不可分割的整体。这四者之间的相互交融体现了主体间性思想。伽达默尔的现代阐释学建立在主体间性基础之上，在他看来，文本不是一个纯粹的客体，而是另一个主体。读者与文本之间是相互交融的，我们阅读文本时是在与另一个主体进行交流与对话，进而达到“视域融合”。巴赫金的复调与对话理论同样建立在主体间性基础之上，他认为我的确证与建构必须依赖他人，因为“证明不可能是自我证明，承认不可能是自我承认”①，只有通过人与人之间的对话才能达到沟通与接受的目的。因此，在他看来，文本同样是一个主体，是与读者相对应的另一个主体，读者阅读文本时不是读者一个人在理解，而是读者与另一个主体进行对话与交流。不单如此，文本内部本身同样存在各个主体之间的对话与交流。

在此基础上，现代学者建立了主体间性美学，认为审美不是单纯的主体性的活动，而是以主体间性为本体，把对象世界当作主体来对待，“把存在看作是自我主体与世界主体之间的相互融合，从而建立了主体间性美学。主体间性美学把主体间性作为其本体论的规定。认为存在不是主体与客体的对立，不是主体征服占有客体，而是主体与客体之间的交往与理解的关系”②。不仅要把自我作为主体，同时也要把客观对象作为主体，这样，两个主体互相尊重，互相交往，融为一体。因此，主体间性美学把审美理解与审美同情作为解决审美如何可能、自由如何可能的两个要素。在审美理解方面，主体间性美学指出，只有通过审美理解，才能消减人们相互之间的差异，以达到相

①[苏联]巴赫金：《巴赫金全集》（第五卷），白春仁、顾亚铃译，河北教育出版社1998年版，第379页。

②杨春时：《审美理解与审美同情：审美主体间性的构成》，《厦门大学学报》（哲学社会科学版），2006年第5期。

互之间的融合。“理解时自我主体与他我主体之间的沟通，它不同于主体对客体的外在认知（‘说明’）。理解摆脱了主体对对象的不关心、偏见和工具性态度，转化为自我对他我的关注、尊重和交往，从而使主客对立关系转化为主体间性关系。”①如果说，审美理解是从认识与解释的角度来沟通自我与他我的话，主体间性美学认为审美同情则是从价值论与存在论的论域来沟通二者，指出审美同情消除了主客对立，把客体变成了主体，主体放下自己高高在上的姿态，认同他我的存在，并与他我融为一体。

主体间性美学属于后实践美学流派之一，认为审美是自由的存在方式，是由充分的主体间性所决定的。在审美活动中，人与世界的关系不再是主客关系，而是主体与主体之间的关系，主体双方相互交往、对话，双方都获得了自由。这种审美体现在文学作品中就是读者把作品中的人物形象比作自己的化身，与人物形象同呼吸、共命运，二者相互理解，相互升华，克服了现实关系的异化，真正获得了自由与审美的感受。

2. 心学美学与主体间性美学之关联

阳明心学美学与主体间性美学有着内在的关联性，特别是心学美学主张万物一体的观点，认为人与天地万物乃是一个有机的整体，人与自然、人与社会在本然上是和谐的。表现在美学上，王阳明把客观世界像君臣、夫妇、朋友一样对待，其万物一体的思想使人有着“民胞物与”的同类感。因此，王阳明对待万物并不是以占有为目的，而是要求成己与成物的统一，在此基础上追求人与万物的和谐相处。此种思想已经具备古典的主体间性思想，因为在王阳明这里已经不是把自然世界当作死寂的客体，而是看作与自己生命和情绪紧密关

①杨春时：《审美理解与审美同情：审美主体间性的构成》，《厦门大学学报》（哲学社会科学版），2006年第5期。

联的事物。只是受时代的局限,王阳明过分强调主体之心本体,强调主体良知的存养与扩充,没有提出“对象主体”之概念。

在此之前的庄子、孟子都有着主体间性的思想,比如庄子濠上观鱼的情景虽然可以从现代移情学的角度来解释,但未尝不是庄子把对象鱼想象为主体而产生的审美结果;孟子的“知人论世”思想也强调了在阅读文学作品时要以平等的态度与古人交流与对话,将古人看作与自己平等的精神主体,向古人学习,与古人交友;“以意逆志”则要求读者用自己的心意去揣测作者的意旨,这里并不是强调解释的绝对客观性,而是读者主体与作者主体之间对话的有效性。此外,古代文论家在撰写感兴论方面文论观点时都或多或少地涉及了主体间性理论。比如,刘勰《文心雕龙》的“人禀七情,应物斯感,感物吟志,莫非自然”“情以物兴”“神与物游”,钟嵘《诗品》序中的“气之动物,物之感人,故摇荡性情,形诸舞咏”,王夫之《姜斋诗话·夕堂永日绪论内编》中“夫景以情合,情以景生”等等。

这些前人的主体间性理论被王阳明内化为其主体性思想,特别是孟子的良知思想,可以说是王阳明良知本体的直接来源。在此基础上,王阳明从人本身的角度出发,以心为本体,主张“心外无物,心外无理”,建构了一个以人的感知为中心的“意义世界”,把审美从外在客观世界转向主体的内心世界,克服了主客之间的对立,极大高扬了主体的自由性。同时,王阳明的“乐是心之本体”,强调人本身进入自然界,与之相互融通之乐。这种审美突破了传统意义上的审美,传统的审美一般只关注主体自身的感受,而忽视对象的存在,主体与他人或对象处于一种隔离状态,甚至将他人看作对立面,对自然与社会采取敌对与占有的态度,会造成主体的孤独与遗弃感。而王阳明的“乐是心之本体”则强调个体自身的和谐、人与社会及人与自然的和谐,是一种超越现实功利目的、超越世俗的圣人姿态。这种情形同样实现了审美的超越,与主体间性美学的超越有着异曲同工之妙。

二、阳明心学的生态美学归宿

（一）生态美学的历史背景

生态美学是在社会经济获得巨大发展之后形成的。由于大规模的工业化，人类对大自然进行无休止的掠夺，生态环境遭到巨大破坏，水土流失，沙漠化严重，各种疾病蔓延，使人类面临新的生存危机。正是在此情况下，生态美学及其研究亟待产生。正如后现代学者大卫·雷·格里芬所言，现代性产生的各种危机对每一个生产者都存在着危险，随着大家对现代世界各种危害认识的加深，开始寻求人与世界和谐相处的新途径，哲学家与美学家更是从人类“诗意地栖居”的角度去构思这种“人与人、人类与自然界及整个宇宙之间关系的后现代方式”①。

在文化方面，后现代存在着解构与建构两种不同的思想体系。后现代主义思想复杂，理论内涵丰富，形成了两派：其中一派是“解构性的后现代主义”，以福柯、德里达与拉康等为代表，旨在摧毁与解构现代主义；另一派是称为“建设性后现代主义”，试图超越现代主义，建构一种后现代主义的世界观，其中就包含对人类中心主义等现代性的反思，要求构建一种生态整体主义。“人类中心主义”于工业革命之后一直占据主导地位，这与当时推崇理性与科学的观点分不开。启蒙时代，人们相信凭借理性与科学能够征服自然与世界，这种对自然的过度开发，造成了严重的生态灾难。这种情况必须得到遏制与改变，只有当人与万物处于平等地位时，人类才会尊重自然，尊重规律。德国哲学家海德格尔指出，当人们发现自己并非万物之中心，也没有处于创造之中心时，人不再是世界的主人，不再处于统治地位，

---

①［美］大卫·雷·格里芬：《后现代精神》，王成兵译，中央编译出版社1997年版，第238页。

这时人类中心主义不再存在，人与万物才能平等共生①。正是在此基础上，生态美学顺应而生。

（二）生态美学的主要内容

生态美与一般的自然美是有区别的，一般的自然美是一种静态的美，而生态美指的是人与自然和谐共生之美。徐恒醇指出，生态审美与一般的自然审美是不一样的，一般的自然审美关注的是大自然本身，而生态审美关注的是人与自然和谐共处的关系，注重的是相互之间的生命共同感，故这种审美是人与自然的合奏曲②。可见，生态美是一种“和弦”之美，是以生态价值观为主的审美，对人所处的环境与生存状态进行研究，关注人的现实价值与终极关怀。于是，生态美学就把人、自然、社会作为一个整体来研究。同时，生态美学注重人生命的健康发展，试图为人们提供一种合理的生活方式。

生态美学的种类繁多，有生态存在论美学，比如海德格尔的“天地人神四方游戏说”、曾繁仁的生态美学思想等；生态文艺学思想乃是把文艺活动放在整个人类生态环境之中，用生态思维的观点对文艺的各种特性做全面的考察，以期建立一种既符合文艺发展规律，又能体现生态精神与价值观念的文艺观③。审美生态学认为人类的所有活动都离不开“审美场”，因此，有生态美学家指出：生态美学是研究生态审美场的科学，是探求审美自由系统整生化的科学，是寻求生态审美价值规律的科学④。生态教育学集教学与审美于一体，由老师与学生一起完成审美教育活动，要求“建立多方面和多层次的互生

①[德]海德格尔：《海德格尔文集·路标》，孙周兴、王庆节主编，孙周兴译，商务印书馆2014年版，第406页。

②徐恒醇：《生态美学的理论前提和研究对象》，《鄱阳湖学刊》，2009年第3期。

③曾永成：《生态学化：文艺理论建设的当代课题》，《成都大学学报》（哲学社会科学版），2002年第3期。

④袁鼎生：《生态审美场——生态美学元范畴》，《鄱阳湖学刊》，2009年第3期。

和互补关系，提高学生的审美感觉和创造能力”①。

（三）生态美学的基本特征

1. 整体性

这就是说生态美学的研究从来就不是单纯地研究个体或自然方面的审美，而是把人与自然看成是一个不可分割的整体。在人与自然这个大整体之中，生态美学主张万物平等，人与大自然融为一体。只有如此，才能打破人类中心主义，真正做到天人合一、万物一体。

2. 人本主义精神

生态美学虽然主要以研究自然为主，但其目的是为了人类的可持续发展，是为了人们的生活更加美好，能真正做到“诗意地栖居”。因此生态美学的发展应当“以人为本”，坚持全面、和谐、可持续发展的观点，解决人类的生态环境问题。

3. 诗意性与伦理性

诗意性指的是生态美学具备诗歌一样的意境，当人与自然环境和谐相处时，人们就会感受到美学的自然景象带给我们的喜悦与诗性。此时我们会有一种万物一体、其乐融融之感。伦理性指的是生态美学中人的自律性。在人与自然的相处过程中，要想打破人类中心主义，与自然和谐相处，就必须要求人的自律。这是一种“生态自律”，随着社会文明的进步、教育的发展、国家政策的支持，这种自律性就越强。当人们把这种自律当成是一种生活方式时，人与自然就能和谐相处，生态美学自然形成。

（四）王阳明的哲学与美学思想中蕴含着丰富的生态美学思想。

阳明心学美学思想蕴含着生态美学的基本观点，特别是王阳明关于“万物一体”的思想与生态美学的“整体性”与“天人合一”思想

①滕守尧：《论生态式艺术教育》，《陕西师范大学学报》（哲学社会科学版），2003年第3期。

是一致的。

1. 王阳明的生态宇宙观与良知说

关于“万物一体”的观点，王阳明认为人与万物本身是相通的。这在中国古代有关“气”的哲学范畴中就有所涵盖，中国古代的“气论”以整体与动态的思维来观察万物，有其独特之处。首先，它是不依赖人的认识而独立存在的，可以感觉得到，但不一定能看见；其次，气是一种先天本体，是构成一切物体的基础，世间一切都是由气构成；再次，气具备流动性，体现着运动变化。王阳明继承了中国古代有关“气”的观点，认为宇宙万物都是由“气”而生，与人一样有着共同的生命基础。他说：“风、雨、露、雷、日、月、星、辰，禽、兽、草、木、山、川、土、石，与人原只一体。故五谷禽兽之类，皆可以养人；药石之类，皆可以疗疾：只为同此一气，故能相通耳。”①

另外，王阳明的“良知”本体亦体现了“万物一体”的观点，他指出：“人的良知，就是草、木、瓦、石的良知。”②这就是说人与万物的生存结构是一致的。可见，在王阳明那里，人与自然不是分割的，而是一体的，是“人道”与“天道”的统一。

王阳明以“同此一气”来说明“万物一体”的观点，这与生态美学一样突出了人与自然的整体性与统一性，强调了万物和谐共生的观点。二者都强调人与自然是同一个整体，反对主客二分，都有动态性与和谐性。可见，王阳明的“同此一气”将人与自然当作一个统一的整体来看待，蕴含着丰富的生态美学思想。当然，这只是从整体而言，涉及的具体生态美学思想还有待仔细研究。

①[明]王守仁撰，吴光等编校：《王阳明全集》卷三《语录三·传习录下》，上海古籍出版社2011年版，第122页。

②[明]王守仁撰，吴光等编校：《王阳明全集》卷三《语录三·传习录下》，上海古籍出版社2011年版，第122页。

王阳明将天地万物归之于心，突出了心的作用，但他并没有否定外在事物，亦不是强调人类中心主义，而是突出人作为道德主体的作用。王阳明的“心”是与万物相沟通，他将良知与万物理解为生存关系，认为人只要唤醒自身的生态良知，即能实现人与自然的和谐，达到一种“天人合一”之境界。其实，王阳明成圣之过程就蕴含了生态美学的思想。因为在他看来，人的良知与天地万物的良知是一致的。他说：“若草、木、瓦、石无人的良知，不可以为草、木、瓦、石矣。岂惟草、木、瓦、石为然，天地无人的良知，亦不可为天地矣。盖天地万物与人原是一体，其发窍之最精处，是人也一点灵明。”①同时，王阳明以“感应之几”来说明良知生天生地、成鬼成帝、与物同体。“你只在感应之几上看，岂但禽兽草木，虽天地也与我同体的，鬼神也与我同体的。”②王阳明通过人的心灵的感应、主体的意向性活动来与外在事物联系，使本然之世界转化为意义世界。他还通过“恻隐”之心来突出人与万物的关系：“见孺子之入井，而必有怵惕恻隐之心焉，是其仁之与孺子而为一体也；孺子犹同类者也，见鸟兽之哀鸣觳觫，而必有不忍之心焉，是其仁之与鸟兽而为一体也；鸟兽犹有知觉者也，见草木之摧折而必有悯恤之心焉，是其仁之与草木而为一体也；草木犹有生意者也，见瓦石之毁坏而必有顾惜之心焉，是其仁之与瓦石而为一体也：是其一体之仁也，虽小人之心亦必有之。是乃根于天命之性，而自然灵昭不昧者也，是故谓之‘明德’。”③可见，王阳明把人的这种“恻隐之心”推及宇宙万物，体现了一种“生态良知”。

①［明］王守仁撰，吴光等编校：《王阳明全集》卷三《语录三・传习录下》，上海古籍出版社2011年版，第122页。

②［明］王守仁撰，吴光等编校：《王阳明全集》卷三《语录三・传习录下》，上海古籍出版社2011年版，第141页。

③［明］王守仁撰，吴光等编校：《王阳明全集》卷二十六《续编一・大学问》，上海古籍出版社2011年版，第1066页。

此外,王阳明强调“体知”,亦是把天地看成一个有机的生命整体。“夫人者,天地之心,天地万物,本吾一体者也。生民之困苦荼毒,孰非疾痛之切于吾身者乎?”正是由于这种把天地看成与自身一个整体的观点,人类才会产生像保护自己身体一样来保护大自然的想法。这种想法不是外在强迫的,而是自觉自发的。由此可知,王阳明的“良知”本身就是一种“生态良知”。此良知自觉把自己与生态环境融为一体,视自己为整个社会大生态中的一员,并为维护整个大生态做出自己的贡献,促进人与自然的和谐共处,构建和谐美学之社会①。这种生态良知要求我们走进大自然,欣赏与领略大自然的美。

2. 王阳明的生态境界理论

于审美方面,王阳明认为“乐是心之本体。仁人之心,以天地万物为一体,䜣合和畅,原无间隔”②。王阳明认为心之本体不仅体现为“仁”,亦体现为“乐”,并且这种“乐”是人与天地万物的和谐之乐。这种和谐之乐是人之情感与外在景物相互交融而形成,此时人与自然超越了主客二分的思维模式,进入一种互融的本真状态,人不再是理性之人、经济之人。人看待万物不再以功利目的,以占有的方式,而是以一种平等的态度去欣赏花开花落、云卷云舒。在这种不带任何功利目的的观赏中,人能够获得一种自在的本真之乐。此时,自然与人处于对等的地位。如罗尔斯顿指出的:“我们的人性并非在我们自身内部,而是在于我们与世界的对话中。我们的完整性是通过与作为我们的敌手兼伙伴的环境的互动而获得的,因而有赖于环境也保有其完整性。”③通过人与自然的互动,双方都获得了自由。

①邓名瑛:《论生态良知》,《伦理学研究》,2003 年第 2 期。

②[明]王守仁撰,吴光等编校:《王阳明全集》卷五《文录二·与黄勉之二》,上海古籍出版社 2011 年版,第 216 页。

③[美]霍尔姆斯·罗尔斯顿:《哲学走向荒野》,刘耳、叶平译,吉林人民出版社 2000 年版,第 92—93 页。

在道德方面，王阳明提倡生态道德，主张万物“一体之仁”的生态道德境界。王阳明对世人道德的沦丧深感痛心：“功利之毒沦浃于人之心髓而习已成性也几千年矣，相矜以知，相轧以势，相争以利，相高以技能，相取以声誉。”①“是以每念斯民之陷溺，则为之戚然痛心，忘其身之不肖，而思以此救之，亦不自知其量者。……呜呼！是奚足恤哉？吾方疾痛之切体，而暇计人之非笑乎！”②跟王阳明所处之时代相比，我们当前的社会存在着良知被物欲遮蔽、物质主义流行、大自然被人类掠夺等现象，为了利益，多处森林被破坏，人类已经遭受了环境的报复。因此，在当代推行万物一体的思想尤为重要。王阳明把仁爱施向整个世界，不单是人本身。他指出：“君臣也，夫妇也，朋友也，以至于山川鬼神鸟兽草木也，莫不实有以亲之，以达吾一体之仁，然后吾之明德始无不明，而真能天地万物为一体矣。”③他又说：“大人者，以天地万物为一体者也，其视天下犹一家，中国犹一人焉。若夫间形骸而分尔我者，小人矣。大人之能以天地万物为一体也，非意之也，其心之仁本若是，其与天地万物而为一也。”④王阳明认为对待自然万物必须犹如对待自己一样，才能不使一物失所，才能视万物之疾痛为自身之疾痛。“盖其天地万物一体之仁，疾痛迫切，虽欲已之而自有所不容已。”⑤这是儒家的现实关怀，由己及万物，具备一种博爱精神。

---

①[明]王守仁撰，吴光等编校：《王阳明全集》卷二《语录二·传习录中》，上海古籍出版社2011年版，第63页。

②[明]王守仁撰，吴光等编校：《王阳明全集》卷二《语录二·传习录中》，上海古籍出版社2011年版，第90—91页。

③[明]王守仁撰，吴光等编校：《王阳明全集》卷二十六《续编一·大学问》，上海古籍出版社2011年版，第1067页。

④[明]王守仁撰，吴光等编校：《王阳明全集》卷二十六《续编一·大学问》，上海古籍出版社2011年版，第1066页。

⑤[明]王守仁撰，吴光等编校：《王阳明全集》卷二《语录二·传习录中》，上海古籍出版社2011年版，第91页。

3. 王阳明的生态工夫论

王阳明的工夫论要求人们去除遮蔽良知本身的私欲,注重“知行合一”,坚持有所为有所不为。鉴于此,其工夫论从以下两个方面为生态美学提供了启示:

第一,克制欲望,简朴出行。王阳明指出,无节制的欲望会让我们迷失自身。“‘美色令人目盲,美声令人耳聋,美味令人口爽,驰骋田猎令人发狂’,这都是害汝耳目口鼻四肢的!岂得是为汝耳目口鼻四肢?……汝今终日向外驰求,为名为利,这都是为着躯壳外面的物事。”① 王阳明认为“色、声、味”虽然能令人愉快,但如果过度沉醉于此,就会损害身体的健康,引起精神的紧张;同时过度的消费还会造成资源的短缺,影响自然的可持续发展,形成生态危机。因此,王阳明提倡克制欲望,有计划有节制地进行消费。这对我们的时代有重要启示意义,我们所处的时代尽管物质财富已经极为丰富,人民的生活水平获得了相当的改善,但过度的消费已经使一部分人的身心健康受到了损害,各种不知名疾病的产生,充分说明了这一点。在大自然方面,为了追求更多的物质利益,部分森林被砍伐用来建造高楼大厦,致使水土严重流失,气温上升,严重影响了人民的生活和资源的再生。因此,我们必须理性消费,做到有理、有利、有节,只有这样,才能建立理想的社会秩序。

第二,等级和谐的生态观。王阳明尽管主张“万物一体”,但他的“一体”观并不是佛家的万物均等,也不是墨家无等级的“兼爱”,更不是基督教的众生一致,而是儒家的正统思想,是一种有等级的爱与和谐。所以,王阳明虽然说人与动物、植物、山川大地同为一体,但并不是说他们都是平等的关系,只是要求世间万物的多元性与多样性

①[明]王守仁撰,吴光等编校:《王阳明全集》卷一《语录一·传习录上》,上海古籍出版社2011年版,第40—41页。

能够和谐共处。在王阳明那里，万物一体之仁好比植物之“根”。“仁是造化生生不息之理，虽弥漫周遍，无处不是，然其流行发生，亦只有个渐，所以生生不息。……譬之木，其始抽芽，便是木之生意发端处；抽芽然后发干，发干然后生枝生叶，然后是生生不息。若无芽，何以有干有枝叶？能抽芽，必是下面有个根在。有根方生，无根便死。无根何从抽芽？父子兄弟之爱，便是人心生意发端处，如木之抽芽。自此而仁民，而爱物，便是发干生枝生叶。墨氏兼爱无差等，将自家父子兄弟与途人一般看，便自没了发端处；不抽芽便知得他无根，便不是生生不息，安得谓之仁？孝弟为仁之本，却是仁理从里面发生出来。”①可见，王阳明的万物一体是有差等的，这是儒家的基本思想。王阳明强调一体之中的厚薄乃是指万物自有轻重，是自然之理，无法同等对待。比如人身上之手足与头目，关键时我们会舍手足护头目；人与动物本是平等的，但日常生活中我们会宰禽兽以养身；等等。因此，他说：“《大学》所谓厚薄，是良知上自然的条理，不可逾越，此便谓之义；顺这个条理，便谓之礼；知此条理，便谓之智；终始是这条理，便谓之信。”②我们提倡生态美学，也是为了人类的可持续发展，肯定人的主体地位，强调人与自然有差等的和谐。这就告诉我们，人类是自然的主体，应当提倡以人为本，但不能搞人类中心主义，不能为了人类的利益，而不顾其他动植物的生死，而是主张仁爱万物，合理支取自然，在此情况下达到与万物融为一体的境界。

总之，王阳明的生态伦理思想在当代有着重要的意义：

首先，有助于我们真正认识自身，建立身心的和谐及其与万物的

①[明]王守仁撰，吴光等编校：《王阳明全集》卷一《语录一·传习录上》，上海古籍出版社2011年版，第29—30页。

②[明]王守仁撰，吴光等编校：《王阳明全集》卷三《语录三·传习录下》，上海古籍出版社2011年版，第123页。

和谐。王阳明的"心"是良知之本体,但心并不是独立存在,而是存在于"身"。"耳、目、口、鼻、四肢,身也,非心安能视、听、言、动?心欲视、听、言、动,无耳、目、口、鼻、四肢亦不能,故无心则无身,无身则无心。"①在王阳明这里,"身"与"心"的关系是以"心"为主,"身""心"相互依存,在此基础上才可能有人与自然的和谐。"盖其心学纯明,而有以全其万物一体之仁,故其精神流贯,志气通达,而无有乎人己之分,物我之间。譬之一人之身,目视、耳听、手持、足行,以济一身之用。目不耻其无聪,而耳之所涉,目必营焉;足不耻其无执,而手之所探,足必前焉;盖其元气充周,血脉条畅,是以痒疴呼吸,感触神应,有不言而喻之妙。"②王阳明的这种"身""心"一体思想要求我们去除过度的物欲,从对名利的追逐中解脱出来,树立正确的人生观与价值观,追求快乐人生。

其次,有利于我们培育新型的生态人格。当今社会,人心浮躁,诸多人为了自身的欲望与利益而损害他人的权益。人在自然生态中能够保持内心的平静,领略大自然的伟大与自身的渺小,长期在此种美妙环境的熏陶下,能够克服自身的贪欲,感受到人生的真谛。因此,这种生态人格能够使我们远离过度的物欲,保持一颗对大自然的热爱与敬畏之心,进而转化为保护自然的行动。当然,这种生态人格既不赞同人可以成为万物之主宰,可以肆意践踏万物,也不是说人与自然均等,而是要求我们对自然进行合理的有节制的改造,让自然能够更好地为人类服务,实现人与自然的和谐相处。只有人把自然放在与自身功利目的无关的基础之上,才能产生审美,获得一种其乐融

①[明]王守仁撰,吴光等编校:《王阳明全集》卷三《语录三·传习录下》,上海古籍出版社2011年版,第103页。

②[明]王守仁撰,吴光等编校:《王阳明全集》卷二《语录二·传习录中》,上海古籍出版社2011年版,第62页。

融的快感。

三、心学美学与文学

王阳明的一生涉猎甚广，不仅于儒道佛三教之间穿梭，吸收佛道知识改造儒学，使儒学在明代的发展达到一个新的高峰。在文学上，王阳明亦为后世留下了许多可歌可泣的诗歌。王阳明的心学美学思想体现在文学上，一方面是对明代当时的文学起到了革新作用，打破了明代初期诗歌台阁体为主的道学气味，同时对明中期注重复古的模拟风气进行了纠正；另一方面，王阳明心学美学思想中的“人格美”以及“狂者胸次”都对现当代文学思想产生了重要的影响。

（一）心学美学对明代文风的纠正

王阳明的哲学思想经历了几起几落，这些经历从其诗歌中可见一斑。王阳明少年时饱读诗书，很早就开始诗歌创作，此时的诗歌风格清新自然，境界开阔。初次参加会试落第后，与一帮诗友组织成立了诗社，撰写了大量诗歌，但由于其诗歌在当时已经受到了复古思潮的影响，保留下来的基本上是七言律诗。出入佛老时王阳明寄情于山水，写了许多山水田园与赞美佛道的诗歌，由于此时他并无经世之心，故这些诗歌画面生动，灵动飘逸。由佛道重新回归儒学后，王阳明不再向往所谓的仙境，而是用诗歌表现其强烈的入世情怀。初历官场的王阳明不满宦官刘瑾的胡作非为，弹劾不成反受迫害。他经历了短暂的牢狱之灾后被贬至贵州修文龙场，面对环境的险恶，回顾自身的坎坷经历，写下了大量面对各种苦难艰险的诗歌。他的诗歌由之前的清新俊秀转为沉郁顿挫，开始形成自己诗歌的独特个性。王阳明在贵州龙场经历了身体上的磨难，却在心灵上获得了飞跃，悟道后身心都获得了自由，此时的他在心态上完全发生了改变，外在的困惑与苦难不再能够干扰其内心的宁静。这种情形体现在诗歌上，表现为由浪漫的气息转变为现实的哲理。由于有了悟道后的哲学智慧，王阳明在其后的从政与戎马生涯中如鱼得水，此时的诗歌注重个性化与心灵化，形成了自己独特的诗歌特色。正如左东岭在著作《明代心学与诗学》中所言："尽管王阳明并没有在文学理论上明确地提出性灵说，但在实际创作中则已显示出鲜明的重主观、重心灵、重自我的倾向。"①

王阳明心学促成其形式多样化的诗歌，这种心学美学思想对明代诗歌起到了解放思想、提倡个性自由的作用。明初时期，以杨士奇、杨荣、杨溥为代表的台阁体主导文坛几十年，由于其成员多为身居高位的官员，作品多为应景之作，文学特征以中庸之道为主。因此，当时的台阁体以载道与实用为主，故其作品多为歌功颂德，粉饰太平之作，缺乏作者自己的个性与灵气，与老百姓的生活完全隔离，致使明代的诗歌成为一潭死水。这种局面的形成主要是由于当时的程朱理学将"天理"与"人心"割裂开来，且后者处处受制于前者，加上统治者对文学的高压政策与台阁体的歌功颂德，作者不敢轻易在文学作品中表达自己的真心，只能顺应当时时代的需求，撰写载道与实用之诗文。

王阳明的心学思想强调"心"本体的作用，强调主体个性的张扬与自由，这些体现在诗歌上就要求诗歌具有个性化特征。在文学影响方面，王阳明开始的时候与当时文坛的前七子有着密切的关系。前七子以李梦阳为代表，包括何景明、徐祯卿、边贡、康海、王九思和王廷相，他们没有直接倡导诗歌的个性化，而是采取复古的方式反对当时的台阁体诗歌，主张向秦汉、盛唐等学习。于此，李梦阳倡导诗歌必须有真情，必须浑然天成，不可矫揉造作。可由于其主张是对前人的模仿，故无法显现自己的个性。王阳明曾参加了李梦阳为首的复古运动，并对当时的文人产生了影响，其中包括徐祯卿与郑善夫。

①左东岭：《明代心学与诗学》，学苑出版社 2002 年版，第 52 页。

但他很快发现一味地模仿只是无聊的文字游戏，不能表达作者的真实情感，无法通过文学的影响来挽救日益堕落的世道人心，于是退出了复古派。王阳明的心学美学思想还对当时的唐宋派产生了巨大的影响，唐宋派的代表人物有王慎中、唐顺之、茅坤和归有光等，他们反对复古派"文必秦汉，诗必盛唐"的观点，主张文章要直抒胸臆，必须具备真感情、真本色的特点。他们在散文方面成就最高，善于抒情与记事，能够把身边琐碎之事娓娓道来，不事雕琢而风味超然。该派深受王阳明心学思想的影响，反对模拟与抄袭，主张文章要抒发自己的真情实感，显示作者的真本色。

当然，阳明心学美学对明代文学的影响主要是在明代中晚期的性灵诗学。"性灵说"是强调创作主体为主的创作法则，注重的是创作主体的主观思索，强调感性因素超越理性的束缚，关注精神生活多于名利追求。"性灵说"于明代中后期被普遍应用于文学批评，强调文学必须摆脱封建礼教的束缚，抒发作者的个性情感。"性灵说"的提出与实现，对当时文坛影响深远，形成了各种流派，产生了诸多具备个性特征的文学家。

徐渭是较早接受王阳明心学思想的，其文学以"自然"为主，强调"真我"，主张人格的独立，在行为上率性而为，其一生狂放不羁，藐视世间一切繁缛礼节。因此，他的创作都要求自我本色与性情真实流露，诗歌戏剧都必须是人物的真情实感。因此，可以说，"徐渭的文学艺术表现了追求独立人格、自由解放的强烈意志和不拘旧法的创新精神，带有初期民主主义的启蒙色彩。徐渭是晚明进步文艺思潮首开风气的先行者"①。其后，李贽更是将阳明心学美学中的主体意识发挥至极致，提出了著名的"童心说"。"夫童心者，真心也。若以童心为不可，是以真心为不可也。夫童心者，绝假纯真，最初一念之本

①张新建：《徐渭论稿》，文化艺术出版社1990年版，第65页。

心也。若失却童心,便失却真心;失却真心,便失却真人。……童子者,人之初也;童心者,心之初也。”①即是要求写作时必须阐述人的自然本性,这种自然本性好比儿童之心,未受到社会的污染,跟王阳明主张的“良知”有异曲同工之妙,二者都主张表达人的本性,体现在文学上就是要有真性情。

阳明心学美学对明代文学流派的影响主要是以明代公安派的文学主张为主。公安派以袁宏道、袁中道、袁宗道三人为代表,其文学主张“独抒性灵,不拘格套”。这是对当时温柔敦厚诗风的抗议,要求作者直抒胸臆,写出人物的真情实感。这种影响直至清代的“性灵派”,以袁枚、赵翼、张问陶等为代表,继承了公安派的主张,要求文学创作独抒性灵,反对模拟复古。可见,阳明心学美学对明清文学影响之深远。

(二)心学美学对现当代文学的影响

心学美学强调的是主体自身的要求,王阳明的“心即理、心外无理”等观点一方面是对主体人格美的要求,另一方面是要求主体顺应自己本心、本性。体现在文学上,就是要求作者撰写文章时直抒胸臆,刻画人物性格要符合人物的本性,不要以是否载道、是否温柔敦厚等为标准。

1. 阳明人格美与文学

(1)王阳明人格美的形成

阳明心学关注的是人如何成圣成贤的问题。由于王阳明生活的明朝处于衰落时期,整个朝廷官吏上下贪污成风,相互之间尔虞我诈。同时,由于商品经济的发展,世态人心趋于功利化与物欲化,整个社会唯利是图,在利益面前人们变得毫无礼义廉耻之心。而当时

①[明]李贽著,夏剑钦校点:《焚书·续焚书》,岳麓出版社1990年版,第97—98页。

的主流思想程朱理学由于过于抬高“天理”的地位，无法与人们的日常生活结合起来。在“存天理，灭人欲”的倡导下，程朱理学更是被别有用心之人利用来作为假道学的幌子，他们打着“天理”的旗号，干着祸国殃民的事情。可以说朱子的天理已经无法改变社会与人心，整个社会急需一种新的思想注入，为此，王阳明希望以理想的人格来改变人们的功利之心，进而挽救颓废的明王朝。

具体而言，王阳明的理想人格融合儒道佛三家思想：

首先是有着传统儒家的积极入世精神，希望通过理想人格来实现齐家治国平天下的目的。当然，由于儒家代表人物所推崇的理想人格要求不一样，故对王阳明的影响亦有不同。比如，孔子的理想人格是忠恕思想与经世致用二者相互结合；孟子的理想人格则是“内圣”与“外王”之结合；荀子的理想人格结合了孔子的经世致用与孟子的“外王”观，希望能够安邦济世、治国平天下。至宋明理学时期，其人格思想分为“洒脱”与“敬畏”两类，前者以周敦颐、邵雍为代表，后者以程颐、朱熹为代表。王阳明的理想人格融合孔子、孟子、荀子等儒家积极入世的个人修身特征，有着对社会道德的敬畏。同时，其良知思想事实上是改造了孟子的良知思想，把孟子的“四端说”，即“恻隐之心，仁之端也；羞恶之心，义之端也；辞让之心，礼之端也；是非之心，智之端也。”（《孟子・告子上》），统一归于良知。在其借鉴与改造孟子良知思想的过程中，增加了主体个性的洒脱，从而扩大了良知的内涵与深度，正是这种注重个性化的洒脱才形成了王阳明以心为主的理想人格。

其次，王阳明的理想人格中更多地有着佛道精神上的自由与超越。道家的理想人格亦是要求人们成为“圣人”，不过这与王阳明的成圣成贤内涵并不一致。道家之“圣人”指的是人应该顺应天道，主张自然无为，尊重大自然的规律，最终达到“天地与我并生，而万物与我为一”的境界。佛家则以“成佛”作为其理想人格，在佛教徒看来，成佛的过程虽然艰辛,但涅槃成佛后会走向一种大乐大美之境界,因此,“成佛”之后的人格是自在自由的。王阳明的理想人格注重个性的解放与自由,他生活的时代,人的个性受到社会的压抑,人并不是自由之人,人欲受到天理的限制,个人只是社会的机器与物欲的附属品。王阳明认为,要想改变社会的现状,只有先改变个人,只有个体的道德修养与社会责任感得到提升,人才能从外在的纷扰中获得内心之宁静。而这种改变,千百年的佛道思想一直在强调,王阳明正是借鉴与吸收佛道的观点与方法来改造其心学体系,提升人格美思想。可见,王阳明心学思想的意义在于,他既高扬了道德的主体性,通过“心外无理”“致良知”“仁者与物同体”等思想把儒学固有的“有”之境界推至顶峰;同时,又从儒家的立场出发,充分吸收佛道的生存智慧,把有我之境与无我之境结合起来,以他自身的生命体验,完成了儒学自北宋以来坚持入世的价值理性,在此基础上吸收佛道精神境界与精神修养的努力。

(2)人格美对文学的影响

文学是作者通过记录思考客观现实,形象化反应社会生活,表现作者心灵世界的一种艺术。因此,作者的人格修养是文学成败的关键,正如扬雄所言“文如其人”,从诗文中即可看出作者的人格。因此,只有作者具备秉性优良的个性与丰富的学识修养,才能写出流芳后世的作品。王阳明的人格美学旨在为人生寻求安身立命之地,有助于塑造人们的精神面貌,摆脱世俗社会中功名利禄的影响,追求内心的自由与精神的超越,从而达到理想的人生境界。就此而言,王阳明的理想人格对推动现当代作者的审美人格与文学的发展产生了深刻的影响。

首先,有助于作者健全人格的建立。现如今社会,商品经济得到飞速的发展,人们的物质水平获得极大的提升。然而过分地追求物质生活,会使人们失去美好的精神家园,社会上物质至上、唯利是图的观念,使一些人整天思考与追求的是物欲带来的享受。社会、网络中,一些人的言论是金钱至上、享乐主义的观点。过分的物质追求,使人们没有心情与时间去进行高尚与纯洁的精神活动,而一个作者如果内心的精神境界不够高尚,写出来的作品也只能是“下品”。

在经典文学的创作过程中,古今对比可知现代人的浮躁。古人曾耗费几十年成就一部佳作,如蒲松龄撰写《聊斋志异》耗时近四十年,歌德撰写《浮士德》耗时六十年。而现在的一些作者为了追求物质利益,有的一年能写出几部著作,这种快餐式的创作,其质量情况可想而知。各著作之间甚至出现相互抄袭的情况。因此,要想创作出好的作品,作者必须有良好的人格修养,不唯利是图,向古人这种几十年如一日的写作精神学习。只有具备理想的人格美,才能以积极向上的审美心态看待世间百态。

其次,有助于作者和谐心态的构建。王阳明这种追求圣人的人格美精神对于现当代作家有着很好的启示作用。要求人们不要过分地追求功名利禄,要顺应本心本性,以一颗洒落之心应对生活;要有宽阔的胸怀与高远的审美之境,协调好人与人、人与社会、人与自然以及人自身的关系,与天地万物融为一体。自工业革命以来,人们与自然和谐共生的关系变成了占有与掠夺,人类为了自身的利益,对大自然疯狂地掠夺,使得大自然受到严重的损害与污染。当然,最后深受其害者依然是人类,比如过度的砍伐导致山体植被破坏,从而导致山体滑坡、泥石流甚至形成沙漠戈壁等。

因此,人与自然和社会只有和平相处,人类才能获得可持续发展。文学作者只有以类似于王阳明的“一体之仁”对待他人与自然,与天地万物和谐相处,才能获得身心的愉悦,培养出理想的人格。自身有了良好的人格,才能写出优秀的文章。王阳明特别喜欢亲近大自然,时常带领弟子们去山水间吟诗作对,抒发情怀,于自然美景中怡然自乐。王阳明这种视荣华富贵于浮云的洒脱胸怀对后世作者产生了深远的影响。

2.“狂者胸次”与文学

(1)王阳明“狂者胸次”内涵

狂者精神一直在中国传统的美学中作为一种反叛精神而存在，由于与封建社会的主流价值观相背离，因此一直处于被冷落的状态，作为一种价值观极少被提起。但其作为文学形象一直被学者们所看重，诸多学者从各个方面对其进行了深入的研究。特别是到王阳明生活的明代，受王阳明心学美学思想的影响，出现了大量的狂士群体，这些狂士大多数集儒佛道精神于一体，不满当时社会的传统礼教，敢于挑战权威，特立独行。这种情况对后世的文学产生了重要的影响。

王阳明“狂者胸次”是其内在本心的体现，有其独有的特征：

首先，对强权与不公命运的抗争。王阳明生逢明代衰败之际，宦官专权，小人当道。宦官刘瑾因在明武宗朱厚照做太子时尽心侍奉，讨得其欢心。1506年朱厚照继承皇位，刘瑾就因这层关系深得其喜爱。刘瑾专权后在皇宫无恶不作，众人对其深恶痛绝，却因其深得皇帝庇佑，无可奈何，结果使刘瑾更加肆无忌惮，诸多官员遭到迫害。年轻的王阳明刚正不阿，向明武宗上书建言，结果被廷杖四十，并关入大牢。出狱后，王阳明被贬为贵州龙场驿驿丞。当时的贵州龙场环境极其恶劣，四周蛇虺魍魉遍布，蛊毒瘴疠流行，外来人员很难生存下来。王阳明就亲见从北京来的一名官吏和他的儿子以及仆人死在龙场的荒郊野岭，为此王阳明还为其写下了流传千古的《瘗旅文》。宦官刘瑾把王阳明贬至贵州龙场的目的就是希望他能够死在远离京城的蛮荒之地。

但王阳明并未向恶势力与命运低头，根据他自己在《瘗旅文》中的自述，他在贵州龙场生活以来，从来没有心生抱怨，亦不恐惧忧伤，而是保持良好的心态面对一切。这种心态的保持，是王阳明家庭环境与后天崇尚佛道修养的结果，他在科举考试未中举时就说过这样一句话："世人以不得第为耻，而我以不得第动心为耻。"正是由于有着良好的心态，王阳明即使在如此恶劣的情况下，依旧保持儒家的君子人格，从他把自己居住的地方命名为"何陋轩""君子亭"即可见一斑。既来之，则安之，王阳明在安顿好自己的基础上，在当时落后闭塞的贵州，开始传道授业解惑，开发教导当地人，深受当地老百姓的爱戴。特别是在龙场悟道之后，更是用心讲学授徒，建立了龙冈书院，对当地老百姓进行教化，为贵州培养了人才，同时亦为心学思想培育了继承人。

其次，对传统理学美学的反叛。传统的理学美学是以程朱的理学为主，崇尚的是以"天理"为主的和谐之美，关注的是正统与秩序，忽视人的真情实感。这与古希腊柏拉图的以"理念"为美相类似，是一种高高在上不接地气的美学思想。王阳明将理学的向外求美转为向自心内求，指出一切美的思想根源皆来自人心，根据王阳明的"意义世界"规定，人处于自己所经验到的世界之中，整个世界以我的感知为准，是我所能感知的一个精神的整体，任何事物只有进入人的意识活动之中，被赋予特定的属于人的价值才有意义。这种观点体现在美学上，即是说一切与我无关的外在事物，都不能进入我的内心，不能成为美的对象，因而也无就所谓美与不美。因此，王阳明的美学思想是以自心的本性为主，表达的是人的真性情。王阳明的"狂者胸次"更是体现了其打破陈规、颠覆传统理学美学的观点，要求在美学中充分展现自己的个性，创造出具备鲜明个性特征的人物形象。

王阳明撰写了大量表现个性思想的诗歌，他将自己"洒脱"的个性贯穿于诗歌之中，融合儒佛道三家的思想，具备俊秀飘逸的特征。在每个时期的诗歌，王阳明都结合自己的处境，抒发自己的真情实感，为后世留下了许多优美的诗歌。

再次,“狂者胸次”是生命活力的体现。在王阳明看来,只有对社会、对生活与对生命特别热爱之人,才会表现出强烈的狂者精神。那些严守封建礼法,完全被外在秩序所束缚的人们是无法完全释放其生命活力的。他们压抑自己的个性,顺应外在的“天理”,在社会上唯唯诺诺,生活中谨小慎微,整日里担惊受怕,生活在“套子”里。而具备“狂者胸次”之人,感情充沛,激情飞扬,敢于表达自己真挚的情感,打破现有的秩序,向权威与秩序挑战。

王阳明本人就是这样一位狂者,他出入儒释道三家却并不为其所缚。在他身上,体现着强烈的生命激情,面对常人难以忍受的牢狱之灾、环境恶劣之苦,他都能保持良好的心态。他是典型的儒者,其内心有着儒家的积极入世精神,注重伦理道德,积极进取,努力为社会做贡献。但他并不迂腐,不为当时的主流思想所左右,敢于超越世俗伦理的禁锢,打破不合理的社会秩序。他结合佛家的修心、道家的自然无为,对传统的理学思想进行改造,提出“致良知”学说,丰富了儒学的内涵与深度。

(2)“狂者胸次”对文学的影响

王阳明的“狂者胸次”不仅在日常的行为方式上对后人产生了影响,鼓励后人追求个性解放,不攀附权贵,敢于追求自己理想的生活。在他的影响下,明代后期出现了一大批具备狂者精神的士人,比如前面提到的徐渭、李贽、王艮、颜钧、何心隐等。在文学创作方面,对后世亦产生了极其深远的影响,于明代末期狂士文学更是成为主流文学,此问题前面已有论述,此处不再赘述。个人认为,“狂者胸次”对现当代文学的影响主要体现在以下几个方面:

首先,鼓励作者塑造“叛逆者”形象。任何社会发展到中后期,就会出现各种阻碍社会前进的因素,之前积极的理念也慢慢成为落后的保守的思想,这时社会就需要更加积极进步的理念来改变这种现状。作为文学家是社会敏锐的观察者,承担着引领社会潮流与改良的责任,他们用文笔塑造这种“前沿”人物形象,亦是社会的“多余人”形象,以此来促进社会的改良与进步。当然,王阳明的“狂者胸次”精神并不止于此,他的本意是要求打破正统的文学主流,强调对人物真性情的表达。

其次,提倡“真性情”的文学。每个社会都有自己的主流思想,这种主流思想代表的是社会的主流意识形态,体现在文学上主要表达的是主流价值观。但这种主流价值观是从宏观角度而言,落实到具体的每个人就必须因人而异。社会生活中的每个人有着自己独特的个性,文学创作者只有展现鲜明的个性,表达真实的情感,才能成为有价值的文学。自古以来,只有具备独特个性、典型形象的文学才能给读者留下深刻的印象,成为流芳后世的文学作品。

王阳明的心学美学思想提倡“心外无物”“心外无理”,强调在审美过程中要表现自己的真心、真情,不受社会功利思想与政教思想的束缚,表达人性的真实情感。体现在文学中,就是要突破现有思想的局限,文学作品创作不随大流,不写空话套话,深入广大市民心中,挖掘他们的所思所想,写出能代表市民阶层需求的优秀之作。王阳明提倡真性情的文学对于当前社会那些只顾博人眼球而胡编乱造的作者与作品有着很好的警示与借鉴作用。

再次,提高文学的审美趣味。文学作品最终的目的是提供给读者欣赏,读者在欣赏的过程中,获得审美愉悦并通过“玩味”与思考从中受到教益,提升自己的修养。王阳明的“狂者胸次”追求性情的洒脱,这与当时的正统文学讲究温柔敦厚与模拟复古是格格不入的。因此,他的诗歌多是接近市民思想的写景抒怀之作。这对当时明代市民小说的兴起有着不可或缺的影响,提高了文学的审美趣味,使许多文学从“文以载道”的功能中解放出来。比如晚明的以“趣”论诗、尚俗崇真,就是市民文学兴起的典型状况。在现当代文学创作中,王阳明“狂者胸次”在创作主体方面,与目前流行的现当代诗歌与大众文学有着诸多暗合之处，都要求表现主体的“真”，有符合读者本心之“趣”，追求一种与天地万物融为一体之“境”。

总之，言为心声，王阳明的诗文乃是其生活与思想经历的真情流露，主张以心为本，既是对传统“文以载道”思想的反叛，更是对后世世俗文学的“真”与“趣”产生了深远的影响。因此“阳明心学对文艺思想的影响，主要是在文艺的本源和创作上强调了心的重要作用，认为文艺的源泉在人之心，文艺创作应当真实地再现人的心灵世界”①。

四、心学美学与德育思想

心学美学思想关注社会与现实，以改造人性、改良社会为目的，故其美学思想是理学美学的继承与发展，其内涵毫无疑问是以儒家思想为主，就当时而言，主要指封建道德伦理规范。因此，王阳明在其讲学与从政的经历中，时刻不忘教化百姓，专门“举社学，立乡约”，对民众进行伦理道德教育。王阳明的道德教育思想不仅于当时有着教化民众的作用，其“高扬主体”的以人为本思想、强调“知行合一”的社会实践等对当代道德教育同样具备相当重要的借鉴意义。

（一）心学体系中的道德教育思想

王阳明在综合孟子思想的基础上，借鉴了陆九渊等人的心学思想，提出了“心即理”的心学体系，这是其道德教育的哲学基础，强调对人们内心的教化；继而王阳明提出了“知行合一”的观点，要求道德教育不能停留于理论知识方面，还必须与社会实践结合起来，在实践中完善道德教育；晚年王阳明提出了“致良知”的思想，要求人们针对良知本体的遮蔽情形采取“致良知”，以恢复良知本体之明净。至此，

①张少康、刘三富：《中国文学理论批评发展史》下，北京大学出版社 1995 年版，第 191 页。

王阳明形成了完整的道德教育体系。

1.“心即理”与“知行合一”

王阳明提出“心即理”思想有其特殊的历史背景,程朱理学占据整个官学的意识形态,其他任何新学说的产生都会被视为异端,一棍子打死。王阳明长期接受程朱理学的教化,亦希望通过程朱理学来改良社会,却在具体的实际行动中发现程朱理学的种种弊端。在经历格物致知失败与向佛道谋求成圣之法无果后,经历种种困境,终于在贵州修文龙场悟道,提出了“心即理”之说。

“心即理”思想的提出,为其道德教育提供了前期基础,指出道德教育的目的就是去除内心的私欲,扩展其至善之心。这里王阳明把封建伦理道德看作是人的本性本心,把道德根源之善看作天理,其“心即理”的思想把封建伦理思想与人的内心结合起来,相比于程朱理学而言,更适合于对民众进行教化,同时强调了个体的自由意识。在程朱理学流行时,教化民众的目的是格物致知,读书穷理;而王阳明“心即理”思想的提出,就将教育的外在性转向人的内心,教育只要找到“心”之所需,因材施教,克制欲望,还本心之善即可达到目的。

“知行合一”思想是王阳明在悟道之后的第二年提出来的,一方面针对“心即理”的观点,王阳明指出,为善去恶不能只停留在理论上,还必须有实际行动;同时更为重要的是反对朱熹的“知先行后”及其他哲学家所谓的“先行后知”的观点。他的知与行是相互联系、相互促进的,既不能只知不行,也不能不知而行。王阳明的知行观同样是建立在道德教育的基础之上,强调道德教育不仅要有理论知识作为指导,更应该有具体的实际行动。“知行合一”思想的提出,保证了其道德教育的真实可靠性,指出人的道德教育活动从意念开始到实践中的实施与完成是一个统一的整体。

2.“致良知”思想

“致良知”思想是王阳明心学思想的核心,亦是其德育思想的主旨。王阳明指出,良知本心是纯善无恶的,但在现实社会中会受到欲望的遮蔽,这就要求通过致良知来去除私欲,保持良知本体的莹彻;同时,良知本体与人的见闻有着密切的联系,通过致良知可以增加人们的见闻,因此,王阳明认为"致良知"是圣人用以教化世人的主要手段;另外,在王阳明看来,"致良知"还是治理国家的需要,只有使"致良知"思想在举国范围内实行,使得天下之人皆能"致良知",人人皆有为善去恶之行动,才能使社会风气得以改变,迈进理想的社会。

关于"致良知"的功夫,王阳明认为主要体现在以下几个方面:首先是格物,要求人们能在日常生活中知是知非,一旦萌发恶念,立即去除,长此以往,即可消除恶念,滋长善念,本体之良知也会日渐明净。其次,除了格物之外,"致良知"的功夫还要求精一,即一心一意去做去除私欲的功夫,最终达到恢复良知本体之明净。再次,慎独亦是"致良知"思想的重要表现,要求世人即使是独处时也必须保持头脑清醒,不做违反道德规范之事。因此,王阳明要求世人时时"致良知",不断积累善心,才能形成"威武不能屈,富贵不能淫,贫贱不能移"的大丈夫性格。

心学道德教育的目的乃是教导世人成圣成贤,王阳明强调,圣人与普通人在良知本体上无甚差别,只是圣人之良知清澈无污染,而普通人本然的良知被遮蔽了,就需要用功去除私欲,恢复良知本然状态。因此,普通人要想成为圣人,就必须时时"致良知",以保持本心之清澈。王阳明指出,圣人之学的内容包括礼义廉耻等一系列伦理道德规范,这些都必须依靠"致良知"来完成。具体的做法是,要求首先立志,有一颗立志成为圣人之心;其次,要"省查克治",时时保持警惕之心,扫除一切私心杂念;再次,要在事上磨炼,即要亲身体会,亲自实践。

3. 王阳明德育思想的现实体现

王阳明不仅提出了德育理论,在现实社会中,他更是特别重视对民众的教化，具体表现在三个方面：首先，针对儿童的教育，王阳明认为教育必须从小抓起，采取因材施教的方法，根据儿童的个性特征与情感特征，以“诗歌、礼仪、读书”来培养他们重视孝悌忠信礼义廉耻的道德品质；其次，针对君子的教化，王阳明认为以明其心为主，在具体的实施过程中，就是克制私念，去除私欲，恢复良知本体的清净，这就要求在学习时以诚意为主，戒骄戒躁，从而达到敬德修业的目的；再次，在民众的教化方面，尽管当时朝廷腐败，社会矛盾激化，但王阳明依旧尽己之力，举乡约教化民众，建立社学以恢复淳朴的社会风俗。

（二）心学美学对当代德育思想的影响

古为今用，借鉴与吸收历来是继承传统的最好方式，心学美学中蕴含着丰富的审美教育思想，这些教育观点与原则不仅在古代实用，对我们现在建设社会主义强国，培养身心健康的公民也同样有着重大的借鉴意义。王阳明心学德育思想在理论与实践两个方面都对当代德育产生了重大影响。在理论方面，我们应当学习王阳明博采众长、继承与革新的精神。他的心学思想是在对程朱理学扬弃的基础上，借鉴与吸收佛道理论形成的。这就要求我们能够革新传统，为我所用。传统是革新的前提与基础，任何创新都是在传统基础上的创新，没有足够的“前理解”，人们根本无法进行理论研究，更谈不上创新。因此，在理论方面，我们一方面对王阳明的德育理论要去其糟粕，取其精华，同时，要敢于突破，敢于创新。王阳明德育思想的影响主要表现在实践方面对当代德育的借鉴意义。

1. 对三大类型德育的影响

（1）家庭德育的影响

一个人的一生一般会经历家庭教育、学校教育与社会教育三个阶段，家庭是教育的起点，良好的家庭教育是儿童成功步入社会的第一步。随着我国经济的发展，大多数家庭条件获得了极大的改善，物质生活水平大大提高，可精神生活还有待进一步加强。这主要表现在有些家庭教育出来的子女不仅不懂得尊重自己的父母，在社会生活中就连基本的礼仪都缺乏。因此，有必要于家庭教育中培养孩子基本的伦理道德。这可以从王阳明的乡约与社学中进行借鉴，他的乡约与社学明确规定了人们的日常言行，比如必须孝敬父母、尊敬长辈、关爱幼小、相互帮助、诚信守纪等。

因此，作为家长的我们，首先必须以身作则，做一个有良知的家长，处处以爱为本，爱父母、爱兄弟、爱子女等，从而构建一个和谐美满的家庭。父母是子女的榜样，只有父母克服自己的缺点，时时以"爱"和"行善"为前提，持之以恒，才能营造一个和睦且有爱心的家庭。在此基础上，再对子女进行基本的伦理道德教育，教会他们在爱自己亲人的前提下爱他人、他物。当然，以爱为本的教育也必须建立在相互尊重的基础之上，父母与子女之间同样必须相互尊重，只有这样才能达到教育的效果。有些父母不考虑孩子的感受，随时把自己的负能量带给孩子，这种负面情绪的传达对孩子的身心以及对社会都会造成一定的影响；也有些父母过于重视孩子的想法，以至于对孩子达到溺爱的程度，这同样达不到教育的目的，只会培养出专横跋扈的恶汉或泼妇。因此，家长一方面要有爱心，与人为善，另一方面父母必须在尊重子女天性的基础上进行教育，唤醒子女的良知，培养家庭的和善。可以说，王阳明在家庭教育中始终坚持以"孝"作为其理论核心，教育世人要有一颗博爱之心。这对于我们当代社会德育仍然有着重要的借鉴作用。

（2）学校德育的影响

儿童一般在六岁左右就开始进入学校接受教育，学校基本上是与社会隔绝的一片净土，所受教育比较全面，目的是为祖国培养德智体美劳全面发展的新一代社会主义接班人。目前，我国的学校教育体制比较完善，从教师的配置到教学科目的设置，都具备良好的针对性，有利于学生德智体美劳全面发展。只是受社会风气的影响，家长攀比之风气浓厚，除了在学校的正规学习之外，许多学生还遵从家长的要求，利用一切课余时间进行大量的补课，学习各种特长，比如绘画、器乐、舞蹈等。这些家长生怕自己的小孩输在起跑线上，怕考不上名牌大学，于是不管孩子愿意不愿意，快乐不快乐，就按照自己的要求给孩子安排未来之路。这是严重违背儿童天性与教育规律的。因为儿童正处于身心发育时期，好动、迷茫、无知乃是其天性，只能按部就班地学习，才能使其天性回归正道，心智的成熟是需要时间来打磨的，揠苗助长只会适得其反。因此，正如王阳明提出的，孩童的教育必须遵从他们的天性，他在《训蒙大意示教读刘伯颂等》和《教约》两篇文章中阐述得很清楚，指出教育者只有根据孩童的天性，因材施教，对孩童施以“诗歌、礼仪、读书”来教化他们，让孩子自由健康地成长，才算达到了教育的目的，这也是“致良知”的具体表现。

(3)社会教育的影响

王阳明晚年“致良知”教育思想的提出，加强了人们对于自身主体的认识，强调良知需要时时打磨，以保持清澈晶莹状态。这对于现代人良知的培养同样有着积极的意义。现代社会经济的发展促进了社会的发展，但某些好吃懒做、投机取巧之人却形成了另一种心态。他们不是想依靠自己的勤劳去致富，而是想尽各种歪门邪道去发财，比如有些不良商家与厂家造假，昧着良心，知法犯法。

所有这些，正如王阳明所言，乃是他们的良知受到了私欲的遮蔽，考虑的只是自己个人的私利，把国家和人民的利益置之不理。当然，这些犯法之人自有法律去制裁他们，但同时如果能够让世人及早受到教育，让他们时刻提醒自己的良知，也许就不会落到不可收拾之地步。因此，王阳明的“致良知”思想于我们今天对世人进行教育仍然有着极其重要的作用，需要通过“致良知”去除世人之私心与欲望，以保持良知本心之清净。

总体而言，当今德育的教育内容应以良知为基础，正如王阳明所言，良知乃是为学之根本，就好比树木之根，只有以良知为本才能培养出国家之栋梁。当今时代，德育亟须唤醒众人之良知，教导人们不要去做超越自己能力范围之事，要懂得爱国、敬业、孝亲、尊师重友等，要有一颗博爱之心，视天地万物为一体。在此基础上，对世人强化道德责任教育，培养人们对道德的责任感，加强人们对规范意识的认知，以便提升理想人格。同时，注重对人们进行荣辱教育，王阳明非常重视荣辱方面的教育，他认为每个人都有羞耻之心，即使盗贼亦不例外。当今社会由于部分人对荣辱感的不重视，不以弄虚作假为耻，一味地追求金钱与权力。因此，有必要加强荣辱观的教育，提倡通过家庭、学校与社会相结合的方式教育青少年，防止他们误入歧途。

2. 德育原则与方法方面的影响

（1）德育原则及影响

王阳明德育的主要原则有“知行合一”“有教无类”“因材施教”。所谓“知行合一”是王阳明对其良知的践行过程，指出在德育的过程中，不仅要知，而且要行，二者缺一不可，要求在现实社会中做到知行齐头并进，言行一致；有教无类本是先秦时期孔子的教育主张，王阳明同样强调众人皆有受教育的机会，每到一处，他都会去考察当地民众的风俗习惯，以便对他们有针对性地进行教育；因材施教指的是王阳明善于根据受教育者的个性特征采取不同的教育方法，“狂者便从狂处成就他，狷者便从狷处成就他”①。

王阳明的德育原则在现代社会依旧有着重要的作用。首先，王

①［明］王守仁撰，吴光等编校：《王阳明全集》卷三《语录三·传习录下》，上海古籍出版社2011年版，第118页。

阳明的“知行合一”思想强调将知与行联系起来，这种情况针对当今社会部分人在谈及德育时条条是道却从不付诸行动有着一定的指导意义。这就要求受教育者不能把德育思想当作教条，局限于理论知识，必须落实到具体的实际行动之中。教育者必须通过各种措施促进其理论付诸实践，从中发现理论的正确与否，以便更好地遵循现代社会的道德规范。其次，王阳明有教无类的德育原则要求当代教育者对所有人进行德育普及，在这方面，目前我国的义务制教育基本完善，达到了有教无类的效果；但在进入社会之后，人们所受教育并不均等，有人学富五车，有人还是停留于义务教育阶段，这就要求教育者能够一视同仁，公平公正地对待所有受教育者。再次，王阳明德育的因材施教原则在现今同样有此要求，要求教育者充分了解受教育者的各种实际情况，比如天赋、个性、家庭背景、兴趣爱好等，根据受教育者的这些个人情况，教育者制定相应的教学方法，如针对儿童爱动的天性多进行课外的道德教育，针对成年人则多注重理论知识的讲解等。

(2)德育方法及影响

王阳明德育的主要方法有教学相长、慎独、静坐思考、事上磨炼等。教学相长本出自《礼记》，本意指教育者在教学的过程中会发现自己不懂的地方，通过学习能够加深自己的理解，指的是教与学相互促进与增长。王阳明的德育思想中广泛应用了这一方法，他经常与学生一起探讨问题，从中发现自己的不足，逐步完善其德育体系。慎独指的是即使在独处时同样必须严格要求自己，不违反伦理道德规范。王阳明在德育的过程中非常重视慎独的教育方法，因为明代中后期随着宋明理学的衰落，部分人打着“存天理，灭人欲”的幌子，背地里干着祸国殃民的事情，因此，王阳明主张慎独与忍让。王阳明关于静坐的目的是要求排除心中杂念，达到虚静的地步，这时才能不为外界私欲干扰，才能进行思考，总结自己的所作所为是否符合社会伦理道德，要求受教育者能够跟孔子一样“吾日三省吾身”，对于不符合社会道德要求的念头与行为随时连根拔起。事上磨炼指的是德育不能仅仅停留在意念之中，必须落实在实际的行动过程，如果只是单纯的思考，不去行动，就容易脱离社会实践，不利于道德修养。王阳明“知行合一”与“致良知”思想都强调在思想与行动上保持一致。

王阳明的哲学德育方法对今天的德育思想同样有着借鉴作用。德育是在社会实践过程中形成的，按照王阳明的观点即是“事上磨炼”，就是指现实社会中的任何事情都可以成为德育的条件与机会，无论是家庭教育、学校教育还是社会教育都蕴含着德育思想。目前，有些教育者着眼于形而上的理论层面，关注现实不够，比如有些大学的教授，讲解康德的《实践理性批判》与《纯粹理论批判》时仅仅从形而上的角度对其理论进行诠释，并没有结合其实践性进行讲解，这种教学方法容易使学生脱离实际生活而觉得乏味，同时也起不到德育的真正目的。因此，德育除了理论的讲解之外，必须结合受教育者的实际生活情况做比较全面的教育。王阳明的静坐思考与慎独同样给现代受教育者以启发，要求受教育者随时保持一种虚静的心态，把内心的杂念与欲望通过静坐的方式排除干净，使得内在的良知显露出来。思考的目的则是要求受教育者对自己最近的行为进行审查，看是否符合社会道德规范，心中是否有不善的念头，自己的私欲是否对别人造成了影响等。通过总结，受教育者能够使自己的行为规范更加符合社会道德规范。慎独的方法对现今德育思想同样有着指导作用，当今世界，经济得到了飞速的发展，人们的物质生活得到了极大的提高，可精神生活却未能及时跟上，人们的道德水准亦被物欲遮蔽。特别是科技快速进步，生活节奏加快，人们已经没有耐心去长时间坚守某一件事，一些人为了名利人前一套背后一套。这就要求受教育者能够在独处时亦能独善其身，不做自己力所不逮之事，不弄虚作假。教学相长的方法在现今社会经常被提及，教育者尽管知识比较丰富，能力比较强，但同样会遇到一知半解的问题，在教学过程中的详细讲解与反复思考，会促进教育者对问题的理解。同时，有些受教育者理解能力较强，能够举一反三，教育者同样可以从中受益。王阳明本人就经常跟学生与其他受教育者一起谈论问题，时常教诲学生于山水之间，他的心学体系就是在讲学中不断完善的。

总之，王阳明的心学美学思想包含仁境、诚境与乐境，前两者都与道德规范紧密关联，只是要求外在的道德规范符合心中“乐”的特征。可见，心学美学对当代德育有着极其重要的借鉴作用，教育者能够继承古代文化的优良传统，把传统的礼仪文化古为今用，在教学中因材施教，教学相长；受教育者能够时时“事上磨炼”与慎独，把德育与其他教育融合在一起，努力把自己培养成国家的栋梁之材。“乐”境要求在进行道德教育时应“寓教于乐”，让人们在愉快的心境中不知不觉地受到伦理道德的熏陶，做一名快乐幸福而又尊敬守法之公民。

第二节　禅宗美学思想的历史归宿与现当代走向

禅宗形成后对中国古代的文学与美学产生了重大的影响，禅宗顿悟的思维方法、禅机的语言技巧以及禅宗的审美境界等都与文学艺术有着直接或间接的联系，故历代文学家都喜欢参禅，从中感受禅宗的意境。比如严羽的《沧浪诗话》其重要特征就是“以禅喻诗”，注重诗歌的审美直觉与生命的情感体验。于美学思想方面，禅宗美学由于关注人的生命体验与追求心灵的宁静，故其对当代的生命美学、现代宗白华的“散步”美学、日本的茶道美学等都产生了深刻的影响。

一、禅宗美学的历史归宿
——以严羽的《沧浪诗话》为例

禅宗美学对中国传统美学产生了深远的影响，这种影响于文学艺术之中表现得特别明显。在文学中，禅宗美学的影响主要体现于“以禅喻诗”。中唐以后，禅宗思想开始被诗论家借鉴，逐渐在文学批评方面产生影响，其后，“以禅喻诗”得到发展。自北宋中叶以后，“以禅喻诗”逐渐形成风气。至严羽，“以禅喻诗”得到了充分的发展，他的“以禅喻诗”具备系统化与理论化的特征，从其著作《沧浪诗话》中充分得以体现。严羽的《沧浪诗话》主要是针对宋代对“文字禅”的重视，出现了“以文字为诗，以议论为诗，以才学为诗”的现象，为了矫正这种弊端，严羽发现禅学中诸多禅学术语与诗歌存在相通之处，于是开始糅合禅学理论于诗学之中，提出了自己的诗学思想。他的“以禅喻诗”的理论吸收了前人的思想，同时有着自己的建树，其理论具备完整的系统性，具体体现于以下几个方面：

（一）“识”与“参”的借鉴

严羽的《沧浪诗话》最为突出之处就是“以禅喻诗”，将禅宗的思维与语言引入诗学，既以禅宗理论作为其诗学理论建构的基础，又以禅宗语言作为诗学语言的言说方式。“识”与“参”都是禅学术语，它们是“妙悟”的前提。“识”在禅宗的本意，一方面是指产生认识活动的精神主体，另一方面是指认识宗教真如本相的一种神秘能力。在严羽这里，主要借鉴了“识”的认识与分辨能力，具体指对诗歌体裁与品位高低的判断。同时，《沧浪诗话》中，严羽还借用了禅宗的“真识”“一只眼”“金刚眼睛”等来表示“识”的意思。“真识”在禅宗中是指人的“自性清净心”，严羽借用其表示对诗歌的正确分辨能力，当然，严羽的“真识”有其主观性，指的是他自己对诗歌优劣的判断；“具一只眼”同样是禅宗术语，指的是佛法中具备能见真如本性之慧眼,严羽借用其来比喻能分辨历代诗歌不同风格之眼光;“金刚眼睛”在禅宗中指修行者要想洞悉本心,必须依靠“金刚眼睛”,严羽借用其表示必须依赖“金刚眼睛”来洞察诗歌体裁、风格及诗歌内涵之优劣。

“参”属于禅宗的常用语,有诵经参禅之意,同时亦有探索参究之意。特别是到宋代“文字禅”流行时,禅宗开始重视对公案、话头以及禅偈等方面的研究。此时,禅宗修行者特别提倡对禅经的考究与探索,希望通过研读经书来悟道。严羽借用其于《诗辩》中,要求学诗者能够对历朝历代的诗歌进行“熟参”,仔细研究与对比,认为只有这样才能获得“真识”,即获得与他一样的评诗、论诗的能力。除了“熟参”之外,严羽还提出了“活参”“熟读”之说。“活参”即其《诗法》中的“须参活句,勿参死句”原则;“熟读”指的是严羽认为优秀的诗歌必须多读熟读,以便掌握诗歌的立意与构思。

(二)“妙悟”说的提出

“妙悟”说的提出是严羽“以禅喻诗”的主要理论。禅宗主张修行不用刻意参禅打坐,提倡“顿悟”。“妙悟”是禅宗参禅悟道之根本方法,禅宗如果没有悟,就无法达到真正的明心见性。严羽的“妙悟”说即是对禅宗“顿悟”说的借鉴,他认为学诗与参禅道理是一样的,优秀的诗歌必须依靠“妙悟”来创作,只懂作诗之技法或者依靠理性逻辑思维是无法创作出优秀诗歌的。可知,在严羽看来,诗歌与禅宗一样都是主张通过“顿悟”来实现其目的。于是“悟”成为禅学与诗学沟通的纽带,严羽的《沧浪诗话》主要是通过“悟”来把禅宗思维与语言借鉴与吸收至其诗学理论之中。当然,严羽的“妙悟”有其独特的诗学特征:他的“妙悟”观一方面借鉴了唐代有关“诗境”的理论。唐代有关“诗境”的理论主要以皎然与司空图为代表。皎然是个禅僧,受佛禅影响较深,其《诗式》就把佛家之“境”应用于诗学,并对其做了深入的阐发,强调“境”与“情”的关系。司空图的诗学既有着强烈的入世精神,同时又深受道家与佛家思想的影响,他的诗论观点主要是“味外之旨”与“思与境偕”。前者针对当时晚唐一些作家以偏取胜的情况而提出，指出诗人不应该追求一种单调之“味”，而应追求众味和合之醇美；后者主张“情景交融”，强调“象外之象，景外之景”。司空图的“思与境偕”与“象外之象”皆吸收了佛道之主张。因此，皎然的“缘境”与“取境”、司空图的“韵味”理论等为严羽的“妙悟”观提供了前期基础。另外，宋代诗学有关“悟”的界定亦对严羽“妙悟”说产生了重大影响。

“妙悟”这一术语是严羽从佛教借用而来作为其诗学的核心观点，原是指对佛教玄奥之道的透彻领悟。在严羽那里，“悟”存在程度上的不同，“然悟有浅深，有分限，有透彻之悟，有但得一知半解之悟”①。此处严羽的“透彻之悟”指的是对诗歌创作内涵的彻底领悟。严羽在其著作中运用了大量禅语来说明诗学有关“悟”的情形：

> 禅家者流，乘有小大，宗有南北，道有邪正，学者须从最上乘，具正法眼，悟第一义。若小乘禅，声闻辟支果，皆非正也。论诗如论禅：汉魏晋与盛唐之诗，则第一义也。大历以还之诗，则小乘禅也，已落第二义矣。晚唐之诗，则声闻辟支果也。学汉魏晋与盛唐诗者，临济下也。学大历以还之诗者，曹洞下也。②

此处的“悟第一义”指的是悟的对象，与“透彻之悟”是统一的。可见，严羽所谓的“妙悟”深受禅宗影响，其悟是指一种直觉跃迁式的艺术思维方式，而“妙悟”“透彻之悟”是指经过长期的揣摩，对不可名言的诗歌创作规律的顿时领悟，达到豁然贯通的境界。

---

①严羽著，郭绍虞校释：《沧浪诗话校释》，人民文学出版社1961年版，第12页。
②严羽著，郭绍虞校释：《沧浪诗话校释》，人民文学出版社1961年版，第11—12页。

（三）诗境与禅境的关系

诗境指的是由诗歌的语言、形象及其内在的意蕴相互交融而形成的一种境界，有着情景交融、虚实相生、韵味无穷等特征。禅境则是指修道者开悟后所达到的一种境界，修行者一旦进入这种境界，就会感觉天地万物与自己融为一体，万物各得其所，一切显得那么自然与和谐。随着禅宗思维方式与语言进入诗歌，禅悟之境与诗歌之意境开始相互交融，于是许多作者借用禅宗语言来描绘诗歌之境界。

严羽的《沧浪诗话》同样借用了禅宗语言来描绘其诗歌的境界：

1."羚羊挂角，无迹可求"①就是借用禅宗中义存禅师羚羊挂角睡觉的故事，其本意是教导修行者不可执着于语言文字，而是要超越语言文字的束缚，领悟其言外之意。严羽用来表示盛唐诗歌在处理言与意之间的关系时，达到了"言有意而意无穷"的境界，间接指出了宋代诗歌议论化的缺陷。

言意矛盾历来是引起争论的一个话题，在日常生活之中，言是可以达意的，这是就语言基本的传情达意功能。但在禅与诗歌中，作者与修行者的审美体验无法完全用语言来描述清楚，在交流过程中亦存在"只可意会不可言传"的情况。这是因为语言本身具备逻辑性与规范性，而主体的体验却是非逻辑与个性化的。禅宗的语言文字经历了一定的发展变化，最开始禅宗主张"不立文字，直指人心"，认为禅宗是无法用言语来描绘的，比如"世尊拈花，迦叶微笑""德山棒，临济喝"等，都是指悟道不需要语言文字，禅师们亦尽量避免使用语言文字。直至宋代，开始从消极对待语言文字转为对经书的钻研，发展为"不离文字"。

诗学中一直存在言意之矛盾，如《周易·系辞上》中的"书不尽

①严羽著，郭绍虞校释：《沧浪诗话校释》，人民文学出版社1961年版，第26页。

言，言不尽意”、庄子的“道”不可言传、陆机《文赋》中的“文不逮意”、刘勰的“言所不追”等都是表达言不尽意的观点。严羽指出只有像盛唐诗歌那样追求意在言外，其境界才会具有“透彻玲珑，不可凑泊”的审美特征。

2. “透彻玲珑，不可凑泊”①同样是从禅宗“水中之月，境中之象”的境界借鉴而来，这是从心与物的关系来说明诗歌的创作。禅宗修行者关于心与物的关系一般会经历三个阶段：最开始是主体与客体相互分离的阶段，在这个阶段，主体看客体是客观实在的，不带有多少主观色彩；第二个是主体与客体相互交融的阶段，这个阶段，物我之界限变得模糊，二者相互影响与交流；在第三个阶段，主客融为一体，客体即是主体，主体亦是客体，此时主客二分的关系完全打破，达到了万物一体的境界。只有最后这一阶段，才是修行者开悟后所能达到的境界。

在诗歌中，心与物的关系同样存在三个阶段：在第一个阶段，是人们用逻辑思维去看待外在事物，事物只是作为其概念而存在；第二个阶段，作者为外在事物所感发，即“感物而动”，此时作者与外物产生情感关联；第三个阶段，是“心物交融”的阶段，这个阶段作者与物融为一体，你中有我，我中有你。诗歌中此种境界之最高阶段即是禅宗的“物我同一”之境。王维、孟浩然等田园派作者诗歌的意境与禅宗的境界一样澄明、浑然。

概而言之，禅宗美学在古代诗歌中产生了极大的影响，禅宗的境界、思维方式与语言艺术等都被借鉴于诗歌创作之中，二者的境界都具备浑然天成的审美特征，思维方式上都主张直觉顿悟思维为主的感性思维，语言方面都有着“言不尽意”的特征，追求一种“羚羊挂角，无迹可求”的浑然天成之境界。当然，禅宗美学的影响深远，诗歌

---

①严羽著，郭绍虞校释：《沧浪诗话校释》，人民文学出版社1961年版，第26页。

艺术只是其主要方面,另外如古代的设计、绘画、雕塑及建筑等都或多或少受到了禅宗美学的影响,限于篇幅,这里不一一赘述。

二、禅宗美学对生命美学思想的影响

禅宗关注人生,关注现实的修行,与人的生命息息相关。其主张随缘任运、本真自然,本身就是对生命的"参悟"。禅宗美学以生命哲学作为基础,追求生命本身与宇宙本体的融合,主张回归生命的本真状态。禅宗美学这种关注人的生命活动、对人的终极价值的追求等本身就是生命美学之真谛。因此,禅宗美学蕴含丰富的生命美学思想,具体体现于以下几个方面:

(一)对人生终极价值的追求

禅宗以关注人的生死为主题,禅可以说是研究生命与人生的学说,台湾佛教学者耕云先生认为人生最大的问题就是生死苦乐问题,"因为人,生,不晓得从哪里来;死,不知道到哪里去。苦,百般无奈——或多或少,人都是活在无奈中的。只要我们有欲求,我们就有无奈;如果我们有获得,我们就有不满"。他指出"禅是心的原态,生命的共相、永恒相"①,禅学的目的就是要了解、发掘、解决这些生命的本质问题。哲学透过现象关注本质,关注的就是人的生死问题、人存在于社会的价值与意义,以期找到解决生死问题的关键,使人生活得精彩,活得有价值。禅宗的生死指的是超脱"生死",参透"生死"。人世间的生死问题是实实在在的现实问题,是看得见、摸得着的事情,而禅宗的生死是要求从精神上超越,挣脱肉体生命的各种束缚,达到精神上的永恒与自由。禅宗大师通过修行达到看破生死的境界,即能坦然面对生死,认为现实的一切都是"无常",只要顺其自然,不执着于外物与生死,即可达到涅槃。

---

①耕云先生主讲:《安详集》,河北省《禅》编辑部1991年版,第58、44页。

禅宗不执着于生死，并不是不看重生命。相反，禅宗特别重视人的生命价值，肯定人的心性本体地位，重视人的实践价值。禅宗作为本土化的中国佛教，已与印度佛教的修行方式不同，亦不追求所谓西方的极乐世界，而是要求在现实世界中修行，指出在现实生活中人的一切正常非造作的行为都是修行，都是成佛的基础。

（二）注重生命的自由

人在现实生活中，由于外在物欲的影响以及各种烦恼的存在，是不自由的。并且人时时受到自然环境与命运的作弄，经常感到生命的无常与痛苦。古希腊曾有这样一则神话，弥达斯国王问山林之神西勒诺斯："什么是最好的？"西勒诺斯怪笑一声，叹道："可怜的浮生啊，命运与无常之子，那最好的东西乃是你得不到的，那就是：不要出生；不过，还有一次好的，那就是——立即就死。"①禅宗希望改变人生不自由乃至痛苦的状况，改变的方式是通过现实的修行去除欲望对人心的遮蔽，让自由之心重新显现，引导人们达到生命的本真世界，以期达到人之本性与万物的合一。这种境界就是审美的境界，禅宗修行者要想达到这种境界，必须依赖本人的自性自悟，就是要求修行者以不执着的心态去修行，最终达到开悟后的自在之境。这种境界正是康德所谓的审美境界，是一种无关功利目的却令人非常愉快的心境，是一种既确定又不确定、无特殊目的却符合心情愉悦目的的自由境界。

禅宗关注生命的自由主要体现于追求生命的自在解脱，具体而言，包括三个方面的解脱：首先，是从现实物质至绝对精神的解脱。人活着的意义并不只是为了肉体的生存，对于精神世界的追求才是最主要的目的。古往今来，许多人物质生活贫乏，精神生活却很丰富，比如：古代的庄子，经常缺衣少食，却能在精神世界中逍遥自在；

①宋希仁主编：《西方伦理学思想史》，湖南教育出版社2002年版，第2页。

孔子的弟子颜回亦是如此，孔子曾赞叹："贤哉回也！一箪食，一瓢饮，在陋巷，人不堪其忧，回也不改其乐。贤哉，回也！"（《论语·雍也》）可见，人的存在主要在于精神世界，在于对自身存在意义的感悟。事实上，吃、喝、繁衍等等，固然也是人的机能，但是这些动物也一样具备，人无疑比动物更高等，更需要精神层面的生活。因此，人的一生不是仅有物质生活，精神生活才是最主要的。禅宗追求的就是人精神方面的解脱，要求在日常的生活中摆脱物质利益与精神方面的束缚，克服肉体生命的短暂性，使人的精神生命走向永恒。其次，摆脱妄心，凸显真心。禅宗的所谓"真心"指的是自性清净之心，此心恒常不变，是众生成佛之根本；禅宗之"妄心"指的是被污染之心，常人于现实生活中会受到各种欲望与烦恼的干扰，清净之心就会受到污染，真心被遮蔽，妄心出现。修行者如果想要回归生命之本源，就必须破除自身的种种妄心，才能显示真心。也只有回归人的本性，人才能获得自由与审美。

由此可见，禅宗是一种超越主客对立、回归生命本身的生命美学，让人的主体意识起到关键作用，忽视外在的物质，强调精神方面的自由，主张以审美之态度对待人生。正如铃木大拙所言，禅在本质上是探讨人生命本性的艺术，禅宗通过在现实生活中的修行，充分展示人的生命本性，突出人性善良的一面，把人们内心的仁慈与创造性冲动充分体现出来①。可知，禅宗以自由为主，追求人精神方面的自由，将人从物质的奴役中解放出来，使人在现实社会中受压抑的人性获得解放。

（三）《坛经》蕴含着丰富的生命美学思想

1. 禅宗的心性本体论

禅宗以心性论为其本体，指出修"心"是成佛的关键，人的心性无

①［美］弗洛姆、［日］铃木大拙、［美］马蒂诺：《禅宗与精神分析》，王雷泉、冯川译，冯川校，贵州人民出版社1998年版，第137页。

比广大，可以涵盖万物。在慧能那里，人的心性本是清净的，只是由于尘世间的各种妄念遮蔽了真心，我们才会感到烦恼、迷茫与无奈，只有去除妄念，人才能回归本心。这种本心，在慧能看来，犹如虚空，虚空并非真正的空洞、虚无，而是一种广纳万物之境界，是去除各种遮蔽之后人的本心状态。《坛经》有云："心量广大，犹如虚空，若空心坐，即落无记空。虚空能含日月星辰、大地山河，一切草木、恶人善人、恶法善法、天堂地狱，尽在空中；世人性空，亦复如是。"①因此，于慧能看来，虚空的人性能够容天地万物。不只人性是空，就连生命本身亦是"空"，禅宗突破了生命的局限，认为生命的生存与死亡只是形式的转换，真正的生命超脱了生死的轮回，达到永久的生，即认识到生死之本质。因此，禅宗没有引导修行者如何克服对生死的看法，而是从生死的对立思维中解脱出来，要求以一颗平常心对待这一切。慧能指出，生命现象缘起而生，缘散而灭，没有定性，而自性是永恒的。因此，人与天地万物因缘而生灭，自性空无，人只有用平等之心对待外在的一切，才能做到不以物喜不以己悲，达到一种永生的境界。

禅宗的心性具备般若之智，慧能在《坛经》中言：

> 何名般若？般若是智惠。一切时中，念念不愚，常行智惠，即名般若行。②

慧能充分肯定了人人具有般若之智，这种般若智慧是一种直觉与感性思维，有学者将禅宗的直觉思维做了划分："一是汉魏西晋时代，主要是受印度佛教禅学和般若学两个系统的影响，表现为以移植

①[唐]慧能著，郭朋校释：《坛经校释》，中华书局2012年版，第59页。
②[唐]慧能著，郭朋校释：《坛经校释》，中华书局2012年版，第62页。

为主、修持各种禅观和般若直观；二是东晋、南北朝时期，盛行禅观与般若直观相融合的直觉修持方式；三是隋唐以来佛教诸宗所宣扬的各具特质的直觉方式，其中以禅宗的禅悟修持最为突出。”①禅宗通过顿悟、自证、内观等直观方式来把握世界，通过对人生价值与意义的追问来引起人们对现存世界的全新理解。

2. 禅宗心性论蕴含的生命美学意识

禅宗的心性具备般若智慧，充分体现了人本主义思想，肯定了人的价值，在禅宗看来，万物的支配在于人的本心，是否能获得解脱亦在于自心。菩提自性，本来清净，但用此心，直了成佛。可见，禅宗充分肯定了人的价值与尊严。与此同时，禅宗的心性论思想包含着平等的思想，慧能提出众生平等的思想，要求禅宗修行者要爱护一切外在的生命，指出人人皆可成佛、佛性无南北之分等都体现了主体内心深处的一种生命平等观。另外，禅宗心性论的直觉思维更好地体现了人的生命意识，直觉思维是先天性的，而抽象思维是在后天产生的，直观到的东西一般与生命本身直接相关，抽象思维的结果是人们在权衡利弊之后得出的，可见，直觉思维是反观人的内心，服务于生命的。

因此，禅宗从本心出发，在修行方面以直觉顿悟思维为主，要求达到明心见性，最终回归生命的本来面目。“静观花开花落、大化流行，得到一种平静、恬淡的愉悦。”②获得一种“空灵”的美感，“启示人们一种新的觉悟，就是超越有限和无限、瞬间和永恒的对立，把永恒引到当下、瞬间，要人们从当下、瞬间去体验永恒”③，从中获得自由与快乐。这些都与生命美学对人的生存价值、方式等问题的探索与

①胡艳春：《试论禅宗与柏格森的直觉思维》，《青海社会科学》，2005 年第 5 期。
②叶朗：《美学原理》，北京大学出版社 2009 年版，第 395 页。
③叶朗：《美学原理》，北京大学出版社 2009 年版，第 398 页。

追求是一致的。

生命美学主张从超越主客关系的思维模式出发,关注人的生命活动,具备强烈的人文精神。生命美学对人类精神家园的寻求即是一种典型的人文精神,与禅宗美学一样追求自由自在的生存状态,高扬人的主体价值,真正走进了人类的生存世界,特别是精神世界,完成对人类的终极关怀。尽管二者产生的时代不一样,但都表现为克服当下的不足,转而向人的精神方面努力,向人类的本真时代回归。

当然,禅宗美学与生命美学对人类精神世界的构建内涵是不一样的。禅宗美学主张人对万物的不执着,以一颗平常心对待万物,追求的是一种无欲无求的境界。而生命美学所追求的精神世界是建立在现实基础上的,可以说,生命美学不仅关注人的现实状况,关注人的生存意义,而且关注人精神方面的自由。这种自由是对现实状况不满的一种弥补,并不像禅宗美学一样是对现实世界的脱离。可以说,生命美学建立于理性主义与科技革命对人类造成危害的基础上,其美学的目的在于通过对现实世界的反思,恢复人的本体地位,展示人类最本真的意义世界,让人们在这个世界中实现自由,从而与自然、社会和谐相处。

三、禅宗美学对现代美学思想的影响
——以宗白华美学思想为例

作为现代美学奠基人之一的宗白华,在生活方面淡泊名利,向往晋人的自然洒脱,平时与世无争,一心专注于自己的教育事业。在美学方面采用传统的语言与方式进行美学研究,强调一种空灵澄澈的境界。这与禅宗注重生命本身的自由、随缘任运的思想有异曲同工之妙。可以说他的美学思想,有着“天然去雕饰,清水出芙蓉”之美,犹如行云流水一般,悄无声息,达到了“寂”的境界,这正是禅悟的境界。因此,他的美学思想明显地带有禅宗美学思想的痕迹。

(一)宗白华美学思想来源之禅学痕迹

宗白华美学思想的开始就是来自《华严经》,他自己说是听到同房间一位信佛的朋友诵读《华严经》而产生想法的。他回忆说,这位朋友诵经时俨然有高僧讲道之感,令他很感动,《华严经》优美的词句与庄严的佛境引起了他的兴趣,后来就开始钻研《华严经》。可见,宗白华很早就受到了禅宗思想的影响。

在宗白华后期的求学之中,无论是对西方哲学的学习,还是对中国传统哲学的研究,都充分体现了禅宗思想对他的影响。

在中国哲学方面,宗白华有着深厚的传统哲学底蕴。其中《周易》与道家的思想对他影响很大,但对他哲学思想产生最根本影响的还是禅宗思想。宗白华对禅宗有着深入的研究。禅宗是佛教在吸收儒道文化特别是道家文化的基础上形成的,在道家哲学中,已经存在着虚比实重要的观点,宗白华更是在禅学的基础上对道家之"虚"有着自己独到的见解。他说:"画家所写的自然生命,集中在一片无边的虚白上。空中荡漾着视之不见、听之不闻、搏之不得的道,老子名之为夷、希、微。在这一片虚白上幻现的一花一鸟、一树一石、一山一水,都负荷着无限的深意、无边的深情。"①这里,他把禅宗"空"的思想体现于道家思想之中。同时,宗白华对于《周易》有着深入的探讨与研究,他指出《周易》是生命的哲学,每一卦都是讨论天人关系,而天人关系的中心就是生命,按照《周易》的命题,自然界是生生不息的过程,充满了生意,而从这里就产生了世界的意味和情趣。宗白华对《周易》的理解也是建立在禅学的基础之上,《周易》中天人之间的和谐关系就是禅宗顿悟后人与宇宙万物融为一体的境界。

宗白华在对西方哲学的研究中,也是以其禅学修养来理解西方哲学的,这从对叔本华哲学思想的解释中可见一斑。他指出,叔本华

---

①宗白华:《美学散步》,上海人民出版社 1984 年版,第 84 页。

认为人有自利、害他与同情三种动因，叔本华特别强调同情，认为这是道德产生之根源，具备同情感的人会悲怜众生，视他人之痛苦如在自身。宗白华指出，叔本华这种悲怜一切众生的道德法则与佛学禅宗思想有着契合之处，禅宗洗涤染心后所显现的本真之心与叔本华指出的自由意志，二者认识世界的方式相似。禅宗强调“心外无物”，叔本华的自由意志亦主张心物之外只存在混沌之意志，二者这种万物一体的观点有效地解决了心物之间的矛盾。

同时，宗白华还对康德的哲学思想进行了深入研究，对于康德关于美的纯粹形式主义并不赞同，认为这种忽视社会实践活动，把审美纯粹归之于形式的观点有失偏颇。相反，他对于康德的先验认识论比较感兴趣，在康德看来，主体的认识能力只能认识事物的现象，无法认识物自体本身，扩而言之，即是说我们只能认识形而下的感性世界，对于超越有形世界的宇宙本体无法认知，康德把这种宇宙本体之真定为“超尚心”。宗白华认为，康德的这种“超尚心”与禅宗的真如本性是一致的，据理推求，宇宙万象，定属唯心。宗白华的宇宙之“心”本源与禅宗的心性论思想相一致。

可见，宗白华对西方哲学的研究，同样建立在其禅宗思想基础之上，他的美学思想更是在禅宗哲学的影响下而显得随意自然、圆融无碍。

（二）宗白华“美学散步”中的禅学影响

禅宗主张以超脱的态度来对待人生与世界，要求在现实世界中以一颗平常心来处事，旨在于日常生活中回归本真。宗白华的美学思想追求一种恬淡的生活，主张以一种“宠辱不惊，看庭前花开花落；去留无意，望天上云卷云舒”的态度来对待世间万物。这与禅宗的清净涅槃有着一致之处，只是宗白华的美学思想是积极入世的，他把自己对人生与世界的感悟，融汇成一种诗意化的人生。宗白华的美学主要体现在艺术中，因此，其受禅宗的影响是与艺术相关的体验方式与境界的构建。

1.“顿悟”的思维方式

禅宗要求于现实生活中修行，主张“顿悟”式的直觉思维，艺术的直觉体验亦是顿悟的思维方式。宗白华认为，禅宗能够从现象直到本体，即是说禅宗修行者无须按部就班地打坐修行，而是在日常的生活中，通过顿悟即能亲见宇宙本体。这种从形而下的事物直接洞见形而上的本质，是知觉认识无法达到的，抽象的逻辑思维通过推理得出的结论也许更细致准确，却不一定符合人内心的需求。只有这种人心的感悟，才能使主体进入一种超然物外的精神境界。这正如康德所言，是一种无目的而合目的的审美关系。禅宗这种顿悟的直觉思维方式反映在艺术之中，就是一种“妙悟”的审美体验，艺术家正是通过这种禅修的方式，获得觉心、灵性，使得自身进入万物之中，与万物融为一体，从而达到一种超脱的境界。“艺术家进入‘参禅状态’，不仅获得自主自由的个体体验的可能，而且创造了顿悟、颖悟、妙悟的机缘。这是一种艺术状态的体验，也是一种直觉方式的寻求，使艺术家潜入形象思维的深层，进入艺术创造及艺术效果的最佳状态。”①宗白华指出，艺术家只有具备禅宗所谓的“心源”才能对外在自然界遗貌取神，从而创造出空灵幽寂之境界。因此，“‘心源’不仅提供了艺术家心灵创造的重要资源，有利于艺术家实现自我超越，进入深度艺术体验与高级的审美创造状态，突出表现为：一是皈依本真本善的艺术体验本体，二是拥有极大含纳性的博大心灵时空，同时其含纳宇宙万象的特性，又提供了艺术创构中心物之间最大限度地融合的可能”②。宗白华正是以一种禅宗的清净之心，于有限之中体悟无限，达到艺术的最高境界——“洗尽尘滓，脱略形迹”。

---

①姜耕玉：《艺术辩证法》，江苏教育出版社 2002 年版，第 25 页。

②姜耕玉：《艺术辩证法》，江苏教育出版社 2002 年版，第 97 页。

2. 意境之禅学印记

意境即境界，"境界"是佛教常用语，佛教将六根、六境与六识称为十八境界。在艺术中，王昌龄最早把"意境"用于诗论之中，提出了"诗有物境、情境、意境三境"的观点。后来诸多理论家进行了阐述，明清时期，"意境"理论趋于完善，之后意境从一个诗学范畴成为文艺学与美学范畴。意境既可以有实在的事物形象，更有情景交融所形成的意味无穷的象外之象与象外之境。正如严羽《沧浪诗话》所言："盛唐诸人惟在兴趣，羚羊挂角，无迹可求。故其妙处透彻玲珑，不可凑泊，如空中之音，相中之色，水中之月，镜中之象，言有尽而意无穷。"①

宗白华认为，禅的境界与艺术的境界有着相通与一致之处。正如叶朗所言："中国古典艺术所创造的意境，就多数来说，突出显示了道家和禅宗的世界观。"②宗白华指出，自禅宗思想进入艺术以来，"只可意会不可言传"的禅境就成为中国艺术的一种追求。他认为"禅是动中的极静，也是静中的极动，寂而常照，照而长寂，动静不二，直探生命的本原。禅是中国人接触到佛教大乘义后体认到自己心灵的深处而被灿烂地发挥到哲学境界和艺术境界。静穆的观照和飞跃的生命构成了艺术的两元，也是构成'禅'的心灵状态"③。因此，禅宗思想深深地影响了宗白华的美学思想，在艺术意境上追求真、淡的境界。

在宗白华看来，禅境是最高的艺术境界，是一种人的自性与宇宙法性合而为一的境界，在这种境界之中，自我处于自然本真之状态。因此，慧能的南宗禅指出，只要保持一颗"平常心"，即可成佛，就能进入

---

①严羽著，郭绍虞校释：《沧浪诗话校释》，人民文学出版社 1961 年版，第 26 页。
②叶朗主编：《现代美学体系》，北京大学出版社 1999 年版，第 134 页。
③宗白华：《艺境》，北京大学出版社 1999 年版，第 156 页。

禅境，达到自我生命与宇宙生命融为一体之境，从中体悟到宇宙与人生之奥妙。“故就禅宗美学而言，则禅是生命之美的集中体现，为美的生命本原，既是审美体验的过程和途径，又是通过这种审美体验以获得的对生命本旨的顿悟以及由此达到的生命之境和最高审美之境。”①

禅宗将禅境分为三个阶段，正如禅师青原惟信所言：“老僧三十年前未参禅时，见山是山，见水是水。及至后来，亲见知识，有个入处。见山不是山，见水不是水。而今得个休歇处，依前见山只是山，见水只是水。”②这三个阶段是完全不同的：在第一个阶段里，主体与客体是对立的，主体依靠感知去认识客体，这时感知到的只是客体的现象，无法感知其本体；在第二个阶段中，主体以直觉思维去悟客体，于是客体开始进入主体的心境，于是主体看到的已经不是原来依靠感知得来的客体现象了，而是融入了主观心境与客观分析在内的形象；到了第三个阶段，主体与客体的二元对立思维完全不存在，而是以主体之心为主，外在的山水已经不是客观存在的山水，而是心物合一之存在物。

由于禅境的影响，宗白华认为意境产生的先决条件来自心灵。于《美学散步》中，他认为艺术意境并不是客观机械地描摹自然景物，而是景中有情、情中有景的，是一种情景相互交融的境界，为人们增添了无穷的想象空间，从而使得艺术形象更加丰满，这种境界“外师造化，中得心源”。

与此同时，在宗白华看来，根据禅宗的三个阶段，艺术的意境也不是一个平面的，同样存在三个层次，即写实、传神与妙悟三个境界。在他看来，“中国自六朝以来，艺术的理想境界却是‘澄怀观道’（晋

①李天道：《禅：生命之境和最高审美之境》，《北京大学学报》（哲学社会科学版），2000 年第 6 期

②［宋］普济著，苏渊雷点校：《五灯会元》卷第十七《青原惟信禅师》，中华书局 1984 年版，第 1135 页。

宋画家宗炳语),在拈花微笑里领悟色相中微妙至深的禅境。……禅是动中的极静,也是静中的极动,寂而常照,照而常寂,动静不二,直探生命的本原。禅是中国人接触佛教大乘义后体认到自己心灵的深处而灿烂地发挥到哲学境界与艺术境界。静穆的观照和飞跃的生命构成艺术的两元,也是构成'禅'的心灵状态"①。

因此,在宗白华看来,禅境就是最高的意境,二者一脉相承,是一种相互包容与渗透的统一。

3. 独特的审美形态

宗白华的美学思想是建立在"体悟"的基础之上的,由于是身心的体悟,且融合了禅宗"空"的思想,于是形成了"气韵生动"的审美理想。宗白华主张"超世入世"的人生态度,所谓"超世"并不是要求脱离尘世,不食人间烟火,而是要求主体能够摆脱物质利益与各种外在的干扰,达到一种不受外物羁绊的状态,纵情于天地万物,自心与万物融为一体。这是一种审美的超功利性的观点,审美主体只有具备审美的超功利性,才能进入审美境界。正如马克思所言,资本家是不会去欣赏矿物的美,因为他们看到的只是其商业价值;同样,饥肠辘辘之人也是不会去欣赏食物之美,他们看到的只是食物的食用价值。布瓦洛的审美距离说要求审美主体与客体保持一定的心理距离,事实上就是要求主体对客体不要存在功利目的。因此,宗白华特别崇尚晋人的洒脱人格,认为他们不仅发现了自然的外在之美,而且高扬了人性之美。他说:"晋人向外发现了自然,向内发现了自己的深情。山水虚灵化了,也情致化了。"②

这种"晋人之美"在宗白华这里就是受禅宗影响的一种顺应自然、本真自如之美。宗白华的这种不拘于外物的"气韵生动"的审美

①宗白华:《美学散步》,上海人民出版社 1981 年版,第 75—76 页。
②宗白华:《美学散步》,上海人民出版社 1981 年版,第 215 页。

形态，是以“意境”作为其核心内涵的。他的意境思想主张虚实相生，曾说“‘虚’和‘实’辩证统一，才能完成艺术的表现，形成艺术的美”①。在结构层次上，同样借鉴了禅宗的三层境界说，做了情、气、格三个层次的划分。

由于借鉴了禅宗的思想，宗白华“气韵生动”的美学思想具备自然、空灵与顿悟之美。首先，宗白华的散步美学要求不刻意去追求审美，而是在日常生活中获得审美。这明显受到了禅宗随缘任运、不执着思想的影响，禅宗是特别重视自然的，当然，禅宗的自然并不是外在的自然，而是指自然的主观心性化，所追求的是心境的直观，是一种天人合一的境界。正如铃木大拙先生在《禅风禅骨》中写道：“达到‘梵我合一’这一境界的标志之一，就是万物同一、梵我同一、心物同一、一切皆空。也就是万象混一，归于本心。”②其次，宗白华意境思想对“虚”的重视，明显受到禅宗“空”的观点之影响。慧能提出了“无念”法门，即“我此法门，从上以来，先立无念为宗，无相为体，无住为本”，就是强调万物皆“空”的思想，即要求心“空”，不系一物。宗白华吸收禅宗“空”观，形成了空灵的美学思想。再次，禅宗的顿悟思维同样影响着宗白华的美学思想。《坛经》所言：“菩提般若之知，世人本自有之，即缘心迷，不能自悟。……遇悟即成智。”③宗白华一生都在以美学的方式对人生的终极价值与意义进行追问，他的美学思想呈现出心胸的豁达与艺术心灵的超然，认为主体美感的形成在于能空，不执着于物象。他以拈花微笑的态度对待世间的一切，而拈花微笑的境界不是抽象思维所能理解的，是依靠直觉顿悟而来，从而

①宗白华：《美学散步》，上海人民出版社 1981 年版，第 89 页。

②[日]铃木大拙：《禅风禅骨》，耿仁秋译，杨晓禹校，中国青年出版社 1989 年版，第 7 页。

③[唐]慧能著，郭朋校释：《坛经校释》，中华书局 2012 年版，第 28 页。

使得其美学思想具备顿悟之美。

四、禅宗美学之国外影响
——以日本茶道美学为例

（一）日本茶道文化与美学

饮茶最先由中国传入日本，但日本的茶道与普通的“喝茶”不是一回事，它有着一整套严格的规则。“茶道对于茶的质量、色泽，茶的烹煮技巧，对水的要求，茶具的色泽、质量，茶室的环境、设施；水果点心的配置，尤其对宾主间的语言、礼节、仪式等等都有不少讲究。”茶道传入日本，与日本传统文化相结合，“内容包罗万象：从建筑、庭园、书画、雕刻到礼仪、插花、漆器、陶器、竹器、烹饪、缝纫等等无所不包；在思想上，茶道曾受到禅宗、神仙思想、道教、阴阳道、儒教、神道等流派的影响，这其中禅宗的影响尤其大，被视为茶道精神的核心，为历代茶人所重视”①。有关茶道的内涵，不同的日本学者存在不同的理解：

> 小座席（草庵）茶道以循佛法修行得道为第一要义。追求华美的宅第和珍稀的佳肴，皆为俗世之举。房子不漏雨，饭菜可供充饥，能够以此为足，才是佛法和茶汤的本意。②
>
> ——千利休
>
> 此道最忌自高自大、固执己见。嫉妒能者、蔑视新手，皆为不妥。须请教上者、提携下者。……虽说最忌自高自大、固执己

①滕军：《日本茶道文化概论》，东方出版社1992年版，第1页。

②［日］千宗室监修，［日］永岛福太郎著：《裏千家茶道教科・教養編14茶の古典詳解》，淡交社1980年版，第134页。

见，却也不能失去主见和创意。成为心之师，莫以心为师。①

——村田珠光

日本的茶道存在诸多既定规矩，各个环节都经过仔细斟酌，各种肢体动作颇具美感，与舞蹈、戏剧一样具备审美性。只是这种审美是一种主体间性之间的审美，是双方的相互审美，无所谓主客体之分。主人要注意招呼好客人，留意客人的需要，客人同时要懂得欣赏主人的点茶动作。并且这种审美是一种日常生活的审美，审美地点就是在主人的房间，内容主要包含"艺术因素、社交因素、修行因素、礼仪因素"四个方面。在审美意境方面，日本茶道美学讲求"闲寂"。对于"闲寂"一词，虽然前人在和歌中多次吟咏过，但究其本意，则更接近于诚实、谨慎、平和。一年当中，只有十月最合"闲寂"之意。在茶道美学中，"闲寂"的含义主要是朴素、孤寂。可以说，"闲寂"茶在其形成的过程之中，受禅宗思想的影响很多，从而使得茶道从以追求享乐为主转变为一种以平淡朴素为主的审美标准。

（二）日本茶道文化与禅宗

日本茶道的宗旨可用四字概括，即"和敬清寂"。和与敬表示茶道中主客体之间的关系，在每次的饮茶过程中，主人与客人地位平等，相互尊敬，和睦相处；清与寂则表示茶室本身及周围的环境清净优雅，茶室中各种摆设古朴干净，给人一种世外桃源之清净感，表示主人洁身自好，情调高雅。所有这些都受到了禅宗文化的影响，可以说，日本茶道文化与禅宗关联紧密。

首先，日本茶道文化的"和"与"敬"的思想来源于禅宗。

禅宗，专注内心，崇尚淡静，吸收了中国古代"和"的思想。佛教禅宗主张众生平等，万物一体，世间万物缘起缘灭，无须执着，要求人

①江静、吴玲编著：《茶道》，杭州出版社 2003 年版，第 49 页。

们不生憎爱,不念利益,主张随缘任运,即心即佛。现实社会中,人们整日忙于生活,在喧嚣之闹市时时感到身心疲惫,更有甚者,为了利益,尔虞我诈,不顾友谊与亲情。茶道即是禅宗思想之外化,人们希望能通过茶道这种方式来追求静谧的"和"境,摒弃外界的纷争与烦恼。茶室及周围的设计与布局都非常人性化,特别强调了"和"的思想与氛围。周围的布置以宁静和谐为主,一张半榻榻米大小的茶室更是缩短了人与人之间的距离。在这里,一方面由于进入茶室之入口狭小,愿意进来者都必须放下其贵重物品,半跪着爬进来,此时来者已决定放下身段。同时由于在茶室近距离接触,人与人之防备心去除,大家都处于平等地位,相互尊敬,倾心相谈,暂时忘却外界的利益与困扰,从而达到"佛我如一"之境,使人获得短暂的宁静与舒适。

其次,茶道中的"清"与"寂"思想亦深受禅宗思想影响。

"清"在茶道中主要是心灵的清净,即要求洗涤心灵,脱去俗尘。因此,在茶道中,一切物品都要求干净整洁。为了保持茶室的干净,主人在点碳前先往炭炉里撒一层湿润的茶灰,防止炭灰到处乱飞;对于客人而言,在进入茶室之前,要在茶庭里净身净心。茶道的这种"清"亦是借鉴了禅宗的佛性清净之意。慧能指出,佛性本来是清净的,由于在后天的生活中因各种利益关系而惹上种种烦恼,因此,必须去"浮云",求"清净",才能涅槃成佛。他在《坛经》中说:"世人性净,犹如青天,惠如日,智如月,智惠常明。于外著境,妄念浮云盖覆,自性不能明。故遇善知识开真法,吹却迷妄,内外明彻,于自性中,万法皆见。"①因此,只有去除一切利益之心,保持内心之"清净"才能"见性成佛"。

茶道中之"寂"借鉴了佛教之涅槃、寂静之意,更是来源于禅宗"空"的思想。"寂"要求茶人洗涤心灵,忘却尘世间一切利益与烦

①[唐]慧能著,郭朋校释:《坛经校释》,中华书局2012年版,第47—48页。

恼，保持心中之清净，从而达到与天地万物融为一体之境界。茶人在不知不觉中自身的修行自然而然更进一层。因此，日本许多参禅之人，特别喜欢茶道，在狭小的天地之间，一杯温茶在手，世界一切荣华富贵、名誉地位都如过眼云烟。

（三）禅宗美学对茶道之影响

禅宗亦由中国传入日本，大约在宋代时期，禅宗在日本幕府的扶植下得到了极大的发展，与日本的本土文化结合之后形成了一种特殊的文化，茶道即是这种文化之一。日本学者仓泽行洋在《艺道的哲学》一书中指出："茶道"包含两个意思：一个是以点茶吃茶为机缘的深化、高扬心境之路；另一个是以深化、高扬的心境为出发点的点茶吃茶之路。日本茶道是在中国宋代禅院的基础上发展起来的，因此，在禅宗流行的时代，日本的茶道从一开始就受到禅宗思想的影响。具体而言，日本茶道受禅宗美学思想的影响而形成了以下几个方面的特色：

1. 残缺美

日本茶道的审美自村田珠光之后，由以前的奢华转向简朴，武野绍鸥在众多名贵茶具中选取了高丽茶碗作为各种茶会的茶具，到千利休时代更是大盛草庵茶风，千利休于高丽茶碗的基础上设计了乐茶碗。这种茶碗质朴厚重，完全依据"闲寂"的理念来设计，达到了审美与实用的统一，其后一系列符合"闲寂"要求的茶具筛选，真正使得茶道艺术从贵族转向平民化。这一由奢入俭的过程主要是受到禅宗思想的影响。禅宗"平常心是道"的观点特别受日本茶人的敬仰，因为此种一切顺应自然、不做作、讲求自由自在的思想与日本茶人的心态趋于一致，体现出一颗平常心。

因此，日本茶道在美学上推行一种"残缺美"，即以外形不完善、带有瑕疵的茶具代表美的经典，在茶具的选择上以"不完全""歪形"等为审美特征。这种审美是以禅宗思想作为基础的，即必须在日常生活中平常不起眼的用品中挑选出符合“闲寂”要求的茶具，这就要求茶人具备一种经历坎坷之后的平常心。比如“歪形”之美，要求选择那些外形不正规、图形或线条歪曲的茶具，于是制造者就刻意在制作时使之不正常。这有点类似于现代的以“丑”为美，中国的古典美学要求审美是对称与和谐，讲究的是中规中矩，而现代的以“丑”为美则故意破坏这些审美的基本原则，推崇不规则、不对称、不和谐之美。这种审美观与日本茶具的审美一样，都需要人们经历繁华之后，洗尽铅华才能获得，是一种禅悟后主体之否定精神在茶道中的外在体现，是否定世俗审美标准之后产生的一种新的审美标准。

2. 茶室建筑之禅意

在日本，茶室建筑一般分为茶庭与茶室，茶庭又称“露地”，指的是茶室周围的庭园。关于“露地”，在日本茶道茶人看来，是与禅宗的修行紧密相连的，是显露心性之场所，它已不只是一个小小的庭园，而是一个由世俗生活进入茶道世界（或禅悟世界）的通道。

露地的设计与布局有其自身的特点，既不能喧宾夺主，使客人把注意力集中于露地，而不关注茶室与饮茶本身，亦不能过于单调而显得乏味。露地只是茶道修行的前提，进入露地，主人与客人就开始做好茶道准备，不仅要平心静气，排除杂念，而且要洗手、漱口，去除身上的污秽。茶道修行者认为只有这样，才能忘却现实生活中的烦恼，排除私欲，从而显露佛家清净之心。

经过露地之后，就进入茶室。日本茶室之设计也是根据禅宗寺院而定，是模仿禅宗寺院的产物，因此，茶室中许多地方隐含着禅宗的教义。日本茶室的设计有其自身独特之处。首先，在外形上面，茶室的设计与传统的建筑截然不同，传统的日本建筑讲究恢宏大气，装饰亦以奢华为主。而茶室由于受到禅宗思想的影响，以简朴为主，外形亦不规则，并且其入口之处很小，客人必须跪着才能进来。这同样是受到禅宗众生平等思想的影响，要求人们谦逊，不管地位与名誉如何，进入茶室后就不分贵贱，不受世俗之偏见，大家于此可以高谈阔论，而不会受到歧视与排挤。其次，在茶室的内部，其空间比较狭小，光线亦比较暗淡，这有利于主人与客人近距离交流。这种设计同样是受到禅宗思想影响，禅宗修行者于修行时，外在光线不必太强，也不必太弱，介于中间即可，他们认为真正的佛心在人的内心。茶道思想吸取了禅宗思想，茶人们通过茶室里光与影的交错重叠来感悟时间的流逝、生命的无常。再次，茶室于审美方面，受禅宗美学思想的影响，追求不整齐、不对称之美。禅宗修行者不重视一切外在的形式，注重主体内心的交流，他们认为形式的完整容易引起人们对内容的忽视，对称的事物易让人产生庄重之感。这是受到禅宗"一即多，多即一"思维模式的影响。黄檗禅师指出，禅宗以"空"为本性，万物生死轮回，生命彼此转化，相互依存，即是"一即多，多即一"的道理。茶道不规则的形式美就是受到这一禅理之影响。

3. 茶人的禅宗思想

日本的茶道，不只是其外在的建筑特色、器具的不规则审美等方面受到禅宗美学思想的影响，更重要的是日本的茶人把点茶、喝茶当作与禅宗一样的"修心"过程。茶道的"一期一会"就很明确地体现了茶人之禅心。所谓"一期一会"，井伊直弼在其所著的茶书《茶汤一会集》中有记载："即便主客之间多次举行茶事，今时今日的情景也无法再次重现。如此想来，每次茶会都是一生一次的相聚。正因如此，主人一定要考虑周到，尽心招待，不能有一丝疏忽。客人也应该怀着此生不再重逢的心情，努力领会主人在各个细节上的良苦用心，以诚相待。此谓一期一会。"①可见，日本的茶道对每一次点茶、喝茶

①[日]千宗室监修，[日]永岛福太郎著：《裏千家茶道教科・教養編 14 茶の古典詳解》，淡交社，1980 年版，第 161 页。

都特别重视，这不仅仅是一次饮茶的过程，更是一次交心、探讨人生的过程。

茶会之后，并非人走茶凉，主人还有一个“独坐观念”的过程。这是一个内观自省的过程，类似于禅宗的冥想打坐。井伊直弼做了详细的描绘：

> 茶会结束以后，主客怀着依依不舍之情互相施礼，客人离开茶室，静静地走向露地，不得高声放谈，转身回头施礼；人要一直目送客人到走远，待客人走后，不应急于收拾，而是先保持门庭敞开。这时一个人静静地返回茶室，独坐于炉前，回忆起茶会的情景和与客人的交谈，感叹今时今日之景已不能重现，或可自己点一碗茶来喝，以体验一期一会的况味。此时只留下无边的寂寞，身边除了茶釜一口，别无他物，这种境界只有靠亲身体悟方能达到。①

由此可见，茶会是一个思考人生的过程，茶会结束后，这种过程不但没有结束，反而得到进一步的加强，平时不得其解之问题，也许通过交谈后的冥想，会豁然开朗。这与禅悟是一致的，禅宗的修行不仅依靠平时的修为，而且需要修行者冥想与交流。禅师们悟道的过程，基本上都是通过交谈或棒喝受到启示而豁然开悟的。

---

①[日]千宗室监修，[日]永岛福太郎著：《裏千家茶道教科・教養編 14 茶の古典詳解》，淡交社，1980 年版，第 164 页。

结 语

王阳明一生受佛道影响颇深，具体而言，前期主要受道家道教思想的影响，其心学思想对道家道教思想进行了借鉴与吸收，后期则偏向融摄佛禅思想。王阳明本人有着颇高的禅学修养，在其心学体系的建立过程中，多方面地吸收与借鉴了禅学思想。阳明心学美学思想也一样，除继承了儒家美学以善为美、以理节情等基本特征外，还在新的历史条件下融会了禅宗智慧，使其具备了一些新的特征。本书从美学的角度，以阳明心学美学与禅宗美学思想的比较作为一个具体案例，阐明二者在美学思想上的异同，既突出心学思想对禅学的借鉴，也强调二者是两种不同的美学体系，以便读者能从三教合一的基础上更深刻、多角度地了解阳明心学思想的内蕴。

通过比较，可知阳明心学美学与禅宗美学同属于"体验美学"，二者都是具有诗性智慧和强烈精神性特征的美学思想，它们的相同之处主要表现在以下几个方面：首先，审美体验的主体性要求相同。阳明心学美学与禅宗美学都是以"心"为本体，都提出了"心性论"的观点，在审美时都突出审美主体，忽视审美对象，认为只有适合主体生命自由的客体才能成为审美的对象，审美就是审美主体情感的投注，一切事物都以进入主体世界为准，美与不美都以是否适合主体之"乐"为主。其次，审美体验方式相似。二者都强调直觉顿悟的审美方法，禅宗思想家充分认识到了这种审美体验必需的内在灵性，提出了“静观”体道的神秘主义方法。这种方法与阳明心学美学的体验方法一样都是神秘的直觉式审美体验方法。再次,审美体验结果一致。中国哲学和美学就其本质意义而言是一种人生哲学或美学,其根本宗旨是以情感体验为中介,使人超越个体和尘世的局限进入与天地万物相通的自由的精神境界。阳明心学美学与禅宗美学的基本宗旨也就在于追求这种审美体验主体与对象之间水乳交融的理想境界。

当然,心学美学思想与禅宗美学思想是完全不同的两种体系,它们在诸多方面是不同的:首先,二者对世界的美学价值判断不同。禅宗由于是佛学中国化的成熟形态,无疑跟佛教一样否认世界的存在性与统一性;阳明心学则承认世界存在的统一性,并建构了一个意义世界。二者在对世界的构成、人生的感受与出路等问题上,体现了不同的价值取向,从而也形成了不同的美学观点。其次,对主体的内在审美要求不同。在审美结果方面,心学美学与禅宗美学虽然都追求物我的统一,但心学要求做到情顺万物,强调要看到其固有的秩序,而禅学追求的统一世界则是混沌一团;在主体的态度方面,心学要求纯善无恶,禅学要求无执着;在主体精神修养方面,心学提倡诚意说,禅学主张顿悟说①。再次,二者的社会影响与归宿不同。心学美学因以良知为本体,向自然人性论的方向发展,这使得心学美学的基本精神能够在近现代社会中找到归宿,且能与目前流行的各种美学思想——如生态美学等结合起来。禅宗美学则在艺术实践中体现其基本精神和实现其理想追求。

可见,心学美学虽然对禅宗美学思想有所借鉴和吸收,但与禅宗美学是两种截然不同的思想体系。心学美学在其思想体系的实质内

---

①赵旗:《试论心学与禅学的不同旨趣》,《河北省社会主义学院学报》,2005年第3期。

容上是传统儒家美学和理学美学思想的继续及合乎逻辑的发展,注重的是儒家的现实关怀,而禅宗美学关注的是人的心灵与精神。因此,心学美学对禅宗美学的借鉴只是体现于思维方法及语言等方面,二者在具体内容方面有着本质的区别。

参考文献

一、著作

(一)古籍

1. 儒家

[宋]严羽著,郭绍虞校释:《沧浪诗话校释》,人民文学出版社 1961 年版。
[宋]陆九渊著,钟哲点校:《陆九渊集》,中华书局 1980 年版。
[明]陈建撰,[清]汪琡评订:《学蔀通辨》卷九,中华书局 1985 年版。
[明]陈献章著,孙通海点校:《陈献章集》,中华书局 1987 年版。
[宋]周敦颐著,陈克明点校:《周敦颐集》,中华书局 1990 年版。
[明]李贽著,夏剑钦校点:《焚书·续焚书》,岳麓出版社 1990 年版。
[宋]黎靖德编,王星贤点校:《朱子语类》,中华书局 2007 年版。
[清]黄宗羲著,沈芝盈点校:《明儒学案》,中华书局 2008 年版。
[明]王守仁原著,[明]施邦曜辑评,王晓昕、赵平略点校:《阳明先生集要》,中华书局 2008 年版。
[明]王守仁撰,吴光等编校:《王阳明全集》,上海古籍出版社 2011 年版。
杨伯峻译注:《孟子译注》,中华书局 2014 年版。

荆门市博物馆编:《郭店楚墓竹简·性自命出》,文物出版社 2002 年版。

2. 佛家

石峻、楼宇烈、方立天等编:《中国佛教思想资料选编》,中华书局 1983 年版。
[宋]普济著,苏渊雷点校:《五灯会元》,中华书局 1984 年版。
《中华大藏经》编辑局编:《中华大藏经》(汉文部分),中华书局 1982—1994 年版。
[梁]真谛译,高振农校释:《大乘起信论校释》,中华书局 1992 年版。
[宋]赜藏主编集,萧萐父、吕有祥、蔡兆华点校:《古尊宿语录》,中华书局 1994 年版。
[南唐]静、筠二禅师编撰,孙昌武、[日]衣川贤次、[日]西口芳男点校:《祖堂集》,中华书局 2007 年版。
赖永海主编,赖永海、刘丹译注:《楞伽经》,中华书局 2010 年版。
[唐]慧能著,郭朋校释:《坛经校释》,中华书局 2012 年版。
[宋]道原撰,尚之煜点校:《景德传灯录》,中华书局 2022 年版。

3. 其他

[唐]王维撰,[清]赵殿成笺注:《王右丞集笺注》,上海古籍出版社 1961 年版。
[宋]范晔撰,[唐]李贤等注:《后汉书》,中华书局 1965 年版。
[魏]王弼注,楼宇烈校释:《老子道德经注校释》,中华书局 2008 年版。
[宋]史浩撰,俞信芳点校:《史浩集》,浙江古籍出版社 2016 年版。
[宋]圆悟克勤著,明尧、明洁校注:《圆悟克勤禅法心要》,金城出版社 2017 年版。
杜寒风释译:《天童正觉禅师语录》,东方出版社 2018 年版。

潘桂明释译:《大慧普觉禅师语录》,东方出版社 2018 年版。

(二)近现代著作

1. 心学

陈荣捷:《王阳明与禅》,台湾学生书局 1984 年版。
张立文主编:《理》,中国人民大学出版社 1991 年版。
徐梵澄:《陆王学述一系精神哲学》,上海远东出版社 1994 年版。
杨国荣:《心学之思——王阳明哲学的阐释》,中国人民大学出版社 2009 年版。
左东岭:《明代心学与诗学》,学苑出版社 2002 年版。
吴震:《阳明后学研究》,上海人民出版社 2003 年版。
陈来:《有无之境——王阳明哲学的精神》,生活 · 读书 · 新知三联书店 2009 年版。
秦家懿:《王阳明》,生活 · 读书 · 新知三联书店 2011 年版。
左东岭:《王学与中晚明士人心态》,商务印书馆 2014 年版。

2. 佛禅

葛兆光:《禅宗与中国文化》,上海人民出版社 1986 年版。
正果:《禅宗大意》,中国佛教协会 1990 年版。
耕云先生主讲:《安详集》,河北省《禅》编辑部 1991 年版。
方立天:《中国佛教哲学要义》下,中国人民大学出版社 2002 年版。
徐小跃:《禅与老庄》,江苏人民出版社 2010 年版。
赖永海:《中国佛性论》,江苏人民出版社 2010 年版。
方立天:《禅宗概要》,中华书局 2011 年版。
方东美:《华严宗哲学》,中华书局 2012 年版。
汤用彤:《汉魏两晋南北朝佛教史》,商务印书馆 2015 年版。

3. 美学

宗白华:《美学散步》,上海人民出版社 1981 年版。
周来祥:《论美是和谐》,贵州人民出版社 1984 年版。
赵士林:《当代中国美学研究概述》,天津教育出版社 1988 年版。
李泽厚:《美学四讲》,生活·读书·新知三联书店 1989 年版。
敏泽:《中国美学思想史》,中国社会科学出版社 2014 年版。
皮朝纲、董运庭:《静默的美学》,成都科技大学出版社 1991 年版。
王海林:《佛教美学》,安徽文艺出版社 1992 年版。
王一川:《审美体验论》,百花文艺出版社 1992 年版。
童庆炳主编:《现代心理美学》,中国社会科学出版社 1993 年版。
皮朝纲:《禅宗美学史稿》,电子科技大学出版社 1994 年版。
祁志祥:《佛教美学》,上海人民出版社 1997 年版。
蒋孔阳:《美在创造中》,广西师范大学出版社 1997 年版。
叶朗主编:《现代美学体系》,北京大学出版社 1999 年版。
李泽厚:《美学三书》,安徽文艺出版社 1999 年版。
彭立勋:《审美经验论》,人民出版社 1999 年版。
朱立元主编:《美学》,高等教育出版社 2001 年版。
王振复:《中国美学的文脉历程》,四川人民出版社 2002 年版。
叶朗:《中国美学史大纲》,上海人民出版社 1985 年版。
邱紫华:《东方美学史》,商务印书馆 2003 年版。
刘方:《中国美学的历史演进及其现代转型》,巴蜀书社 2005 年版。
彭富春:《哲学与美学问题》,武汉大学出版社 2005 年版。
张节末:《禅宗美学》,北京大学出版社 2006 年版。
朱光潜:《西方美学史》,商务印书馆 2006 年版。
周来祥:《三论美是和谐》,山东大学出版社 2007 年版。
朱志荣主编:《中国美学研究》(第二辑),上海三联书店 2007 年版。

朱光潜:《谈美》,北京大学出版社 2008 年版。
叶朗:《美学原理》,北京大学出版社 2009 年版。
刘继平:《和谐自由论美学思想研究》,人民出版社 2010 年版。
潘立勇:《一体万化——阳明心学的美学智慧》,北京大学出版社 2010 年版。
王朝闻:《审美基础》,生活·读书·新知三联书店 2011 年版。
赵士林:《心学与美学》,人民出版社 2013 年版。
陆永胜:《王阳明美学思想研究》,社会科学文献出版社 2016 年版。

4. 其他

侯外庐等:《中国思想通史》卷三,人民出版社 2011 年版。
[日]千宗室监修,[日]永岛福太郎著:《裏千家茶道教科·教養編 14 茶の古典詳解》,淡交社 1980 年版。
潘天寿:《潘天寿美术文集》,人民美术出版社 1986 年版。
蒙培元:《中国心性论》,台湾学生书局 1990 年版。
张新建:《徐渭论稿》,文化艺术出版社 1990 年版。
方东美著,蒋国保、周亚洲编:《生命理想与文化类型——方东美新儒学论著辑要》,中国广播电视出版社 1992 年版。
滕军:《日本茶道文化概论》,东方出版社 1992 年版。
王岳川:《艺术本体论》,上海三联书店 1994 年版。
刘放桐:《现代西方哲学》,人民出版社 1990 年版。
张少康、刘三富:《中国文学理论批评发展史》下,北京大学出版社 1995 年版。
张世英:《张世英文集》第五卷《天人之际——中西哲学的困惑与选择》,北京大学出版社 2016 年版。
洪修平:《中国禅学思想史纲》,南京大学出版社 1994 年版。
张岱年:《张岱年全集》,河北人民出版社 1996 年版。

韩强:《儒家心性论》,经济科学出版社 1998 年版。
蒙培元:《心灵超越与境界》,人民出版社 1998 年版。
李泽厚:《中国古代思想史论》,安徽文艺出版社 1999 年版。
宗白华:《艺境》,北京大学出版社 1999 年版。
薛富兴:《东方神韵——意境论》,人民文学出版社 2000 年版。
余谋昌:《生态哲学》,陕西人民教育出版社 2000 年版。
赵方任编著:《日本茶道逸事》,世界知识出版社 2001 年版。
姜耕玉:《艺术辩证法》,江苏教育出版社 2002 年版。
王元骧:《文学理论与当今时代》,浙江大学出版社 2002 年版。
江静、吴玲编著:《茶道》,杭州出版社 2003 年版。
陈来:《中国近世思想史研究》,商务印书馆 2003 年版。
葛兆光:《中国思想史》,复旦大学出版社 2001 年版。
朱光潜:《文艺心理学》,复旦大学出版社 2005 年版。
宋希仁主编:《西方伦理学思想史》,湖南教育出版社 2006 年版。
李泽厚:《论语今读》,生活・读书・新知三联书店 2008 年版。
龚晓康:《融会与贯通:蕅益智旭思想研究》,巴蜀书社 2009 年版。
冯友兰:《中国哲学简史》,涂又光译,北京大学出版社 2013 年版。
李壮鹰、李春青主编:《中国古代文论教程》(第二版),高等教育出版社 2013 年版。
徐复观:《中国思想史论集续篇》,九州出版社 2014 年版。

(三)译著

[德]康德:《判断力批判》上卷,宗白华译,商务印书馆 1964 年版。
[日]柳田圣山:《禅与中国》,毛丹青译,生活・读书・新知三联书店 1988 年版。
[日]阿部正雄:《禅与西方思想》,王雷泉、张汝伦译,上海译文出版社 1989 年版。

[日]铃木大拙:《禅风禅骨》,耿仁秋译,杨晓禹校,中国青年出版社1989年版。

[日]铃木大拙:《禅者的思索》,未也译,中国青年出版社1989年版。

[德]胡塞尔:《纯粹现象学通论》,李幼蒸译,商务印书馆1992年版。

[日]日种让山:《禅学讲话》,释芝峰译,河北佛协《禅》编辑部1992年版。

[苏联]巴赫金:《巴赫金全集》(第五卷),白春仁、顾亚铃译,河北教育出版社1998年版。

[美]大卫·雷·格里芬:《后现代精神》,王成兵译,中央编译出版社1998年版。

[美]弗洛姆、[日]铃木大拙、[美]马蒂诺:《禅宗与精神分析》,王雷泉、冯川译,冯川校,贵州人民出版社1998年版。

[英]卡尔·波普尔:《开放社会及其敌人》,陆衡等译,中国社会科学出版社1999年版。

[美]霍尔姆斯·罗尔斯顿:《哲学走向荒野》,刘耳、叶平译,吉林人民出版社2000年版。

[法]米歇尔·福柯:《词与物——人文科学考古学》,莫伟民译,上海三联书店2001年版。

[德]狄尔泰:《历史中的意义》,艾彦、逸飞译,中国城市出版社2002年版。

[日]忽滑谷快天:《中国禅学思想史》,朱谦之译,杨曾文导读,上海古籍出版社1994年版。

[德]叔本华:《作为意志和表象的世界》,石冲白译,杨一之校,商务印书馆1982年版。

[德]埃德蒙德·胡塞尔:《现象学的方法》(修订本),[德]克劳斯·黑尔德编,倪梁康译,上海译文出版社2005年版。

[德]马丁·海德格尔:《林中路》(修订本),孙周兴译,上海译文出版

社 2004 年版。
[德]海德格尔:《存在与时间》,陈嘉映、王庆节合译,生活·读书·新知三联书店 2006 年版。
[德]黑格尔:《美学》第一卷,朱光潜译,商务印书馆 2006 年版。
[德]伽达默尔:《真理与方法》(修订译本),洪汉鼎译,商务印书馆 2010 年版。
[德]海德格尔:《海德尔文集·路标》,孙周兴、王庆节主编,孙周兴译,商务印书馆 2014 年版。

二、学位论文

(一)博士学位论文

赵旗:《心学与禅学》,西北大学博士学位论文,1999 年。
潘立勇:《本体工夫论与阳明心学美学》,复旦大学博士学位论文,2003 年。
宋玉波:《佛教中国化历程研究》,西北大学博士学位论文,2004 年。
杨庆杰:《宋明理学美学引论》,复旦大学博士学位论文,2005 年。
黄伟:《返回艺术的生存之源——存在论—解释学对体验论美学的批判与超越》,四川大学博士学位论文,2006 年。
朱承:《超越心性——王阳明哲学的政治向度》,华东师范大学博士学位论文,2006 年。
刘笑非:《阳明心学的宗教维度》,北京大学博士学位论文,2008 年。
朱晓鹏:《王阳明哲学与道家道教关系研究》,华东师范大学博士学位论文,2009 年。
王进:《良知　光明　美——王阳明良知"日喻"的哲学美学意蕴》,武汉大学博士学位论文,2010 年。
稂荻:《无尽的现象圆融——华严宗缘起思想研究》,吉林大学博士学位论文,2011 年。

李志军:《疏离与圆融——方东美华严宗教哲学研究》,武汉大学博士学位论文,2011 年。

陈琦:《王阳明“致良知”思想研究》,吉林大学博士学位论文,2014 年。

侯丹:《阳明诗歌与佛禅》,福建师范大学博士学位论文,2015 年。

周丽:《创学视域下的中国心性论研究》,中国科学技术大学博士学位论文,2018 年。

(二)硕士学位论文

刘立京:《简论王阳明的心性论》,河北大学硕士学位论文,2001 年。

李华华:《禅宗心性论的发展历程研究》,安徽大学硕士学位论文,2003 年。

关杰:《禅宗对日本茶道美学的影响》,四川大学硕士学位论文,2007 年。

孔令梅:《论王阳明心性论对禅宗思想的融摄》,安徽大学硕士学位论文,2007 年。

郝蓉蓉:《禅与海德格尔哲学比较》,华中科技大学硕士学位论文,2009 年。

卢世超:《浅论王阳明“知行合一”说》,河北大学硕士学位论文,2009 年。

石艺堃:《“禅境”美学思想初探——兼论文人画之“雅趣”》,山西大学硕士学位论文,2012 年。

王春莉:《庄子之“静”及与儒释之“静”的关联》,辽宁大学硕士学位论文,2012 年。

王娟:《论曾繁仁生态美学观》,安徽大学硕士学位论文,2013 年。

董青崖:《意境与禅境内涵之辨析》,上海师范大学硕士学位论文,

2016 年。
吴宗利:《王阳明“乐是心之本体”研究》,南京大学硕士学位论文,2017 年。

三、期刊文章

杜道明:《禅宗审美的不二法门——顿悟》,《中国文化研究》,1993 年第 1 期。
杨春时:《走向“后实践美学”》,《学术月刊》,1994 年第 5 期。
方立天:《禅宗精神——禅宗思想的核心、本质及特点》,《哲学研究》,1995 年第 3 期。
安民:《王阳明的心学与美学合论》,《西北第二民族学院学报》(哲学社会科学版),1996 年第 4 期。
方立天:《从对“如何是佛”的回答看禅宗的核心思想》,《中国文化研究》,1996 年第 4 期。
王利军:《禅悟对中国诗歌发展的影响》,《浙江师范大学学报》(社会科学版),1997 年第 3 期。
李天道:《禅:生命之境和最高审美之境》,《北京大学学报》(哲学社会科学版),2000 年第 6 期。
肖鹰:《意统情志的王阳明美学》,《文史哲》,2000 年第 6 期。
徐恒醇:《生态美放谈——生态美学论纲》,《理论与现代化》,2000 年第 10 期。
皮朝纲:《禅宗美学的独特性质、人生意蕴及其当代启示》,《西南民族学院学报》(哲学社会科学版),2001 年第 1 期。
张玉能:《新实践美学与实践观点》,《武汉理工大学学报》(社会科学版),2002 年第 2 期。
邹其昌:《良知与审美——王阳明美学思想核心问题研究》,《浙江学刊》,2002 年第 3 期。

楼宇烈:《“不由经教”与“由教悟宗”》,《中国禅学》,2002年第1期。
曾永成:《生态学化:文艺理论建设的当代课题》,《成都大学学报》(哲学社会科学版),2002年第3期。
邓名瑛:《论生态良知》,《伦理学研究》,2003年第2期。
滕守尧:《论生态式艺术教育》,《陕西师范大学学报》(哲学社会科学版),2003年第3期。
赵旗:《试论心学与禅学的不同旨趣》,《河北省社会主义学院学报》,2005年第3期。
胡艳春:《试论禅宗与柏格森的直觉思维》,《青海社会科学》,2005年第5期。
杨春时:《审美理解与审美同情:审美主体间性的构成》,《厦门大学学报》(哲学社会科学版),2006年第5期。
张玉能:《论不同类型实践对美和审美的关系》,《河南社会科学》,2008年第3期。
徐恒醇:《生态美学的理论前提和研究对象》,《鄱阳湖学刊》,2009年第3期。
袁鼎生:《生态审美场——生态美学元范畴》,《鄱阳湖学刊》,2009年第3期。
李承贵:《王阳明思想世界中的佛教》,《中山大学学报》(社会科学版),2010年第5期。
龚晓康:《从“无善无恶”看心学与佛学交融的可能与限度》,《教育文化论坛》,2011年第5期。